経済学 わが道

福岡正夫

慶應義塾大学出版会

小泉信三博士歿後 40 年記念講演会（平成 18 年、慶應義塾大学）にて
［慶應義塾広報室提供］

まえがき

私は大正十三（一九二四）年七月七日生まれなので、あともう僅かで満八十七歳の誕生日を迎えることになる。つまり日本流に言って、米寿と呼ばれる年齢を迎えるわけである。十数年前のことになるが、いわゆる古稀の節目の折には、記念講演の記録や他の雑文を『経済学と私』（創文社）というエッセー集に収録してお配りしたことがあるので、今回もまたそれに準じ、以降に活字となった記録、論説や随筆のたぐいを中心にふたたび一書にまとめて、日ごろお世話になっている皆様方に贈らせていただくことにした。

エッセーと言っても、前回は専門の経済や経済学に多少とも関わりのあるテーマのものばかりに限定したが、今回は自分の趣味とする蝶やクラシック音楽、推理小説などに関する文章も何篇か含めることにしたので、その分いくばくかくつろいだお気持で目を通していただけるのではないかと思っている。なお体裁については前回と同様、発表の年代順に並べることは止め、似通ったジャンルごとに分類して、パート別に収録する形をとった。

顧れば、昭和二十二（一九四七）年に卒業してから今日にいたるまで、私はその六十有余年を母校慶應義塾の三田キャンパスと切っても切り離せない関係を保って歳月を過ごしてきた。巻末の初出一覧からもお分かりのように、集められた文章も『三田評論』、『三田学会雑誌』、『塾友』など慶應義塾関係の出版物所載のものがとりわけ多く、そうしたことでこのたびの出版は慶應義塾大学出版会株式会社にお願いすることになった。単行本として仕上がるまで、万般にわたってお世話になった同出版会の及川健治氏および清野雄太氏のお二人に心からお礼の言葉を申し述べて筆をおきたい。

福岡正夫

二〇一一年ゴールデン・ウイークに

経済学　わが道＊目次

III　とつくにびと回想

IV　折に触れて

V　ホビーあれこれ

経済学　わが道

Ⅰ　私の経済学遍歴

慶應義塾における理論経済学の伝統

一

このたび慶應義塾経済学会の機関誌『三田学会雑誌』は、めでたく第百巻という記念すべき節目を迎えることになった。この慶事に当たって筆者に託された課題は、創刊以来そこに掲載されてきた理論経済学関係の論説をサーベイし、かつ評価することである。

かつて一九九〇年に創刊一〇〇年を迎えた『エコノミック・ジャーナル』誌は、二十二名の著者を動員して、来たるべき将来一〇〇年の経済学の行方を予測させ、その結果をつぎの年第一号の特集として発表したが、今回のわが経済学会委員会の企画は、それとは時間軸を逆に、過去一〇〇年の歩みを六名の執筆者に執筆させ、その結果を先立って記念号として刊行するものである。これらの狙いは一見異なっているように見えるものの、実はある意味においては互いに通底するものがあるとも言えるであろう。というのは、どんな予測の場合も過去のデータを別として根拠を持つことはできないからである。以下の記述からも明らかとなるように、現に経済理論における今日の筆者自身の立場にしてからが、すでに本誌各巻所載の先人たちの論説の所産であり、それらを辿ることによって基本的にはある程度予想されうる帰結にほかならないのである。

さて筆者の担当分野について言えば、創刊以降時代を追って小泉信三、寺尾琢磨、永田清、小池基之、気賀健三、千種義人といったような諸先生方の論説が主要な考察の対象とならざるをえない。これらの方々は筆者にとってはみなご生前、親しくご指導を賜った恩師に当たられる方ばかりであるが、以下の記述においては、事柄の性質上、一貫して敬称ならびに敬語体のたぐいは省かせていただくことにした。この点をまず最初にお断りしておきたい。

二

当該の分野において創刊まもなくの本誌に見出される重要な論説は、小泉信三による「社會價値の概念」（一九一〇年）、「ヘルマン・ハインリッヒ・ゴッセンと其學說」（一九一一年）、および「主觀的價値論沿革の一節」（一九一二年）の三篇である。これらは「アダム・スミス國富論解題略」（一九一〇年）や「アダム・スミス略傳並びに國富論諸版本に就いて」（一九一一年）のような古典派経済学者に関する論説と平行して書かれたものであるが、小泉の研究が同時に前記三篇のような主題を当初から含むものであったことは、本稿での概観にとってとりわけ注目すべき重要な事実であることがやがて判明するであろう。

まず最初にあげた「社會價値の概念」は、当時ハーヴァード大学の『クォータリー・ジャーナル・オブ・エコノミックス』に載せられたヨゼフ・シュンペーターの同名の論文を師福田徳三の指示によってほとんどそのまま訳出したもので、末尾の福田による付言には「本論筆者シュムペーター氏は新進經濟學者中純理論に於て近來最も卓越の研究を公けにせる人」で、「シュ氏の此說は大體に於て動かし難きものなりと思考す」るがゆえに、「小泉君を煩わしたる所以なり」と記されている。今日ではよく知られているように、シュンペーターのこの論文は経済学研究の方法においていわゆる「方法論的個人主義」が基本たるべきであることを強く主張したもので、そこには限界効用や限界生産力の概念はあくまで個人にとっての限界効用、個別企業にとっての限界生産力であり、社会的限界効用、社会的限界生産力といったたぐいの概念は認められるべきではないという考え方が一貫して披瀝されている。およそそれ自身、自分の頭脳も神経も持たない社会という存在が商品の価値を評価するといったようなこと自体が、社会主義共同体でも考えるのでないかぎりは、無意味なことだというのが、シュンペーターの説いた教えであった。これを言い換えるならば、通常の市場経済にあっては、社会的要因が個人の主観的評価に影響を与えることはあっても、需要を決定するのはそのような個人の主観的評価であり、それが価格のメカニズムを経由して、はじめて商品の客観的価値が決まるのだというのが、彼の論点であった。こうしたシュンペーターの意見が「大體に於て動かし難きもの」として福田によって受け入れられ、それが小泉に継承されたことは、のちの本塾の経済理論の進路を決定する上においても、きわめて重要な起点であったと考えられる。筆者が学生時代を過ごした戦時中は全体主義的な「ゴットル経済学」や「皇道経済学」のたぐいが猖獗《しょうけつ》を極めたが、そのような時代のさなかにあって、何らそうした風潮に影響されることなく小泉・寺尾・永田共訳、ジェヴォンズ『経済学の理論』の新訳版が世に問われるというような事態が保たれたのは、いま関説した原点に由来するところが大きいように思われるのである。

ちなみに、この戦時中一九四〇年ごろに日本評論社から「数理経済学叢書」なるものの刊行が企画されたことがあり、これについては寺尾琢磨「小泉先生と理論経済学」(本誌、一九六六年十一月号、六二一―六二三ページ)にも言及されているが、その候補の中に筆者の記憶では安井琢磨・熊谷尚夫共訳のヒックス『価値と資本』第一版、そして大珍品、高田保馬訳の『スルツキー消費者均衡理論』なども予定されていた。ところがその大部分は戦局の逼迫によって日の目を見ることにはならず、わずかに実現したのは、どういうわけか慶應関係の寺尾琢磨訳、ザワズキーの『経済学に応用された数学』(一九四二年)と前記した小泉・寺尾・永田共訳、ジェヴォンズ『経済学の理論』(一九四四年)のみであった。

小泉のつぎの論説「ヘルマン・ハインリッヒ・ゴッセンと其學説」は、その副題にもあるように「生誕一百年記念の爲めに」、限界効用理論の創始者ゴッセンの生涯とその学説の大要を紹介したものであるが、前稿のシュンペーターの場合と同様、リーフマンの論文を典拠としてそれを翻案したものであるので、小泉自身のゴッセン論については、この論稿につづく「主觀的價値論沿革の一節」を見るにしくはない。そこでは小泉は、まず価値学説の発達史として費用説と効用説の消長を論じたのちに、ジェヴォンズ、メンガー、ワルラスによる限界効用革命が「價値論の面目を一新せしめた」事情に触れ、これら三名の学者の業績を彼らの先駆者ゴッセンのそれと比較対照することが「最もインストラクティヴの業」であるとする。「就中《なかんずく》最もゴッセンに近しと云はるゝジェヴォンズの『經濟學理論』を取りて之とゴ氏の著作の比較を試み」ることが、つづく小泉の考察の中心課題とされる。

この方針にしたがい以下ゴッセンの第一法則（限界効用逓減の法則）と第二法則（限界効用均等の法則）、ジェヴォンズの交換方程式などの要を得た説明がなされるが、これらについてはよく知られたところであるので、詳論は省く。ただ本論稿の最後につぎのような言及がなされているのは、のちの進展に鑑みて看過すべきでないであろう。すなわちそこで小泉は、ジェヴォンズの労働と資本に関する分配論が「甚だ興味ある理論を提供するもの」としながら、「之と比較對照す可きものはゴッセンに非ずして彼よりも古き事吏に四年なるチューネンの『孤立國』に説かれたる限界生産力が生産要素に對する報酬を定むと云う理論なる可し」と説いているのである。これによって見れば、当時の小泉の価値・価格理論の把握は、たんにゴッセン＝ジェヴォンズの限界効用理論ばかりではなく、フォン・チューネンの限界生産力理論にも及ぶものであったことが知られよう。事実この線に沿う研究としては、やがて門下の寺尾琢磨による「Johann Heinrich von Thünen の自然賃銀論に就いて」（一九二五年）が本誌に発表され、著名な賃金の公式

$w = \sqrt{ap}$ の導出手続きをも含めて限界生産力説にもとづくチューネン賃金理論の概要が逸早く紹介されることになる。

小泉がジェヴォンズの主著『経済学の理論』の翻訳（当初の訳題は『經濟學純理』）を完成したのは一九一二年すなわち卒業の翌年であったが、その直後に海外留学を命ぜられ、訳書が出版されたときはすでにロンドンにあった。ドイツおよびイギリスにおけるこの三年半の留学中の小泉の関心はその主眼が経済理論というよりむしろ社会思想におかれたようで、帰国後本誌にはラッサールやロードベルトスに関する数多くの論説が発表される結果を生む。が、そののち小泉の興味はふたたび古典派経済学の理論に向かい、一九二一年からその研究の中核をなすリカードウに関する論説が矢継早に投稿され始めた。リカードウ関係の寄稿論文の数は価値論に関するもの七篇（一九二二年）、地代論に関するもの七篇（一九二四年）、機械論に関するもの一篇（一九二一年）、通貨論に関するもの二篇（一九二二年）を含め全部で二十篇を越え、これらが主著『リカアドオ研究』（一九二九年）に集大成されるに及んで、小泉はリカードウ経済学研究者としての名を一挙に高めるにいたった。前年の一九二八年には主著『経済学および課税の原理』の邦訳もまた公刊されていた。

三

こうして小泉はまずリカードウ研究においてもっとも名を馳せることになったが、その小泉の経済学者としてのデビュー論文が前述のごとくゴッセンやジェヴォンズに関するものであったことは、のちの展開を考える場合にきわめて深い意義を持っていたように思われる。よく知られているように、ジェヴォンズはリカードゥと鋭く対立した学者であり、「リカードゥは経済学の車輛を間違った軌道に引き入れた、有爲ではあるが誤った思想を持った男である」とまで酷評した人であった。そのようなジェヴォンズから経済学に入った小泉が、リカードゥを捨て去るどころか、これに至高の地位を与えたのは、まことに注目されるべき事柄であるが、これはひとえに小泉が現代の視点からみてまったくオーソドックスな、あくまで総合的な見地からリカードゥを解釈しえたからであって、それには先立ったゴッセンやジェヴォンズの研究のあったことが、与《あずか》ってきわめて重要な下地をなしていたと推断されるのである。

リカードゥ自身はそのような小泉的解釈には与《くみ》するところがなく、当時マルサスやセーによって唱えられた需要供給説は自説の労働価値説に相反するものであるとして、しばしばそれを非難攻撃する見解を表明した。その理由は、需要と供給とがバランスすれば、双方の力が伯仲して、いずれの方向にも働かなくなるから、価値・価格を決定する力としては無力になるという、今日からすればはなはだ奇妙としか思われない言い分にあった。ジェヴォンズが「間違った軌道」と言い、小泉が「不用意な立言」と称したところも、まさにその点に存している。もしわれわれがそれに拘泥せず、リカードゥを「好意的」な方向で解釈しさえすれば、彼の価値論は決して需要供給説と矛盾するものではなく、むしろ需要供給調整のメカニズムが働く結果その長期均衡の状態において彼の説く帰結が成立するというのが小泉の主張するところであった。小泉がこうしたリカードウ解釈の立場に立ったということが、とりもなおさずのちの本塾理論経済学の伝統を築く上においても決定的な分岐点となった。

後年になってリカードウは、商品によってそれをつくるのに要する労働と固定資本財との比率がさまざまに違うこと、またそれらの固定資本財の耐久期間の長さも長短さまざまに異なること、さらにまた労働者を扶養するための流動資本の回転率にも部門によって差のあること、これら三つの事情を考慮に入れれば、文字通りの労働価値説は厳格な形では維持できなくなることを悟り、自説を修正せざるをえなくなった。しかし彼はなお労働価値説に執着を持っていて、問題の修正が自己本来の構想に与える影響を極力最小限に抑えようと計らった。一方、小泉のこの点に関する立場は当初からきわめて明快なものであって、上記の困難があるかぎりリカードウの価値論は必然的に生産費説にならねばならぬ、彼の真意もまたそこにあると解されねばならぬとするものであった。これをパラフレーズして言えば、結局小泉流に解されたリカードウの価値論は、彼のいわゆる任意可増財すなわち需要に応じて供給を任意に増やしうる財に関するかぎり、その価値は需給のメカニズムによる調整をつうじて、究極には正常利潤を含んだ平均生産費用に落ちつくという、むしろ需要供給説の一つのスペシャル・ケースに包摂止揚されるものとなるのである。

『リカァドオ研究』に見出されるつぎの章句「以上論じ来れるところは、畢竟（一）貨物の交換比率を支配するものは、生産上に費さるる勞働量なるか、或いは勞働量をその一要素とする廣義の生産費であるか、（二）価値を支配するものは費用なるか、利用〔効用〕なるかの二問題に帰着する。而して第一の問題については、予は勞働價値説の維持し難くして、リカァドオ自身も遂にこれに固執せず、その後繼者に至っては更に一層これより遠ざかれることを述べ、第二の問題については、新しき利用説は費用説の重大なる不備を補うものではあるが、必ずしもこれと相反撥するものではないという道理を明らかにせんと試みた」との一文は、上述してきた小泉の立場を簡潔によく要約したものである。また同所に引用されたマーシャルの著名な章句「價値は利用によって支配せらるるか、生産費によって支配せらるるかを論ずるのは、なお紙片を剪《き》るものは鋏の上刃なるか下刃なるかを争うの不合理に等しかろう。……吾人は通則として考察する期間の短かければ短かきに従い、價値に及ぼす需要の影響に注意を分つことを多くしなければならぬ。また期間長ければ長きに従い、價値に対する生産費の影響益々重要となるであろう」もまた、そのままが小泉自身の到達した立場を代弁するものと言ってよいであろう。

四

ここで考察を少しさきに進ませることにしたい。大正から昭和への転換期に当たっては、本誌には小泉門下の逸材寺尾琢磨、永田清両名の理論の論説が登場することになる。この分野においてはまず寺尾の「數理學派に於ける利用遞減理論」（一九二四年）、永田の「現代の純理經濟學」（一九二八年）が注目されるが、前者はザワズキー『経済学に応用された数学』の第三章「利用逓減の理論」を訳載したものであり、また後者はアントネリの二論文「経済体系の概念および現代の経済体系」ならびに「現代経済体系の純粋理論」の大意を翻案要約したものである。寺尾は小泉の指導の下にジェヴォンズを研究し、それに関連してのちに「天体的景気理論の二つの基型」（一九三七年）、「W・S・ジェヴォンズの『石炭問題』」（一九四二年）などの論説を書くことになるが、統計学を担当することに転じたので、その貢献を詳論することは他の筆者のサーベイに委ねたい。一方、永田もまた小泉門下に学んでワルラスを研究し、のちには財政学およびフランス経済思想史の担当に転じたが、ここでは初期の研究の所産として当面の主題に重要な関係を持つつぎの論文、「ローザンヌ學派創設者レオン・ワルラス」（一九二七年）、「價値論と平衡論——「價値論の價値」から見たるワルラスよりパレエトへの經濟的平衡論の発展——」（一九二七年）、および「ワルラスとカッセル——主として理論經濟學上に於ける両者の關係に就て——」（一九二八年）の三篇を逸するわけにはいかない。

最初の論文「ローザンヌ學派創設者レオン・ワルラス」は、ワルラスに始まりパレート、バローネに連なるローザンヌ学派の理論の特質を関数論的アプローチとして捉え、それをオーストリア学派の因果論的＝発生論的アプローチと対比した上で、経済現象を断片的に考察するのではなく相互依存関係において考察する上では関数論的アプローチが必要欠くべからざる所以をまず述べている。しかるのち、二財から進んで多数財にいたるワルラスの純粋交換の一般均衡モデルを彼の記号どおりに忠実に祖述紹介し、ワルラスの真の貢献はメンガーやジェヴォンズとともに限界効用理論を提示した点にあるというよりも、一般経済均衡の理論を創始した点にこそあると結論する。「さればこそレオン・ワルラスが自己の限界効用説の全く獨立に構成せられたるにも不拘《かかわらず》、誠實恬淡に其の競争者ジェヴンズに優先權（priorité）を認め、専ら函數論的説明を以てする一般的平衡論を以て自己の貢献なりとするは眞に故なしとしない」というのが著者による結びの章句である。

顧みるに、一般均衡理論を尊重する気風はすでに師小泉にもまた窺われるところであって、たとえばその著『經濟原論』の中にはつぎのような章句が見出される。「彼れ（マーシャル）が一つの比喩を設けて、鉢の中に置かれたA、BおよびCなる三個の球が相互に支え合って一定の位置を保つ時には、當《ま》さに三個の球は引力の作用の下に互いにその位置を定め合うと言うべきで、決してAがBの位置を、BがCの位置を定めると言うべきものではないといって、需要供給及び價格の關係をこれに譬えたことは、既に世人の承知するところであろう。しかるに既にここまで説き來れば、かかる相互依存の理論或いは均衡の理論は、ただ獨り特定物の價格とその需給との關係にのみ求むべきではない。……その相互依存關係は當然市場に現る一切の經濟的數量相互に及ぼすべきものであることが理解される筈である。而してこれ等のものが互いに相決定し合う關係、或いは同時決定の關係にあることを認めれば、ここに一般的均衡の理論體系が成立しなければならぬ」と。また他の論説「理論經濟學界の収穫と展望」の中でも、曰く「これ等の學者（ワルラスの後継者たちをいう）がそれぞれ先人の後を承けて發展せしめた一般的均衡の理論が、日本においても今後益々吟味、精錬、大成せらるるであろうと豫期する」と。永田の三篇の論文も師小泉のそのような期待に応える意向で執筆されたものであろう。

第二の論文「價値論と平衡論」は前稿に引きつづき、副題にもあるように、ワルラスからその後継者パレートにいたる一般均衡理論の発展を主題としたものである。ここで平衡論とは言うまでもなく均衡理論を意味し、價値論とは均衡理論で決定される価格の背後に何らかの実在的原因を探究する議論を意味している。本論文では著者はまずパレートが上記の意味での価値論を経済理論には不要なものとして却けた経緯に言及し、同時にカッセルの価値論無用論をも掲げて、それらの所論をもって正鵠を得たものであるとなしている。

当時本塾の理論経済学研究においては、このカッセルの価値論無用論がかなり議論の対象とされた模様で、小泉の「價値論の價値」をはじめ、のちに触れる気賀健三、千種義人の論説にいたるまで、数多くの掲載論文がこれを主題としてとり上げている。やがてまた立ち戻ることになるが、当面の永田の論説に関連して言えば、パレートの意味での価値論無用論とカッセルの意味でのそれとは、何らかの形而上学的実在に関する議論が経済理論にとって無縁であると説く点では共通しているものの、理論構成に内在する特性に関してはまったく異なっており、両者はその意味では明確に区別して扱われるべきものであるように思われる。パレートにとって後者の意味での価値論無用論とは、測定可能な効用の概念を経済理論から追放し、代うるに無差別曲線アプローチをもってすることがそれであり、これは基数的効用関数の概念を序数的効用関数（パレート自身の言葉で言えば効用指標関数）の概念にすり変えるというだけのことであって、後者にもとづく各個別消費者の効用最大化行動の理論を経済理論から排除しようとするものではなかった。これに対してカッセルの価値論無用論はそのような各消費者の効用最大化行動の理論や各生産者の利潤最大化行動の理論から成るミクロ的行動の理論そのものをも排除することを意味しているのであって、経済理論は市場で観察される需要関数と供給関数からただちに出発すればよいと説くものである。本論文の後半部分の叙述から明らかなように、永田が「正鵠を得たり」としているのは、もっぱら前者パレートの意味での価値論無用論でありカッセルのそれではないことを銘記しておくのが重要である。

上記のところを前提とした上で、永田第二論文の残余の主要部分は、あげてパレートの一般均衡理論の二大主著『経済学講義』と『経済学提要』の基本体系を祖述することに当てられている。まず『講義』についてはパレートが「効用」（"utilite"）なる名辞を不当なものとしてそれを「オフェリミテ」（"ophelimite"）に代置した事情が語られ、同書の始めの部分に展開されているワルラス流儀の交換の一般均衡の数学的モデルが詳細に紹介される。そして『講義』のこのモデルはワルラスの再述以上に出るものではないという適切な評価を下したのち、つぎの『提要』の新説に移る。今日ではパレートがそこに展開した無差別曲線分析はあまねく知られたところであるが、その図が本誌に現れたのはおそらくこれが初出であろう。また無差別方向の微小変化の式

$$\varphi_x dx + \varphi_y dy + \varphi_z dz + \cdots\cdots = 0$$

を積分すれば効用指標関数

$$I = \varphi(x, y, z, \cdots\cdots)$$

が得られ、Iに任意の値を与えれば一個の無差別曲面方程式になるという議論にも、周到な言及がなされていることを付記しておきたい。

永田の第三の論文「ワルラスとカッセル」では、こんどはパレートに代ってもう一人の価値論無用論者カッセルの一般均衡理論がとり上げられ、その交換ならびに生産の均衡方程式システムが紹介解説されるとともに、ワルラスとカッセルとの異同関係が論じられている。著者は交換価値の原因がラルテ（限界効用）にあるとするワルラスの考え方と、価格を含めすべての未知数が一般均衡において同時に決定されるとするワルラスの考え方とは矛盾撞着するものであると言い、前者はワルラスの全体系の中でそれほど重要な意義を持つものではないが、後者の一般均衡理論こそは彼の大貢献となされるべきものであるから、ワルラスとカッセルとは基本的に同一軌道上にあるものと考えてよいと説いている。なるほどカッセルの一般均衡システムはワルラスのそれを通俗化したものにほかならないから、そのかぎりにおいて両者が同一軌道上にあることは疑いを入れないが、それを理由づける論理としてワルラスの限界効用理論と一般均衡理論とが矛盾撞着であるからと説くのにはいささか問題があろう。前にも述べたように消費者の需要関数を導き出すミクロ理論的基礎づけとしては消費者の効用最大化行動の理論が必要なのであり、それをワルラスのように限界効用概念を用いて述べれば価値論があり、パレートのように限界代替率概念を用いて述べれば価値論がないかのように言うのは奇妙な理窟である。この点についての問題点はむしろカッセルの側にあるように思われる。

同論文の第五節で永田はアモンの文章を引き、彼につぎのように言わしめているが、カッセルの立場に対しては、このアモンの言明こそまさに傾聴すべき批判を述べたものと言わねばならない。曰く「カッセルの以上の方程式に於て、交換價値決定の場合に關係ある種々なる要素間の一切の依存關係が明らかにされて居る。然しこれには一個の例外がある。欲望若しくは需要の欲望状態に對する依存性がそれである。卽ち結局一切のものが依據して居るところの函數〔導出〕の過程が、未知のままに殘って居る。何等かの價値の問題、例えば金若しくは穀物に關する價値變動の問題を具體的に解決し得る爲には、吾々は需要函數の形を知らねばならぬ。又生產手段に於ける價格形成の問題、例えば勞働賃銀の問題を具體的に解決する爲めには、吾々は生產手段の供給函數の形を知らねばならぬ。……斯くてこれらの需要供給函數〔導出〕過程に就いて、吾々は何物かを說明するが如き原理を發見することこそ必要である。斯くの如き原理が卽ち主觀的價値論に於ける限界效用の原理なのである」と。

以上長々しく引用したが、それはさきにも言ったようにカッセルの一般均衡モデルに対して、アモンのこの評言ほど適切な見解を述べたものは他の同時代の学者の中には見当らないからである。要するにカッセルの一般均衡モデルはワルラスやパレートのそれとは異なって、いきなり社会的な需要関数や供給関数から出発するがゆえに、それらの関数の形を決定すべきミクロ的基礎を欠いているのである。限界効用理論や限界生産力理論はそれらの性質を効用関数や生産関数に関する仮定と家計・企業の最大化行動から導き出すところに不可欠の役割を持ち、その意義は効用をワルラスのように基数的なものと考えるかパレートのように序数的なものと考えるかによってその本質を変えることはないというのが正論である。

このような視点からすれば、永田のつぎの結論「カッセルの方程式とワルラスのそれとが全く同一原則に基くのみならず、その形式に於ても同様なることは、前述せる二者の方程式を比較すれば容易に看取し得らるゝところであろう。ワルラスの詳細にして、カッセルの簡明なるにすぎぬ。この意味に於て、カッセルの大なる功績はワルラス學説の通俗化に在ると謂える」というのは、若干訂正を必要とする文言である。カッセルの方程式とワルラスのそれとは決して同一ではなく、前者は後者に含まれている個別主体の最大化行動の部分を欠如するがゆえに、先記のごとく需要関数や供給関数の形態を導出する基礎を持ちえない。その意味においては、カッセルがワルラス体系を簡略化し通俗化したことは、「大なる功績」ではなくむしろ「改悪」と呼ばれねばならないであろう。

五

前述したように、カッセルの価値論無用論は永田以降も本誌所載のいくつかの論説の主題となり、論じられるところとなった。本節ではその中で気賀健三「價値學説無用論と限界效用理論」(一九三二年)、千種義人「カッセル價値學説無用論概説」(一九三八年)の二篇を選び、その所説を略述して、筆者の見解をも付記しておくことにしたい。

前者において気賀の述べるところは大略上に筆者が開陳した見解に近く、カッセルの理論が彼の主張するごとく「果して價値論なくして完全に説明せられるや否や」という見地から彼の所論に批判を加え、限界効用理論の必要性を説いたものである。気賀もまた前にあげたアモンのカッセル批判を引照し、カッセルの理論がそれの拠って立つ需要関数や供給関数の形状や性質について何ら説明するところがないとするアモンの説に「全然〔完全にの意〕贊意を表するものである」と言う。

著者みずからの言葉を引くことにしよう。曰く「カッセル自身も亦、價格決定の主觀的方面の原因として「需要が價格に依存することを示すところの方程式の係數」、又は「需要函數が生産財の價格に依存する其樣式、卽ち生産財に對する需要の性質を明にする所の此函數の形式」を擧示して居るのは明に見受けらるる所である。然るに吾人はカッセルが需要の此性質に就て說明する所の章句を全く見出し得ぬのである。否な、氏は斯様な說明をば全然無用と考へて居ったかの観がある。」「カッセルは「需要の性質」を以て價格決定の主觀的原因と認めつゝも、敢て之に説明を加へることをしなかったのである。即ち氏は之を以て一つの明白な事實と考へ、之を説明することは經濟學の領域外に在ると考えたのである。併し吾人を以て之を觀れば、カッセルが需要の性質に説明を加えなかったことは、氏の價値論排斥より生ずる當然の結論であると同時に、氏の價格論に取って致命的な缺點であると信ずる」と。以上がカッセルの価値論無用論に対して気賀の加えている批判の主眼点である。要するに需要関数の性質を消費主体の効用最大化行動に求める説明原理をまったく欠くところにカッセル理論の最大の不備があるというのが気賀の言い分であり、それは結局今日のオーソドックスな立場が主張するところに帰一するのである。

さらにつづけて言う。「カッセルはベーム・バヴェルク及びヴィーザーの所説を参照しつつ、之を攻撃して曰く「人々は實に十、十二、十五等々の數を以て效用を表現し得る〔と言うが〕、……併し此等の數が絶對的に定めらるゝのであるかは疑問でなければならぬ云々」と。……〔しかし〕筆者は之を否定することを以て限界效用理論に取って重大なる修正とは考えぬ。此修正に依っても、價値評定は依然として價格形成の基礎を爲すものと認め得るのである」と。これまた可測的な効用を序数的なそれに置き換えてもなお各消費者の効用最大化行動の理論は無用ではなく、かえって不可欠であるとする現代の正統的見解と軌を一にするものであろう。

このような気賀のカッセル批判の立場に対して、「カッセル價値學説無用論概説」における千種の所説はむしろカッセルの価値論無用論に賛意を表するものである。千種はこの論説のあとにも「カッセルによる價格の意義とその決定原理」、「カッセルの價格構成機構論」(いずれも一九三九年)など、カッセルに関するいくつかの論説を本誌に寄せており、その価格理論を同じ分野の所業の中でも「最も優れたるものゝ一つ」として賞揚するとともに、それを「自分の今後の研究の一つの基石としたい」とさえ言明するにいたっている。したがってその価値論無用論に関しても、それを妥当として支持する旨が述べられ、価値論によらずして価格形成を説明しえたところにカッセルの最大の功績があるという見解が披瀝されるのも自然な帰趨と言うべきであろう。

しかし、以上に筆者が述べてきたところから当然予期されるように、そうした千種の見解にとって重大な障壁となるのは、すでに何度となく触れてきたアモンのカッセル批判にほかならない。重ねて記せば、それはカッセルが社会的な需要関数、供給関数から出発し、それらの関数の形や性質を導き出す原理をまったく欠いているというものであったが、これに対して千種はカッセルの側に加担し、彼がそのような考察を無用としたのは、それが経済学の領域には属さず、その外にあるものと考えたからだと主張する。

たしかに消費者の欲望や選好がどのような原因からどのような経緯をへて生成されるものであるか、その形成過程を問うことは、生産技術がどのようなプロセスから生み出されてくるかを問うことと同様、経済学の外にある事柄であり、経済学者がそれらに腐心することは無用であろう。しかしいかなる説明原理によるにせよ、ひとたびそれらの選好や技術が外から与えられた場合、それらの与件の下で、各消費者や各生産者が効用や利潤を最大化することの結果として各財の需要関数や供給関数は導出されるのであって、そうした原理を俟ってはじめて需要関数や供給関数の性質が、基本的与件とされた選好や技術の性質から引き出されうるところとなる。こうした原理こそいわゆるミクロ経済学の中心内容をなすものであり、アモンが限界効用の理論もまたその枢要な一翼を担うがゆえに無用として切り捨てることは罷りならぬと言ったのも、そのゆえにほかならない。もしそのような部分も「理論經濟學以外の研究對象である」というのであれば、今日標準的と目される経済学教科書のミクロ経済学の部分はすべて経済学の領域から追放されねばならないことになろう。

千種のもう一つのカッセル論文「カッセルの價格構成機構論」においては、いっそうカッセル経済学の内容に即して、主著『理論的社会経済学』の精髄たる著名な一般均衡理論モデルが全貌にわたって紹介され、ついでそれに向けられた諸家の批判に対し逐一カッセルの側に非なしとする弁護論が展開されていく。その一二の点については、やはり本塾の理論経済学の伝統を匡す上において、ここでとり上げておく必要があろう。

その一つは再三アモンによる批判点で、カッセルがr種類ある本源的生産要素の利用可能量R_1、R_2、……、R_rをそれぞれ固定的な大きさであると仮定したのに対して、アモンはそれらを要素価格q_1、q_2、……、q_rの関数とすべきであると説いた。本源的生産要素であるからには元来それらの存在総量は外生的所与とされるべきであろうが、それらのうちどれだけを自家消費に当て、どれだけを生産に提供するかは各所有者が価格にしたがって決定すべき事柄であり、しかもカッセルのR_1、R_2、……、R_rは生産に振り向けられる要素量と解すべきものであるから、明らかに価格に依存すると仮定したほうが適切である。なおそれらは生産物価格p_1、p_2、……、p_nにもまた依存すると仮定したほうがさらにいっそう適切であろう。いずれにせよカッセル自身による措置よりも、そうしたほうがよりよいことには疑問の余地がなく、もともと原型となったワルラスの定式化においては、そうなっていたのである。カッセルがそれらを固定的と仮定したのはむしろ「改悪」であり、つぎに述べる均衡解存在の問題に対しても却って不要な困難を持ち込む原因にしかならなかった。この点について「この関係〔R_1、R_2、……、R_rが価格に依存するという関係〕は、カッセル自身認めて居た所であり、第二編で詳論されている所のものである」と千種は弁護するが、肝心の一般均衡モデルそのものの中ではそれが活かされていないのであるから、アモンの批判は有効であると言わざるをえない。

そこでつぎはそのカッセル体系における均衡解の存在問題であるが、この点を逸早く提起して批判したのは、柴田敬「カッセル氏の「價格形成の機構」の吟味」(『經濟論叢』一九三〇年六月号)であり、千種はこの柴田によるカッセル批判に対してもそれを不当であるとして、カッセルを擁護する趣旨の反批判を開陳した。

以下論旨展開の必要上、まずカッセル均衡体系の最小限度の要約を掲げておくことにしよう。n種類の最終生産物の需要量をN_1、N_2、……、N_n、供給量をA_1、A_2、……、A_n、それらの価格をp_1、p_2、……、p_nとし、またr種類の本源生産要素の利用可能量をR_1、R_2、……、R_r、それらの価格を

q_1、q_2、……、q_rとする。さらにまた最終生産物・jを1単位つくるのに必要な本源要素・iの量、いわゆる生産係数をa_{ij}とし、それらは技術的に所与であるとする。するとつぎの各方程式

(1)

$$a_{11}A_1 + a_{12}A_2 \cdots\cdots + a_{1n}A_n = R_1$$
$$a_{21}A_1 + a_{22}A_2 \cdots\cdots + a_{2n}A_n = R_2$$
$$\cdots\cdots\cdots\cdots$$
$$a_{r1}A_1 + a_{r2}A_2 \cdots\cdots + a_{rn}A_n = R_r$$

(2)

$$a_{11}q_1 + a_{21}q_2 + \cdots\cdots + a_{r1}q_r = p_1$$
$$a_{12}q_1 + a_{22}q_2 + \cdots\cdots + a_{r2}q_r = p_2$$
$$\cdots\cdots\cdots\cdots$$
$$a_{1n}q_1 + a_{2n}q_2 + \cdots\cdots + a_{rn}q_r = p_n$$

(3)

$$N_1 \doteq f_1(p_1, p_2, \cdots\cdots, p_n)$$
$$N_2 = f_2(p_1, p_2, \cdots\cdots, p_n)$$
$$\cdots\cdots\cdots\cdots$$
$$N_n = f_n(p_1, p_2, \cdots\cdots, p_n)$$

(4)　$N_1 = A_1, N_2 = A_2, \cdots\cdots, N_n = A_n$

が成立することになる。(1)は各生産要素の需給均衡方程式、(2)は各生産物の価格・平均費用均衡式、(3)は各生産物の需要関数、(4)は同じく各生産物の需給均衡方程式である。ここで本源的生産要素についてはその利用可能量 R_i ($i=1,2,\cdots\cdots,r$) が一定と仮定されていること、各生産係数 a_{ij} ($i=1,2,\cdots\cdots,r$, $j=1,2,\cdots\cdots,n$) もまた技術的に一定と仮定されていること、は前述したとおりである。するとここでの未知数は A_j が n 個、N_j が n 個、q_i が r 個、p_j が n 個であり、これに対して方程式は(1)が r 個、(2)が n 個、(3)が n 個、(4)が n 個で、いずれも都合 $3n+r$ 個となるから、変数の均衡値が一意的に決定されると考えられた。

柴田はこのようなカッセル体系に対して、未知数と方程式の数が全体としては整合していても、たとえば方程式(1)だけの部分をとってみると整合性が欠けているので、カッセル体系は解けるとはかぎらないという趣旨の批判を述べた。柴田の主張はつぎのような推論から成っている。

(イ)まず(1)の方程式の数は生産要素の種類数すなわち r 個に等しいが、そこで未知数は A_1、A_2、……、A_n の n 個である。したがって、いまもし生産要素の種類のほうが生産物の種類より多く、$n<r$ になっているとすれば、(1)は未知数より多くの方程式を含むことになり、不整合を排除することができない。そこでこの難点を免れようと思えば、$n \geqq r$ でなければならないが、生産物の種類数と生産要素の種類数がこの関係を満たす必然性は何ら見出されない。

（ロ）つぎに、かりに $n \geqq r$ であったとしても、なお(1)がかならず解けるとはかぎらない。たとえばいま $n = r = 3$ の事例を考え、そこでたまたま a_{21}、a_{23}、a_{31}、a_{33} がゼロであったとする。すると(1)は

$$
\begin{aligned}
a_{11}A_1 + a_{12}A_2 + a_{13}A_3 &= R_1 \\
a_{22}A_2 &= R_2 \qquad (5) \\
a_{32}A_2 &= R_3
\end{aligned}
$$

となるから、この場合にも要素の需給均衡方程式は余分の方程式を含みうることになって、難点に逢着する。ところで生産係数のいずれがゼロになるかはまったく技術的条件に依存する事柄であり、上記のような与件構造が排除される必然性もまた見出されえない。

これら二つの難点を指摘したのち、柴田はそれらが生じてくる理由は元来カッセルが本源要素の供給量 R_1、R_2、……、R_r を一定と仮定したところにあり、前記のアモンの所論と同様それらを価格の関数とみなせば問題は解決されるであろうと示唆して、この点の論評を閉じている。（より詳しくは福岡正夫「柴田博士のカッセル批判をめぐって」（柴田敬博士古稀記念論文集刊行委員会編『経済学の現代的課題』ミネルヴァ書房、一九七四、福岡『均衡理論の研究』創文社、一九八五年に再録）を参照されたい。）

さて、上記のような柴田のカッセル批判に対して、千種は（イ）の点についても（ロ）の点に

ついても柴田の批判はカッセルの真意を誤解するものであるとして、つぎのような反批判を提示する。

まず論点（イ）については、なるほど方程式(1)をそれのみとり上げれば、$n>r$の場合には過剰決定となり、解くことが不可能になるが、カッセル体系全体としてみれば、(2)、(3)、(4)が連立されているわけであるから、まず(3)のN_1、N_2、……、N_nを(4)によってA_1、A_2、……、A_nに代置し、それを(1)のA_1、A_2、……、A_nに代入すれば、(1)の左辺はp_1、p_2、……、p_nの関数となる。そこでそれらのp_1、p_2、……、p_nにさらに(2)を代入すれば、結局(1)の左辺はq_1、q_2、……、q_rの関数となるのであり、(1)はA_1、A_2、……、A_nではなくしてq_1、q_2、……、q_rについて解かれることになるから、方程式も未知数もr個となって、不都合は解消する。

つぎに（ロ）については、$a_{22}A_2=R_2$, $a_{32}A_2=R_3$であるところから、生産物2は生産要素2を用いても3を用いてもつくられうることになっており、これは生産物2をつくる上で生産要素2と3は互いに代替関係にあることを意味している。しかしカッセルはもともと要素間の代替関係を排除しているのであるから、柴田が挙げているような事態はカッセルの仮定の下では起こりえないはずである。では一歩を譲ってそうした代替関係を認めると、「代用関係のもとに於て均衡が成立するのは、二つの生産手段の最後に用ひられ、相互に代用することの出来る分量が同一の價格を持ってゐる時である」から、生産要素2と3の価格q_2とq_3は相等しくならねばならない。すると柴田の挙げた設例は

(6)

$$a_{11}A_1 + a_{12}A_2 + a_{13}A_3 = R_1$$
$$a_{22}A_2 + a_{32}A_2 = R_2 + R_3$$

となり、(イ)の反批判のさいに述べたとおりこれは q_1 と q_2 ($=q_3$) という2個の未知数を含む2個の方程式となるから、ふたたび矛盾は生じないことになる。

以上に記したところが柴田のカッセル批判に対し千種が述べている反批判の骨子である。さて去就の決定については読者のエクササイズにゆだねることにしたいが、ただ論旨明快で説得力に富むかに見える(イ)の部分への反論とは違って(ロ)の部分へのそれには若干フォローし難い推論もあるように思われるので、ここに一言だけ筆者の注釈をつけ加えておくことにする。そこではまず千種は $a_{22}A_2=R_2$, $a_{32}A_2=R_3$ という関係から、柴田の設例では生産物2が要素2からも3からもつくられることになり、両要素間の代替関係を認める結果になると言うが、この推論は適切ではない。カッセルの想定の下でも柴田の想定の下でも生産物2は(a_{12}, a_{22}, a_{32})という生産係数の組み合わせによって生産されているのであって、その組み合わせは目下の場合あくまでも変化させることはできない。換言すれば生産物2の生産量はそれら三種類の生産要素のうち、もっとも早くボトルネックに達するものによって決定されるのである。ゆえにどう考えるにせよ、柴田の事例が要素間の代替関係を意味するという主張は命題そのものとして正しくない。つぎに五十歩百歩を譲って二要素間に代替関係を認めた場合、そのことからそれらの価格 q_2 と q_3

が等しくなるという主張もまた導かれえない。引用文の意味するところは明確でないが、もし仮想された代替関係の下に両要素の限界生産力が定義されうるとすれば、その場合正しい推論から帰結するところは両要素の限界生産力の比がそれらの価格の比 q_2/q_3 に等しくなるということであって、q_2 そのものが q_3 そのものに等しくなるということではない。しかし前段で述べたように、カッセルの場合も柴田の場合も固定生産係数の仮定は堅持されているのであるから、両要素についてプラスの限界生産力を考慮するということ自体が不可能事であるほかないであろう。

六

話がやや幹線から逸れるが、本誌はかねがね大経済学者の生誕や没後あるいは主著公刊の五〇周年とか一〇〇周年とかいう年の節目に、それを記念する特集号を企画刊行してきた。そのような例としてはこれまでにもスミス、ジェヴォンズ、ワルラス、マーシャル、エッジワース、シュンペーター、ケインズ等々の特集号が数えられる。この慣行は本誌の見識を世に示すもので、称賛されてしかるべきものと思われるが、そうした実績があってのことか、かつて筆者は塾外の親しい研究者から、なぜ一九八八年にクールノーの主著公刊一五〇周年の特集号を出さないのかと尋ねられたことがある。今回筆を執っていて心安まる思いがしたのは、寺尾琢磨「クールノー『富の理論』の出版百年に際して」（一九三八年）および三邊清一郎「アントアンヌ・オーギュスタン・クールノーの片影」（一九三九年）の二篇が遺漏なく主著公刊一〇〇年の折に本誌に収められていたのを見出しえたことである。

周知のようにクールノーの主著『富の理論の数学的原理に関する研究』は、一八三八年に出版された。すなわち古典派ジョン・スチュアート・ミルの『経済学原理』に先立つこと十年にして、すでに微積分学的手法による近代限界分析が全面的に展開され、生産理論の中心命題たる限界収入イコール限界費用の等式が逸早く樹立されていたのである。寺尾はこの書を「不朽の名著」、「數理經濟學の聖典」と呼び、その「主たる内容をなすところは需要法則、獨占論及び外國貿易論」であって、それらを以てこの書の三大貢献であるとなしている。今日の視点からすれば、のちにナッシュ均衡の原型とされるにいたった著名なクールノー型の複占均衡や、その均衡解にもとづく極限定理、すなわち主体数を増やして無限に近づけるとクールノー＝ナッシュ均衡がワルラス均衡になるという定理、に触れられていないのが多少とも淋しいが、反面通常はあまり顧みられない彼の外国貿易論が三大貢献の一つに数え上げられているのは炯眼のきわみと言わなければならない。なぜならクールノーのこの理論はエンケのそれとともに、のちにサミュエルソンなどの注目するところとなり、きわめて高く評価されるにいたったからである。

寺尾のこの評伝は、つぎの文章によって結ばれている。曰く「クールノーのこの書がその秀抜な内容に拘らず、限界效用學説の眞の發見者ともみられる夫《か》のゴッセンの『人間交通の法則の發達』と共に、數十年の長きに亙って學界から忘却されてゐた不幸な事實は經濟學史上の一大痛恨事である。惟《おも》ふにその根本的原因が一般の經濟學者の抱く數學に對する無頓着乃至反感に在った事は争へないが、同時にクールノーの極度に無味乾燥な文體にも在った事も亦否めないのである。比較的單純な數學式に限定し、これを展開するに魅惑的文章を以てしたジェヴォンズの成功と對比すれば、能くこの間の消息を窺へると思ふ。而もクールノーのこの不幸の書を忘却の海からひき上げたのがジェヴォンズその人であったのも大きな奇縁といはねばならぬ」と。

三邊による評伝もまたクールノーの著作がいかに不遇な運命を辿ったかを詳述したものである。経済学における彼の著作には、前記の主著『富の理論の数学的原理に関する研究』のほかにもなお『富の理論の原理』(一八六三)、『経済学説概観』(一八七七)の二著があるが、学説史上彼の地位を不動のものにしたのは、もちろん最初の『研究』であって、大雑把に言えば、最後の『概観』は『原理』の要約、『原理』は数式を省いた『研究』の再論にすぎず、同一の思想を再現したものでしかない。「これが、後にドピットルが彼〔クールノー〕の經濟學上の諸著作を紹介した時、「彼はある意味に於いて唯ゝ一冊しか書物を書かなかった」と言うと共に、「その一冊の書物を三度書いた」と言い得るとした所以である。」それにもかかわらず、なぜクールノーがあとの二著を書いたかと言えば、それはつぎのような理由によるものではないか、と三邊は言う。

まず後世においては不朽の名を得た第一の書も、出版された当時は同時代の人々によって完全に黙殺され、ほとんど一冊も売れなかった。そこで彼はこの恐るべき無関心を克服するため、一八六三年にいたって数学式をすべて省いた第二の著書を世に問うた。この書から三邊は著者自身によるつぎの章句を引用している。曰く「第一審の判決に對して控訴を提起するのに三十年もかかったのだから、その結果がどうであっても、勿論私はこのうへ上告しやうなどとは考へない。この訴訟に再び敗れるやうなら、私に殘されることは、殆どどんな不運な著者をも見棄てない慰藉、彼等を裁く判決が他日は法自身の爲めに破毀されることもあろうと考へるその慰め、すなわち眞理のそれより外にあるまい」と。ところがこの第二の書もまた彼の期待を裏切って、第一の書にもまして成功をかち得なかった。こうして上記の引用文では上告権の放棄を約束した彼ではあったが、十年ののち三たびチャレンジすることになったのが、死後一八七七年になって出版された第三の書『経済学説概観』である。ところがこの書もまた依然として成功を見るところがまったくなかった。

三邊は彼の評伝において、クールノーがこれら晩年の著作で数学の使用を回避したのは、たんに数学に馴染まない読者層にもアピールして売行きを増やそうとしたためばかりでなく、彼の視力がいちじるしく減退したことにもその理由があるという説を述べている。事実クールノーの一八七三年九月三日付ワルラス宛ての書簡にはつぎのような言葉が見出される。「私はローザンヌからの貴翰およびご同封の印刷物をお受け取りいたしました。それを深く感謝いたします。私はそれを拝読するのに費しうるかぎりのあらゆる努力を払いました。というのは、それを貴君に申し上げねばならないのですが、三十年来私は、日々の糧を得るためにほかの人の朗読に頼らなくてはならなくなっているのです。もちろん数学を読んでくれることができるような青年はおりません。またこの眼で数学を読むこともできません。書くにいたってはなおさらのことできません。

それで三十年来私は止むなく数学を放棄しているのです。」

こうして彼の晩年は、彼自身が少しずつ書き綴ったものを写字生が集めて清書し、それがふたたび読み聞かされて訂正された結果、はじめて論稿が出来上がるといったような按配で、決して仕合わせと言えるものではなかった。しかしついに一八七六年には勝訴を喜びうるような事態が到来した。三邊は『概観』の序文からつぎの文章を引くことで、その評伝を閉じる。曰く「私が一八六三年にこの約束〔再び上告しやうなどとは考へないという約束〕をした時には、命長らえて一八三八年の私の訴訟が職権によって再審に附せらるるを見やうとは思わなかった。しかしながら三十餘年を經て、他の代の經濟學者等が……進むべき良き道を拓いたことを發見した。それは、私自身知らなかったが、少し前に優れた才能の人ヒューエル博士によって先鞭をつけられて居たということである。いま一人の英國人ジェヴォンズ氏がこの道の擴張に努めた。そしてそれと時を同じうしてローザンヌの經濟學教授なる若き佛蘭西人レオン・ワルラス氏が學會の席上に於いて、私の方法及び數式に殆んど一顧をも與えない誤りを指摘すると共に、彼自身正しくこれを使用して、更に充分發展せる一新學説を發表した」と。最後の日が近づくころ、クールノーの友人たちは彼をフランス・アカデミー会員に推すことを企て、その機運を促進するために彼に新しい一冊の書物を書くように慫慂した。その結果、彼の著わしたのが第三の書『概観』だったのである。

七

前節までのところ本誌所載の理論関係の論説でメンガー、ヴィーザー、ベーム・バヴェルク等オーストリア学派の学説を主要対象として論じたものにはほとんど触れる機を持たなかった。そこで本節では小池基之の「カアル・メンガアと價値心理學」（一九三二年）、「フリィドリッヒ・フォン・ウィーザアの歸算理論」（一九三二年）、および「歸算理論と分配論――墺太利學派の分配論に就いての一考察――」（一九三三年）の三篇をとり上げ、目下の議論の流れと相関連する側面について若干の考察を加えておくことにしたい。

まず最初のメンガーに関する論説では、小池はその価値基礎論に影響を与えたと考えられるブレンターノ、マイノンク、エーレンフェルスらの価値心理学説を仔細に論じているが、これら価値形成過程の心理学的分析こそ、カッセルの価値論無用論を俟つまでもなく、当面の議論に不可欠とは考えられないので、ここでは立ち入らない。小池の所論の中で本稿の見地から重要と思われるのは、そうした価値心理学的分析がたんに価値概念形成過程における心理的作用を穿鑿したばかりでなく、またそれがいわゆる経済性の概念を経済学構成上の枢要概念としてその中心部にもたらしたという認識である。ここで経済性とは「欲望を能う限り完全に充足せんとする努力」を指し、「この經濟性によって理論經濟學に於ける精密法則の定立が可能ならしめられる。」そして「限界效用の法則」こそが「この經濟性の精密なる法則的表現に外ならない」というのである。

これは結局限界効用均等の法則による配分の原理が経済学の中心原理であるというに等しいから、「メンガアの價値論に於ける課題はその心理的主觀的敍述にあるのではなくして」、「經濟性の原理を基礎とする價値秩序の內面的把握に」存するという小池の結論は、そのまま前に述べた気賀の「價値評定は依然として價格形成の基礎を爲すもの」として不可欠であるとする、限界効用法則の重視ないしは価値論無用論批判の視点と相通ずるものであると言ってよかろう。経済学における両者の基本的立場がまったく相異なるものであるにもかかわらず、この点では両者が一致するところに、われわれは「配分の原理」の普遍的意義を見るのである。

小池の他の二つの論説の「歸算理論」というのは今日の用語で言えば「帰属理論」のことであり、生産要素の価値がその生産への貢献分に応じて生産物の価値から引き出されるとするオーストリア学派の考え方を指すものである。これらの論説において、小池はこの学派の三巨星メンガー、ヴィーザー、およびベーム・バヴェルクによる帰属学説のそれぞれを祖述し、その間《かん》の異同を明らかにした上で、ヴィーザーの見解をそのもっとも代表的なものであるとして、考察の舞台の中心におく。上にも述べたように、帰属の理論にあっては生産物の価値から労働、土地、資本への価値の帰属すなわち価値の分配が導かれるが、小池にとってこの説でもっとも問題となるのは、「我々が近代社會に於ける分配の本質を検討する爲めには、我々は唯、資本主義社會に於けるその特殊性に着目する事に於てのみ目標に到達し得る」はずであるのに、「墺太利學派にありては事情が全く異な」り、「一切が抽象化され、一切が普遍化されてゐる」という点である。すなわち「彼等によりて追求された經濟法則は普遍妥當性を有するものであり、従って分配論の諸項目、地代、賃銀、利潤等は歴史的範疇としてではなく論理的、自然的範疇として考察され、特に利潤をば社會生産の歴史的條件からではなく、その一般的條件から導き出す事を正當と考えてゐる。従って彼等が分配論の出發点とした歸算理論もその基礎に於て、論理的範疇として理解されてゐるものである。歸算理論は殊にそれがウィーザアに關する限り、一般的均衡理論として見る事を得ると思ふが、均衡理論の本質は普遍的な、經濟現象の一般的相關々係の叙述にあり、此の點に於ても自らその妥當する限界を見出し得るであろう」と。

たしかにこの種の非歴史的＝制度捨象的な思考方法はとりわけ資本主義社会に固有な所有関係を考慮に入れたものとは言えないであろうが、しかし反面それはそれとして独自のメリットを持たないわけでもないことを無視してはならない。事実、当のヴィーザーやパレート、バローネなどが社会主義社会における合理的経済運営の図式に関してすぐれた先駆的業績を後世に伝えたのも、まさにこの種の考え方を俟ってはじめて可能なところだったのである。

小池の所論から帰結する主張の中でもとりわけわれわれにとって興味深いのは、その利潤および利子に関する言明である。「資本は生産的使用に於て早晩盡く消滅すべきものであるが故に資本の消滅部分は總收益によって償はれなければならない。従ってこの總收益から資本價値を控除し尚餘剰の存する時、我々は資本利子に就いて語ることが出來る。」ところが「歸算理論は……静態に於ける生産財と生産物との等價關係を表はすもの」である。すなわち定常状態においては生産物の価値はすべて生産要素の価値に分配されつくし、生産物価値とその費用とが一致するのでなくてはならない。そうしたことから、オーストリア学派の帰属理論にあっては、迂回生産の利益とか時差による価値の相違とかの概念の援用を以てしても、資本利潤ないしは資本利子の説明が失敗に終わらざるをえないのではないか。これが小池論文で提起されているもっとも重要な論点の一つであるように思われる。この点については「帰算理論と分配論」の結びの章句がとりわけ印象的である。曰く「完全なる均衡状態の支配する静態に於ては利潤は消滅せざるを得ない。利潤の成立し得べき生産費〔と〕の差額は必然的に均衡状態の破壊に於て求められなければならない。斯くして、シュンペエタアが經濟動態に於て資本利潤を説明せんとしたのは限界效用理論の發展の上に於て當然の歩みと云はねばならない」と。

この小池の問題提起に対しては、かなり後のことにはなるが、それに呼応するかのように気賀健三の論説「利子動態説の回顧」が戦後復刊第一号（一九四六年）の本誌に載せられるところとなった。気賀のこの論説は、上に小池の説くごとく、利子は企業家の利潤に起因する動態的な所得範疇で、革新ないしは経済発展のないところには何らの利子も存在しえないとするシュンペーターと、一方利子は特定の社会的装置にはかかわりなく基本的に存在する所得範疇であり、したがって定常状態においても依然としてプラスの水準で存続しうるとするベーム・バヴェルクとのあいだの論争を回顧したものである。これら相対立するシュンペーターとベーム・バヴェルクの二つの見解に対して、気賀は小池とは反対にベームの側に軍配を揚げ、その根拠としてつぎのような理由を説いている。曰く「動態における利潤獲得に刺戟された資本提供者は、動態のある段階においてそれ以上の發展がなくなったとする場合、従って利潤が解消し、提供した資本に対して利子が與えられなくなる時、どんな態度を取るであろうか。……利子が與えられるが故に資本を提供したものは、利子無くしてはその資本を回収しないであろうか。……一度借入れた資本を絶えず維持して生産過程に引止めて置くためには、やはり利子が必要ではないか。利子がなくなれば、投ぜられた資本は引上げられ、消費財の支出に消耗されるであろう」と。

要するに気賀の言い分は、定常状態といえども、これを維持していくためには一定量の資本が必要であり、もし利子がゼロになれば、それがとり崩されてしまって、定常状態そのものを維持することができなくなるはずだ、というのである。きわめて興味深いのは、かつてロビンズがこの点についてまったく同趣旨のシュンペーター批判を述べたことがあり、その論文「定常均衡概念におけるある種の曖昧さについて」(『エコノミック・ジャーナル』一九三〇年六月号)の中で、資本量を定常的に維持する行動をとらせる動機と、利子率がゼロになるという事実とは互いに相容れない旨を主張している点である。気賀が上記の所説を執筆したときロビンズの論文を知っていたとは思われないから、この指摘は気賀の論説に対しては褒詞を意味するものと言ってよいであろう。ただロビンズの主張には、サミュエルソンのようにそれが「経済学的にも数学的にも論理的にも誤っている」という論者もおり、そのいずれに加担するかはこれまた読者の判断に俟つところと言わねばならない(興味を持たれる読者は福岡正夫「ヨーゼフ・アロイス・シュンペーター」、本誌一九八四年二月号、同『歴史のなかの経済学』一九九九年、二四四―二四八ページを参照されたい。）

八

第五節に述べたように、カッセルに関する千種の論説がはじめて本誌に掲載されたのは一九三八年のことであったが、それに二年先立つ一九三六年にはすでにケインズの『雇用、利子および貨幣の一般理論』がイギリスで公刊され、世界中の経済学者たちに広くかつ深い影響を及ぼしつつあった。本塾の場合、筆者の知るかぎりでは、千種の師、金原賢之助による「キーンズ『就業、利子及び貨幣の一般理論』」なる標題の書評がかなり早期に書かれていたような記憶があるが、遺憾ながら今回の執筆に当たってその掲載誌名、年月日を詳《つまび》らかにすることができなかった。以下に記すとおり、本誌上にはじめてケインズの『一般理論』を紹介し、十篇を数える論説をつうじてその新説の梗概を伝えた功績は、千種に帰せられるべきものである。千種義人「ケインズの『一般雇傭理論』」（一九三九年）、「貯蓄投資の均等説について――ケインズ『一般理論』を中心として――」（一九四〇年）、「貯蓄投資の均等説をめぐる論争」（一九四〇年）、「消費性向と乗数理論」（一九四〇年）、「ケインズの長期豫想理論――資本の限界効率理論を中心として――」（一九四一年）、「強制貯蓄の必要とその方法――ケインズの強制貯蓄案――」（一九四一年）、「ケインズの利子論概説」（一九四二年）、「流動性選擇説と信用需要供給説」（一九四三年）、「貨幣利子率と資本の限界効率」(一九四七年)、「ジョン・M・ケインズ――予言者ケインズの未来像――」(一九四九年)の十篇がそれに当たる。

第一の論説では、千種はまず「〔『一般理論』が〕その公刊後間もなく世界の經濟學界に嵐の如き反響を喚び起し、數知れぬ賛否兩論を闘はしめたことは驚異に値する」と述べ、「既に本書の内容は多くの學者によって殆んど論じ盡されて來たのであるが、それにも拘らずこゝに論述する所以は、筆者が最近遅ればせながら本書に接して、餘りにも多くの問題と啓蒙を與えられ、爲にこれまで諸學者によって爲された數多くの批判の助けを藉りて、徹底的に本書を分析し、その妥當性の範圍を検討したいといふ、欲求に驅られたからである」と、上記諸篇執筆の動機を語っている。各篇ではそのようなプログラムに忠実に、ケインズ体系の根幹をなす過少雇用の均衡や非自発的失業、貯蓄・投資の均等、消費関数と乗数、資本の限界効率、流動性選好の利子理論等々の主題が順を追ってとり上げられることになるが、そこではどの場合もつぎのような要領で論旨が運ばれていく。まず最初にそれぞれ当該の主題に関するケインズの自説が紹介され、ついでそれについて当時発表されていたかぎりでの諸家の批判が余すところなく克明に引照され、検討を加えられる。そしてそれらの批判に対しては概してケインズのオリジナルな考えを支持する旨の筆者の見解が付加されて終わる、というのがそれである。

たとえば最初の論文では、ケインズ理論の画期的な貢献が非自発的失業を含む過少雇用均衡の可能性を論証した点にあることがまず力説され、摩擦的失業、自発的失業に対する第三の失業概念としての非自発的失業の概念が説明されたのちに、彼によるいわゆる古典派の第二公準の破棄に対してホートレー、ヴァイナー、高田保馬らが提起した主要な批判が俎上にのせられ、仔細に論ぜられる。これらの批判は、第二公準を認めてもなお非自発的失業の存在は可能であるとするもの、第二公準に対するケインズの反対は少なくともピグウには妥当しないとするもの、第二公準を否定するなら第一公準もまた成立しえなくなるとするもの等々、多様な論点にわたっているが、いずれも「ケインズ理論の根本的構造を衝くもの」とは考えられないとして、却けられることになる。「ケインズの古典派理論〔公準〕批判に對しては種々の方面からの批判が爲されているけれども、彼が非自發的失業なるもの〔の均衡における存在〕を新に認めたことに對しては、何人もその功績を認めざるを得ないのであって、この一事において、ケインズの雇傭理論は大きな意義を持ってゐると云はねばならぬ」というのが、この問題に対して筆者の与えている結論である。

つぎの貯蓄・投資均等説についても要領は同様であって、ケインズ説への批判としては二篇の論説にわたって、当時続出した膨大な文献群が網羅的に検討され、結局はケインズ自身の議論に何ら不当な点は含まれていないとの結論が述べられる。この論争にはロバートソン、ホートレー、アモン、ラーナー、カーティス、ランゲ、ルッツ等々きわめて多数の論客が登場し、争点も実質的な貯蓄・投資が問題となるのか貨幣的なそれが問題となるのか、また均等というのが恒等関係なのか均衡関係なのか等々まさに百家争鳴の観があって、今日の視点からすれば、何もこれほど大騒ぎをする必要はなかったのではないかという感を免れない。要するに『一般理論』における貯蓄と投資はいずれも賃金単位で測られた実質概念であり、あとは事後的に記録された統計数字の意味での恒等関係と事前的な主体の行動変数の意味での均衡関係とを当面の脈絡においてはっきり区別すれば済むことなのである。そうした点からしてこの二篇は、今日ではむしろ当時の学界の状況を知る上で有用な記録文書となるところにその意義が見出されるであろう。

乗数論争の場合も、これまた事態は似たり寄ったりで、ケインズの比較静学的分析に対するにロバートソンの動学的継起分析の優劣、あるいはショウの提起した一回かぎりの投資の事例対毎

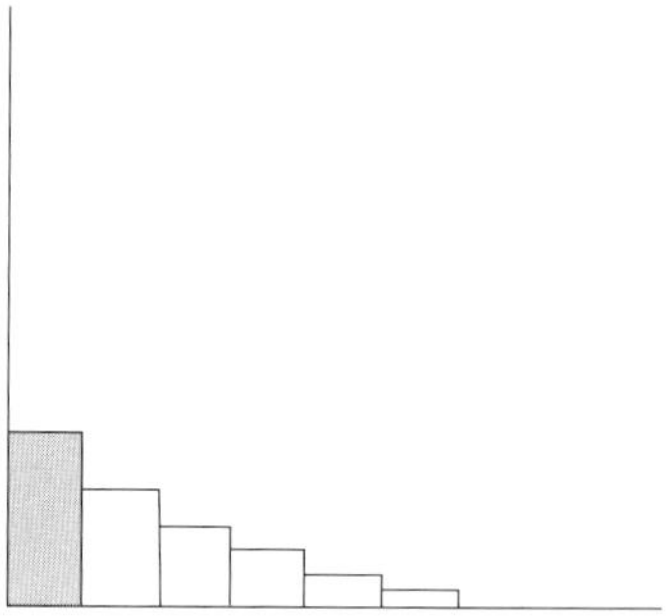

一回かぎりの投資の事例

乗数はすべての柱の総面積と影をつけた柱の面積との比

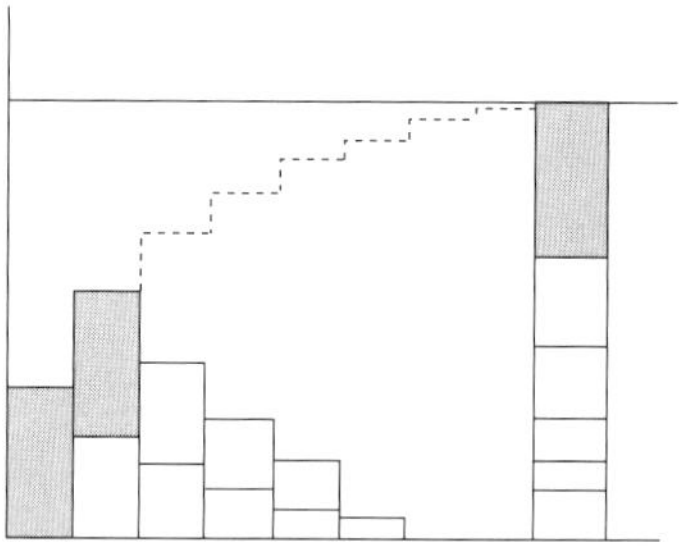

同額継続投資の事例

乗数は右端の柱の総面積と影をつけた部分の面積との比

図1

期同額の継続的投資の事例の当否などが対象となるが、結局においてそれら互いに対比される考え方のあいだにとくに矛盾があるわけではない。千種は結論として「ケインズの乗數理論は均衡状態においてのみ妥當するものである」とするが、ロバートソンのように均衡水準に収束するまでの動学的過程をとり扱う場合でも、やがて収束してしまえば両者の乗数は同一値に帰着するのである。この点はショウの問題提起に対しても同じことが言え、ひとたび定常的均衡水準に収束した段階についてみれば（この場合は収束する以前の各段階についてみてさえ）、累積的乗数と水平的乗数は、のちにサミュエルソンが正確に証明してみせたように、やはり同一値となることが知られるであろう。この点を直観的に示す図を、著者へのオマージュとして掲げておくことにしよう。

ただこの論説の第四節で述べられている千種の章句「この〔ケインズの乗数理論の〕場合の均衡状態は、從來の靜態論の對象となった唯一可能なる安定的均衡ではなく、發展過程における不安定的均衡である」は、現代の用語法からすれば、若干の語句の修正を必要とするであろう。ケインズの均衡は「不安定的均衡」ではなく「安定的均衡」であり、限界消費性向が1より小という安定条件のゆえに、ロバートソン流の動学的調整過程がそこに向かって収束する均衡にほかならない。千種の「不安定的均衡」という表現はむしろ「移動均衡」とでも呼ばれるべきものであって、古典派の一意的な完全雇用均衡に対して、総有効需要の大きさと相対的に位置を変化しうるそれぞれが安定的な過少雇用均衡なのである。

さて、『一般理論』の公刊によって引き起こされたいくつかの論争の中でももっとも頻繁に意見がとり交わされ、かつ実質的にもっとも内容があったのは、利子理論ないしは利子率決定論をめぐる論争である。この論争は一九三七年のオリーンの論文「貯蓄・投資のストックホルム理論に関する若干の覚書」によって触発され、ケインズの反論「利子率の二者択一的理論」とそれに対するオリーンの回答、そしてさらにロバートソンの参加といったような形で、もっぱら一九三七、八両年の『エコノミック・ジャーナル』誌上をつうじて行われた。千種の「流動性選擇説と信用需要供給説」はこの論争をとり扱ったものであり、ここで「信用需要供給説」とはまた「貸付基金説」の名で呼ばれることもあるオリーンの利子理論の呼称である。千種はこの論説で、両説の総合を図ったラーナーやショウの図をも再掲しながら、始めは挑戦的な態度に終始したケインズが、ついには貨幣需要の取引・予備・投機の三動機に金融（finance）なる新動機を加えることで一歩を譲るにいたるまでの経緯を詳細に跡づけている。

千種の見解によれば、結局のところ「ケインズはオリーン説に暗示せられて『一般理論』において展開した流動性選擇説に或種の改善を加えよう」としたのであり、そのように「改善された」ケインズの流動性選択説とオリーンの信用需要供給説とは対立するものではなく、二者択一的なものである。そしてこのことからして、利子率の決定についてはつぎのような結論が明確に断言できると言う。曰く「利子率は單に消費しないことに對する報酬ではなくして、それは又流動性を手放すことに對する報酬である。それは他の諸價格と同様、貨幣（又は信用）の需要供給によって決まる。貨幣の需要は活動的及び不活動的のあらゆる需要から成る。従ってその需要は投資活動及び投機行爲等のあらゆる經濟的要因に依存する。貨幣の供給は貯蓄（これが貸付に用ひられる限り）、退藏放出及び貨幣の創造等から成る。從ってこの供給も亦經濟過程に依存する。かくして結局、利子率は、全經濟過程との關聯において、卽ち一般均衡において決定されるものと云はねばならぬ」と。

ところで以上に触れてきたケインズ関係の論説を千種が本誌に執筆しつづけたのは一九三九年から一九四九年にいたる期間であり、その後半一九四四年以降は筆者自身が千種の指導の下にケインズを勉学しはじめた時期と重複する。当時を振り返ってみて今昔の感に堪えないのは、主著『一般理論』に集約されたケインズ経済学そのものの当時の受け入れ方が、戦後の時代のそれといちじるしく相違していたということである。千種が別の論説「貨幣理論と經濟理論の結合——ミュルダール『貨幣的均衡』を中心として——」（一九四三年）で書いているとおり、当時の貨幣的経済理論の系譜には、ヴィクセルを起点としてミュルダールやリンダールに連なるストックホルム学派、ミーゼスやハイエクのウィーン学派、またケインズやロバートソンに代表されるケンブリッジ学派の三潮流があり、ケインズの『一般理論』もまたもっぱらそのような貨幣的経済理論の一つの variant として捉えられていたように思われる。したがってそこには今日のマクロ経済学の教科書に見られるような、ケインズ経済学を一つのマクロ経済学体系とみなして、それをワルラス流のミクロ経済学体系に対比させるとか、あるいはまたその精髄を *I*・*S* クロスによる国民所得決定理論の中に求めるとかいったたぐいのケインズ経済学の捉え方はまったく存在していなかった。

　ケインズ理論の核心部分を$C+I$線と45度線の交叉図で示すとか、IS・LMモデルで要約するとかいった慣行は、戦後になってサミュエルソンのベストセラー教科書『経済学』やクラインの『ケインズ革命』などの輸入を俟ってはじめて流布したところであり、事実はじめてこれらの新風に接したときには、目の覚めるような鮮烈な印象を受けたものである。戦時のゼミにおいても、もちろんケインズ自身の総需要関数と総供給関数の議論は大いに重要視され、それらの形が

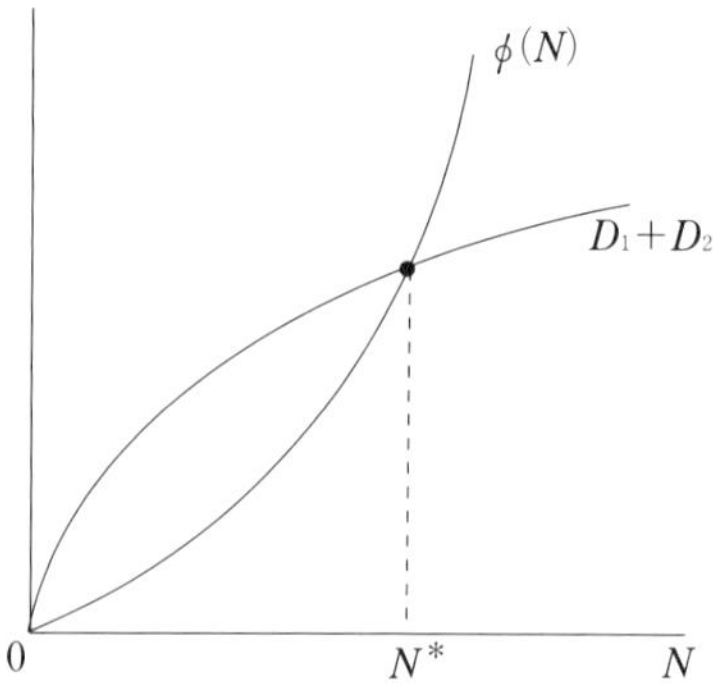

ケインズ

N は雇用量、$\phi(N)$は総供給関数、D_1は消費需要、D_2は投資需要、$D_1+D_2=D=f(N)$が総需要関数

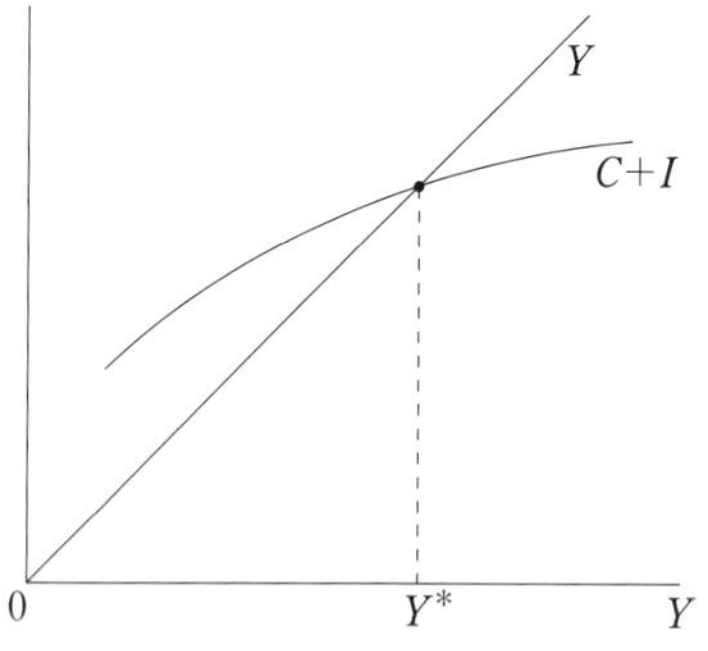

サミュエルソン

Y は国民所得、C は消費需要、I は投資需要

第２図

凸になるとか凹になるとかいった話はさかんに行われたが、それらの交点に雇用量が決まるという議論と、前に触れた貯蓄・投資均等の議論とを直接に結びつけて考えるといったような発想はなく、現代では誰もが知っている$C+I=Y$でYが決まるというのと$I=S$でYが決まるというのは同じことだといったような認識はまったく頭に浮んでこなかった。今にして思えば$C+I$・45度線図はすでに一九三七年のサミュエルソンの論文の中に載っていたわけであるが、それなのになぜそういった点に気が付かなかったのか、まことに迂闊であったと言うほかはない。

九

という次第で、本稿でのサーベイもいつしか筆者の実存する「現在」に到達したようである。ただそれは「現在」であるとはいえ、筆者自身が本誌に投稿を始めた戦後まもなくの時期から文字どおりの現在にいたるまでということであり、今年そのものを意味しているわけではない。その間《かん》にも本誌には数多くの理論関係の論説が発表され、それらの歩みを逐一精細に辿るとなれば、さらにもう一篇のサーベイ論文を書かなければならないであろう。今回は与えられた紙数もそろそろ限界に近づいたことゆえ、とりあえず以下には筆者自身の論説のみに限って、上記の伝統が戦後どのような所業に接続したかを簡潔に摘記し、締め括りとすることにしたいと思う。

まずこの期間の筆者の論説としては「比較静学・極値条件と安定条件」(一九四九年)から始まって、「消費者均衡の純粋理論」(年報一九六八年)、「生産者均衡の純粋理論」(一九六九年)、「競争均衡の存在」（年報一九七〇年）を経、「市場均衡の安定性Ⅰ・Ⅱ・Ⅲ・Ⅳ」（一九七三、七四、七五、七六年）、「均衡体系の変化の法則」（一九七六年）などにいたる一連の一般均衡理論関係のものが載せられており、これらは、永田によって先鞭をつけられた塾での一般均衡理論の研究がワルラス＝パレートの世界からヒックス＝サミュエルソンの世界へ、そしてさらにアロー＝ドブリュー＝ハーヴィッチの世界へと前進したことを示している。またそれらの間隙を縫って「投入産出分析（一）（二）（三）」（いずれも一九五五年）、「線形計画論・Simplex Method」（一九五六年）、「線形計画論・双對性定理」（一九五六年）、「線形計画論・遊戯論との關係」（一九五六年）、「遊戯問題の若干の特殊な解法について」（一九五六年）などの諸篇が見出されるが、これらは塾の理論研究の版図に新たに投入産出分析、線形計画論、およびゲーム理論といった新しい三分野が加わったことを示すものである。さらに加えて、これらに関連して書かれた「コアと競争均衡」（一九七一年）、「コアによる競争均衡の近似について」（一九七二年）、「ワルラス均衡とシャプレー値配分」（須田伸一と共著、一九九九年）などの各篇は、上記一般均衡理論の分野とゲーム理論の分野との異花授精の成果を示すものと言ってもよいであろう。

他方、ケインズ経済学およびマクロ経済理論の分野については、すでに前節の終わりで戦後の変貌過程の一端に言及するところがあったが、戦後まもなくのケインズ体系の標準的理解はまさに$C+I$・45度線図、I・Sクロス、IS・LMモデル一色に塗り変えられた。今日IS・LMモデルがそれだけで十全なマクロ経済モデルであるとは言えないことは誰の目にも明らかであるが、そうだからといってこのモデルがケインズ『一般理論』の骨子を歪曲したものであるということには必ずしもならない。ところがその後の日本の経済論壇では当該のモデルが『一般理論』ではないとする議論が相次いで登場し、これは匡されなければならない状況ではないかと考えられる。筆者の論説「ケインズと現代経済学」（一九八二年）は第一回経済学会大会での講演を再録したものであるが、そこでの結論部分には「*IS*・*LM*モデルは今なおケインズが世に残したものの精髄であり心臓でありかつまた真珠である」旨が明記されている。このモデルを『一般理論』ではないとする見解がなぜ謬論であるかという理由については、ともあれ同論文の五一一〇ページ、また拙著『ケインズ』（東洋経済新報社、一九九七年）の一九三—二〇四ページを参照していただきたい。ここでも前記小泉・リカードウの場合やカッセルの価値論無用論の場合と同様、塾の理論経済学の伝統を「誤った軌道に引き入れ」ないためには、この分岐点で過ちを犯さないことが何よりも肝心と筆者は考えるのである。

マクロ経済学の状況はやがてまた大きく様変わりし、ケインズ経済学に対してはマネタリズムおよび合理的期待形成派と呼ばれる反ケインズ陣営が形成され、そののちニュー・ケインジアン対ニュー・クラシカルという形で相互の切磋琢磨の続いているのが現況である。この点については筆者と神谷傳造との対談「インタビュー現代マクロ経済学」（一九九四年）があることをつけ加えておきたい。現況を整理し帰趨を判ずる上においては、いくばくかの役に立つであろう。

一〇

おおよそ前節までに記したところが、創刊から筆者の時代にいたるまで本誌が掲載してきた論説に見られる本塾理論経済学の伝統とも称すべきものである。その時々のわが国の理論経済学界の状況、とりわけ戦時中から戦後の混乱期にかけてのそれを顧みるとき、上記の伝統が一貫して維持継承されてきたことは、事実われわれがいささか自負してよいものではないかと思われる。伝統とはただそのままを受け継ぐことはできないと言ったのはイギリスの詩人T・S・エリオットであるが、この上とも塾のこの伝統を継承していく動力は、同門に学ぶ重複世代が今後逐次つけ加えていく新貢献に俟つほかはない。冒頭に記した『エコノミック・ジャーナル』誌のひそみに倣い、今後一〇〇年の行方を卜《ぼく》するとすれば、どのようなコースが思い浮ばれるであろうか。これまでの一〇〇年にいや増さる進展が実現することを心から念じて、ひとまず筆を擱く次第である。

経済学　わが道

まえおき

福岡ゼミナール三田会の皆さん、こんばんは。

ことし（二〇〇四年）はいつもとちょっと違いまして、私が満八十歳を迎える節目の年だということで、恒例のようなご挨拶ではなく、何か講演のようなまとまった話をせよというご依頼が先日幹事のほうからありました。そこできょうはご案内のとおり「経済学　わが道」という題で、私自身が学生時代ゼミに入って経済学というものの勉強を始めてから今日にいたるまで、どんな道筋を辿《たど》ってきたかといったようなことを、時間の許す範囲でかいつまんでお話しすることにいたしました。これに似たようなテーマでは、塾（慶應義塾）を定年退職したときの最終講義でも「理論経済学の旅」という題で話をしたことがありますが、そのときの記録はすでに古稀の折に皆さんにお配りした『経済学と私』というエッセイ集に載っておりますので、今回はなるべくそれとはダブらないような形で話を進めていくように努めるつもりです。

戦時下の経済学

さて、いま触れました「理論経済学の旅」という講演記録には、始めのほうで「敗戦とともに復員して学部に戻りますと、私は千種義人先生のゼミに入りまして」という件《くだ》りがあるのですが、これはちょっと不正確でして、正しくはその後半部分は「……私は千種義人先生のゼミにふたたび戻りまして」というふうになるべきなのです。と申しますのは、当時私は昭和十九年すなわち一九四四年の秋十月に日吉の予科から三田の本科に移りまして、ただちに千種先生のゼミに入れていただき、それから翌昭和二十年、一九四五年の一月に入隊するまで三ヵ月ほどのあいだは、兵隊に行く前にも先生のゼミで勉強することができたのです。その後約八ヵ月間兵役の義務に服し、終戦とほぼ同時に復員したのち、ふたたび先生のゼミに戻りまして、こんどは昭和二十二年、一九四七年九月の卒業にいたるまで約二ヵ年にわたって、じっくりゼミでの勉強に専念することになりました。ということで、先生のゼミで経済学の勉強を始めたのは、入隊前の一九四四年の秋からということになるのです。

どうして千種ゼミを選んだのかということですが、それには当時のわが国の経済学界の状況といったものが強く作用していたのだと思います。いまの皆さん方にはまったく想像できないことでしょうが、そのころの日本は戦争の最中《さなか》にありまして、軍国主義の思想が行き渡っており、経済学の世界でも国家主義的な右翼経済学のたぐいがわがもの顔に勢いを振っておりました。ドイツでもヒットラー経済学が流行《はや》って、ゴットルとかシュパンとかいった右寄りの経済学者の学説がまかり通っていましたが、それがわが国にも輸入されて多くの信奉者を出し、なかには皇道経済学というものを提唱する人々までが現れました。そうした事情の下で、左翼の経済学であるマルクス経済学は当然危険思想として弾圧されておりましたし、いま私どもがやっているような経済学も「国籍なき経済学」として冷遇されておりました。つまりすべてが天皇に帰一し奉らなければならないご時勢の中で、それぞれの消費者が自分の効用を最大にするとか個々の生産者がわが社の利潤を最大にするとかいったことを仮定する経済学は「非国民の経済学」だ、というようにみなされたわけであります。あるいはもう少しおとなしい言葉で言えば、右翼ナショナリズムの経済学には「政治経済学」、われわれの経済学には「純粋経済学」というレッテルが貼られて、両者は対立的な関係にありました。「純粋経済学」という言葉はご承知のようにワルラスやパンタレオーニの著書の標題にもなっていますが、当時の日本ではむしろ蔑称、差別語の意味に用いられることが多かったのです。

別の機会にも述べましたように、私はもともと日吉時代に小泉信三先生の『スミス・マルサス・リカァドォ』というご本を読むことから初めて経済学という学問に眼を開くことができた者ですから、この本の教えにしたがって、やがて経済学はリカードウからジョン・スチュアート・ミル、そしてマーシャル、ジェヴォンズ、ワルラスという進路を歩むといった動向が頭に刻み込まれていたわけでして、いかに戦時中であろうが、到底いま申しましたような国粋主義経済学、皇道経済学などといった馬鹿げた考え方には与《くみ》する気になれませんでした。ある国にとって一つの経済学があり、他の国にとってまた別の経済学があるなどというのは、物理学の重力の法則が違う国では相異なるというのと同じくらいおかしいことである、科学としての経済学はそれが正しいものであるかぎり自国であろうと敵国であろうとあてはまるものでなくてはならない、というのが私の信念で、それを曲げることはどうしてもできなかったのです。

幸いわが慶應義塾大学の経済学部は伝統的にリベラルな学風に恵まれておりまして、戦時中ではあっても国粋主義の経済学をふりかざす先生はほとんどいなかったのですが、ともあれ学ぶならどの国にもあてはまるような正しい経済学の理論を学びたいものだという希望をもって、当時塾の経済学部では唯一の理論経済学のゼミであった千種先生のゼミを志願したわけなのです。

初めてケインズを学ぶ

当時千種先生はケインズの主著『雇用、利子および貨幣の一般理論』をご研究の最中《さいちゅう》で、ゼミに入っていきなり当面したのが同書の輪読でした。そして私どもゼミナリステンは、まもなく先生から、このケインズの本のどこに一番興味を感じるか、自分でもっとも面白いと思った箇所について感想を書いて出せというご指示を受けました。私は同書の第一四章、古典派の利子理論をとり扱った箇所で出てくる図、この本には図はここにただ一ヵ所出てくるだけなのですが、その図をめぐってのケインズの議論に興味を持ちまして、それを自分の提出ペーパーの素材にしました。

その点にちょっと立ち入らせてもらいますと、そこでは利子率 r と投資・貯蓄 I・S を両軸として、右下がりの投資曲線と右上がりの貯蓄曲線が描かれていまして、その交点で利子率 r の値が決まるということになっています。そしてケインズの言い分によりますと、それらの曲線は所得一定という仮定の下に描かれているのであって、所得が変化すれば貯蓄曲線、投資曲線もまた位置を変える、したがって交点で決まる利子率の値もまたその都度変わるわけでして、事実同じ図の中に何本もの貯蓄曲線と投資曲線が書き込まれています。私がそのときの提出ペーパーで書いたのは、この議論をもっと分かりやすくするためには、さらに第三の軸として所得 Y の軸を加えて三次元の図に立体化すれば、所得が動くごとにケインズの二次元図が所得軸に沿って動くことになるので、投資イコール貯蓄 $I=S$ という条件で決まる利子率 r の値とそのときの所得 Y の値を r と Y の平面に描いてみることができるのではないか、ということでした。これはつまりそれぞれ所与の Y に対して $I=S$ の条件で決まる r の軌跡を r・Y 平面に描いてみることができるということで、先生からは「いいところに眼を着けたね」とお褒めの言葉をもらいました。あとにして思えば、ここで r と Y の役割を逆にして、それぞれ所与の r に対して $I=S$ の条件で決まる Y の軌跡を同平面に描けば、まさに IS・LM モデルの IS 曲線になったはずですが、そんなことが分かったのは、のちに経済学部の助手に残ってヒックスの著名な論文を読んでからで、当時はまだそこまでは考えが及ばず、いまだに残念なことだったと思っています。

そうこうしているうちに、あっという間に三ヵ月は過ぎ去って、兵隊に行く日が到来してしまいました。千種ゼミでの勉強が再開されたのは、それから約八ヵ月後、四国豊浜での船舶兵幹部候補生の訓練が戦争の終結とともに終わりを告げて、復員できたのちの一九四五年の九月からでした。そこから先は前にも述べたように約二年間にわたってじっくりゼミでの経済理論の勉強に打ち込むことができ、やがて一九四七年の卒業と同時に学部の助手としていよいよ専門に向けての道を歩み始めることになったのです。

戦後のゼミでの勉強

戦後の経済学の世界で戦時中とまったく変わったのは、上来触れるところのあった国家主義的経済学、右翼経済学のたぐいがすべて追放され、代ってそれまで弾圧されていたマルクス経済学、左翼経済学が解放されて、もてはやされるようになったことです。つまり戦時中の「純粋経済学」対「政治経済学」という図式が新たに「近代経済学」対「マルクス経済学」という図式にとって代わり、こんどは私どものやっている経済学は「非国民の経済学」ではなく「ブルジョワ経済学」のレッテルを貼られるようになりました。私も他の話で詳しく述べたように随分マルクス経済学を勉強しましたが、やはりマーシャルやワルラスの均衡理論の立場をもっとも納得的と思う自分の考えを改めることにはならず、やがて東大の『経済学論集』に連載された安井琢磨先生のワルラスに関する一連の論文からきわめて強烈な影響を受けて、ワルラス流の一般均衡理論をもっとも優れた経済理論と考えるにいたりました。安井先生の論文はさらにつづいてヒックスにも及んでいましたので、当然私もヒックスの『価値と資本』という本にかじりつくことになり、この本と、戦時中に引きつづき千種先生のご指導下にあったケインズの『一般理論』、これら二冊の本がおそらくゼミ時代に私がもっとも力を入れてとり組んだ経済学の専門書であったのではないかと思います。

そこで卒業論文を書く段取りになったときも、できうればその両者にまたがったテーマを選びたいものと思い、当時流行の、貨幣賃金の引下げが雇用にいかなる影響を及ぼすかという問題の一般均衡理論的分析ということに決めました。たまたま安井先生の「雇用理論の展望」という論説から、この主題についてはランゲの『価格伸縮性と雇用』という新著のあることを知り、この本を読むために当時日比谷にあったアメリカ占領軍総司令部のCIEライブラリーに毎日のように通いました。これがのちにランゲのこの本を安井先生と共訳する機縁ともなったのです。

サミュエルソンから受けた衝撃

卒業して助手に残った一九四七年に、私の思想形成の上で重要な意味を持ったもう一冊の本、サミュエルソンの『経済分析の基礎』が出版されました。前にも言ったヒックスの『価値と資本』と、このサミュエルソンの『経済分析の基礎』とから、私は、均衡理論というものがたんに所与の条件の下で経済変数の均衡値の決定を説明するばかりでなく、また与件が変化したときの経済変数の変化の方向をも明らかにするのでなくてはならない、という啓示を受けました。これはヒックスの言葉で言えば「変化の法則」、サミュエルソンの言葉で言えば「比較静学」と呼ばれているものに当たるわけですが、たとえば個別的な競争主体の最大値均衡の場合は市場価格の変化が彼らの需給量にいずれの方向への動きをひき起こすか、また市場の需給均衡の場合は選好や技術の変化が諸財の均衡価格をどう変化させるか、を問うのが枢要な課題になるのだということです。主体の最大化行動と市場均衡の安定性という二大仮説の上にこうした「変化の法則」、「比較静学」の体系が築かれるというメタ・エコノミックスの統一構造を初めて会得し悟りえたときの私の感激は絶大なもので、目から鱗が落ちるというか、文字通りそうした思いがしたことを、いまでもありありと思い出すことができます。

一般均衡理論の新風

やがて一九五〇年代の始めに私はアメリカのハーヴァード大学に留学する機会に恵まれましたが、そのころになって均衡理論の世界にも新風が吹きはじめ、アローやドブリューによる、たんに方程式と未知数の数の一致から均衡解の存在をナイーブに仮定するのではなくて、不動点定理という強力な数学用具を駆使することから均衡解の存在を積極的に証明するという画期的な論文が出現いたしました。また同時に、彼らの手をつうじて競争均衡とパレート最適との関係をめぐる「厚生経済学の基本定理」も、凸集合の分離定理をあてはめることによって大域の世界に拡張され、分離平面の係数としての最適価格の役割が明確化されるようにもなりました。これらの目ざましい進展を追っていくには、数学の勉強もヒックスやサミュエルソン時代の微積分学や行列の定符号性などの知識では不十分で、位相数学とか凸集合論とかいった諸分野をマスターしなければならないご時勢になってきたのです。

目ざましい進展はさらに踵《くびす》を接して均衡の安定性の議論にも現れ、アローとハーヴィッチの共同研究による論文が続々と発表されはじめました。これらの業績は、一つにはサミュエルソンのそれとは違って、たんに数学的な安定条件を導出するばかりでなく、たとえば粗代替性とか優対角性とかいうような経済的に意味のある条件の下でかならず安定性が満たされることを明らかにした点で画期的でありましたし、またもう一つには線形近似の局所的安定の議論を越えて大域的な安定の議論を展開した点でも画期的でありました。この時期は、そうした急速な事態の進展についていくだけでも大へんでしたが、それらから私は、安定条件が比較静学を導くというサミュエルソン流の「対応原理」の理念像が、次第に粗代替性のような十分条件から安定性と比較静学の双方が同時に導かれるといったような発想に移行しつつあることなどをも学びました。

著書の出版

こうしたアロー、ハーヴィッチの大域的安定の理論が急ピッチで展開されだしたのは一九五八、九年あたりからで、私が留学から戻った後のことですから話が若干前後しますが、留学中のアメリカでは投入産出分析、線形計画《リニア・プログラミング》、ゲーム理論といった各分野にまたがる線形経済学が大流行で、サミュエルソンやソローもドーフマンと一緒に例の『線形計画と経済分析』、俗にDOSSO本と言われる本の原稿を書いている最中《さいちゅう》でした。それらをまだ本になる前に読ませてもらいましたが、出来上がった本はやがて安井琢磨先生と古谷弘さん、そして私の三人で共訳する予定になり、ただ古谷さんが帰国後急逝されてしまいましたので、代って渡部経彦、小山昭雄両氏の協力を得ることになって一九五〇年代の末に岩波書店から出版されました。

　私自身はそうした線形経済学の系譜を一般均衡理論の見地からまとめて、かなり後になりましたが七四年に筑摩書房の経済学全集の中の一冊、安井琢磨・熊谷尚夫両先生と共著の『近代経済学の理論構造』という本の第二部として執筆しました。また本来の一般均衡理論の主要内容、存在定理や安定条件、比較静学分析等々を集大成した、私にとっては主著の一つとなる『一般均衡理論』という本を七九年になって創文社から出版することにもなりました。実はこの本は帰国直後から出版社とのあいだで話が決まっていたのですが、何分当時の均衡理論の進展ぶりが目ざましく、先ほど申しましたアロー＝ハーヴィッチの大域的安定理論とかドブリュー＝スカーフのエッジワース極限定理の一般化とか新しい業績が息つく暇もないくらい矢継早に現れてまいりましたので、そうした流れが一応一段落してから腰を落ち着かせて書いたほうがいいものが出来るだろうということで、予定より大幅に出版がおくれてしまったのです。

ケインズ経済学わが道

以上、一般均衡理論を軸にした「わが道」の話になってしまいましたが、また振り出しに戻って、一方のケインズ経済学、マクロ経済理論の分野ではどんな道が辿られてきたか、そのほうの「わが道」についても申し上げておきます。先ほど千種ゼミで兵隊に行く前に提出したペーパーでは、投資Iと貯蓄Sを等しからしめるような利子率rと所得Yとの関係を、それぞれ所与のYに対して$I=S$を満たすようなrの軌跡という形では考えたが、逆にそれぞれ所与のrに対して$I=S$の条件を満たすYの軌跡という形では考えられなかったのが残念だったという趣旨の話をしましたが、これは実のところ、当時の日本でのケインズ研究の実状からすれば無理からぬところではなかったかと思います。一般に戦時中の日本の経済学界では、ということはわが千種ゼミのケインズ研究でも、ケインズの経済学はヴィクセル、ミュルダール、ミーゼス、ハイエク、ロバートソンといったような貨幣的経済動態理論の一つのヴァリアントというように捉えられるのが通例でありまして、現代のマクロ経済学の教科書に見られるように、ケインズ経済学を一つのマクロ経済学体系とみなして、それをワルラス流のミクロ経済学に対比させるとか、そのエッセンスをI・Sクロスによる所得決定理論の中に求めるとかいったような見方は、いまだまったく見られなかったのです。そうした見方がとられるようになったのは、戦後になってサミュエルソンの著名な教科書『経済学』やクラインの『ケインズ革命』といったような本が日本にも入ってくるようになってからのことであって、以降ケインズ理論の標準的理解はそれまでとは打って変わって$C+I$・45度線図、I・Sクロス、IS・LMモデル一色に塗り変えられるようになったのでした。

戦後まもなく、私が助手に残って相部屋の研究室に席をもらいましたら、たまたま目の前の書架に一九三七年の『エコノメトリカ』の合本がありまして、そのページをパラパラめくっておりましたところ、例のヒックスの「ケインズ氏と古典派」という現在ではなはだ有名になった論文に偶然行き当たったのです。それを一読して初めて私は、先ほどの、所与の利子率rに対して投資Iと貯蓄Sを等しからしめるような所得Yの軌跡としてIS曲線を導くというアイディアを会得することができたわけでして、兵隊に行く前に考えたことと逆ではあるが思いがつながったというか、大へん感激いたしました。そのせいか、私は当初からケインズ経済学の核心がIS・LMモデルにあるという見解をすんなりと受け入れることができましたし、また現在でもその考え方を支持、尊重しています。

ゲーム理論との異花授精

大分時間が経ってしまいましたので、その後の「わが道」は少し急いで進みたいと思いますが、一つには先ほど線形経済学の一分野として挙げましたゲーム理論がやがてナッシュやゼルテン、ハーサーニなどの業績に重点を移して顕著な進展を遂げてきましたので、私も一般均衡理論の見地から、それとゲーム理論との接点になるような問題に多大の興味を持ち、正面から取り組む意欲をそそられるようになりました。

かねがねそのような問題の一つとしては、前にもちょっと触れました「エッジワースの極限定理」なるものがあり、これはもともと一八〇〇年代の末期にエッジワースがその主著、『数理精神科学』とも訳すべき風変わりな題を持った書物の中でとり扱った問題です。どういうことかと言いますと、いま二人のタイプの異なる個人が二財を互いに交換するとして、もはや双方にそれ以上利得をもたらさないところまで取引契約がなされますと、コアと呼ばれる協力ゲームの均衡が成立するのですが、はなはだ興味深いことには、双方の個人の数を二人、三人……と並行して増やしていって、ついにその数を無限大まで大きくすると、コアはワルラス流の競争均衡解そのものになるということを、エッジワースはその本の中で先駆的に証明してみせたのです。先ほども述べたように、この命題は一九六〇年代になってドブリューやスカーフの手で、相異なる個人のタイプが多数であっても、また財が何種類あっても一般的に成り立ちうることが示されましたが、それらの事情については私も『一般均衡理論』という前述の主著の中で関説し、併せて同じ主張が純粋交換のモデルのみならず、生産を含めたモデルについても成り立つことを述べました。

ところがそのような極限定理は、エッジワースのものだけではなくて、それとは違うものがあと二つほどあるのです。その一つは「クールノーの極限定理」と呼ばれるべきもので、これはやはり一昔前のクールノーの古典的名著『富の理論の数学的原理に関する研究』の中で先触れされました。そこでクールノーは二つの企業が一財を生産する複占モデルを想定して、それらの企業のいわゆる反応曲線の交点としてクールノーの複占均衡解が成立すると説きましたが、このクールノーの均衡解はほかならぬ非協力ゲームのナッシュ均衡解になっているのです。そしてここで企業の数を増やしていって、ついにはそれを無限大としたときに、やはり当該のナッシュ均衡解はワルラスの競争均衡解になるというのが「クールノーの極限定理」なのです。この主張を一般化して何種類の財があっても成り立つことが示されたのは、漸く一九七〇年代になってからのことで、まずガブゼヴィッツとヴィアルの共同論文がそれに先鞭をつけ、続いてケヴィン・ロバートやマスコレルなどの論文が現れました。私もこの進展から大いに興味をかき立てられましたので、ロバートの証明に準じてその推論を若干改善したペーパーを執筆しました。

さて極限定理としては、さらにもう一つ、これはエッジワースやクールノーのものほど知られていませんが、やはり発想のもとになった昔の経済学者の名に因んで「ウィックスティードの極限定理」とでも呼ばれるべきものを逸するわけにはいきません。この主張を一九八〇年代に提唱したオストロイとマコフスキーは、ウィックスティードの著書『分配法則の統合に関する試論』の中の一次同次生産関数を文字どおりの生産の投入産出関係としてではなく、全社会的な交換に参加する各タイプの個人の人数とその交換から生み出される社会的総効用の関係と読み換えることを示唆いたしました。するとこの解釈の下では、限界生産力というのは各個人がこの交換取引に参加することによって社会的効用をどれだけ増すことができるか、その貢献分の大きさをあらわすことになり、各個人の効用受取り分がそうした限界貢献度に一致したときにはじめて社会の総効用は過不足なく各個人への効用配分の和に等しくなるというのが、オストロイ＝マコフスキー流の解し方をした場合の完全分配命題に当たることになります。そうした限界貢献度配分が、やはり個人の数を無限大にした極限においてワルラス均衡配分になるというのが、ここでいう「ウィックスティードの極限定理」にほかならないわけなのです。

ではこの議論がなぜゲーム理論と関係するのかと言えば、きわめて興味深いことには、オストロイ、マコフスキーたちの議論に先立って、ウィックスティードの本などとはまったく無関係に書かれた一九七五年のワルラス＝ボーレイ記念講演論文において、ゲーム理論の大家オーマンがつぎのような定理を証明しているからです。すなわちプレーヤーが無限にいる市場ゲームでは、そのシャプレー値配分がワルラス均衡配分に一致するという命題がそれであって、ここでシャプレー値配分というのは限界貢献度配分に該当する概念ですから、実は当面の見地からすれば、オストロイ＝マコフスキーがとり扱った問題はオーマンのこの問題と本質的には同一の問題に帰着することになるのです。私にとりましても、当初オストロイの問題提起に触発されてのめり込んだ問題が、実はオーマン＝シャプレーの同値定理に連なる問題であることを悟りえたのは、言うならば小川を遡って水源の湖に出たような、パッと視界が開けた天与の啓示でありました。

貨幣・時間・不確実性

　いよいよ時間が迫ってきましたので、あとの話はプレストで済ますことをお許し下さい。いま述べてきたような進展がゲーム理論の分野と一般均衡理論の分野との異花授精の成果であるとすれば、一方ケインズ経済学と一般均衡理論とのあいだにはどのような異花授精が期待できるでしょうか。これは言い換えれば、ケインズが『一般理論』で提起したような問題を一般均衡の枠組みの中で処理しようとすれば、どんな方途が考えられるかといったリサーチ・プログラムで、いわゆるケインズ経済学のミクロ的基礎と呼ばれる問題とも通底したプログラムであります。当然私はこの課題にも多大の関心を持ちまして、クラウワーの再決定の仮説を始め注目すべき発想をとり入れた論文をいくつか書きました。この方向では、ほかにもマンキューやアカロフ＝イェーレンのメニュー・コスト理論だとかブランチャード＝サマーズのヒステレシス理論だとか、ニュー・ケインジアンと呼ばれる学者たちによって、価格の硬直性を説明するアイディアが手を変え品を変えて提唱されていますが、今のところまだバラバラで統一的な基盤をつくり上げる段階には達していません。

　思うにケインズを一般均衡理論と結びつけるためには、何よりも一般均衡のモデルそのものの中に貨幣と時間という二つの大きな要因を導入することが、まずもって重要な予備作業となるのではないでしょうか。貨幣のほうについてはそのための下準備として、私はグランモンの『貨幣と価値』という本を訳したり、また自分でも『貨幣と均衡』という本を書いたりしました。

　また時間のほうは、それを導入すると一般均衡のモデルは将来をも含むいわゆる通時的、intertemporal なモデルにならなくてはなりませんから、そうするとただちに二つの問題を避けて通るわけにはまいらないことになります。その一つはそこに登場する主体の計画期間の長さをどう考えるかという問題、もう一つは将来にかかわる予想、したがってリスクや不確実性の要因をどうとり扱うかという問題です。前の問題には、親から子、子から孫というような各世代をあたかも同一の主体であるかのように統合して、同じ主体が無限期間にわたる意思決定を行うと考えるのと、各主体のライフ・スパンは有限で、そのような主体が入れ替わり立ち替わり新陳代謝するといういわゆる重複世代、overlapping generation モデルを考えるのと、二通りの考え方がありますが、そのいずれを採用するかで結果として導かれる均衡の性質もまた変わってくることになりますので、そこのところの興味に惹かれて私もまたそれらのモデルを比較する論文を書きました。

　一方、後者のほうの問題をめぐっては、約半世紀前にアローが書いた画期的な論文があり、彼はそこで、将来生じるかもしれない事象のどれが起こるかは現在分からないとしても、たとえば来年が酷暑のときのビールと冷夏のときのビールといったように、それぞれの事象に対処して「条件付き財」といったものを考え、それらのすべてに先物市場が存在していると考えれば、不確実性を含む経済にも従来の均衡理論がまったく同様に適用できること、またそれほど先物市場が完備していなくても、それぞれの事象について価値尺度財一単位の引渡しを約定する証券があると考えれば、いちじるしく少ない市場の数で同等の効率的危険配分が可能となること、を示しました。

八〇年代後半あたりからこの種の分析はアローの証券よりいっそう一般的な資産構造を持った理論モデルを構成する方向に進み、資産の市場がある程度十分な数かつ十分な多様性にわたって存在して、それらによる事前の所得移転が何らの制約なしに行われると考えさえすれば、完備先物市場均衡の場合と同様の効率性が達成されうること、反面、資産市場が不完備で、事前の所得移転が無制約に行われえない場合には、パレートの意味での効率性が満たされないばかりか、より弱い効率性さえ満たされえないこと、が立証されるにいたっています。

これらの研究は、一般均衡理論の枠組みをより現実的な市場構造を包含する方向に拡張する営為であるばかりでなく、公共財や外部性など古くから知られた市場欠落現象、missing markets の考察に新たなメッセージを導き入れる所業とも考えられるでしょう。さらにまたそれは、「将来と取引する」能力が市場の不完備性によって制約される事実に鮮明な光を当てることをつうじて、マクロ経済学のミクロ的基礎をいちじるしく強化する効能をも伴っていると言うことができましょう。私は日ごろ須田伸一教授と行っている勉強会で、最近はこの線に沿った勉強を続け、それについて同教授との共同論文をいくつか執筆してきました。

結びの言葉

時間の都合上、意を尽したとは言えませんが、大体以上のところが、千種ゼミの学生時代から今日にいたるまで、私が経済学の勉強をつうじて歩んできた「わが道」の概略であります。初期から還暦までのあいだに書いてきた論文の中でいくばくでも読まれるに値すると思われたものは、創文社から出版された還暦記念論文集『均衡理論の研究』の中に収められていますが、それ以降に活字にされてきた目ぼしい論文は、こんど岩波書店から『均衡分析の諸相』という第二の論文集となって出版されることになっていますので、そのあかつきには是非目を通していただければ嬉しく思う次第です。

さらにその先、「わが道」がどこまで続いていくか、現在の年齢を考えますといささか自信がありませんが、それが多少ともまだ将来に残されていることを念じまして、きょうの話はこの辺で終えることにいたしたいと思います。

どうも長時間堅苦しい話を辛抱して聴いていただきまして、有難うございました。

わがアメリカ留学記

一

私が初めて留学をしたのは、一九五三年一月から五五年同月にかけての丸二年間、今から半世紀以上も前のことになる。留学先はアメリカ、マサチューセッツ州、ケンブリッジのハーヴァード大学であった。このときの事情については、すでに帰国直後一度『三田評論』に書いているが、何分書き漏らした点も多いので、今回寄稿を求められたのを機に、ふたたび記してみることにした。

この留学は、これまた別の機会に述べたようにロックフェラー財団のフェローシップによるものであったが、当時慶應義塾の財務担当理事をされていた神崎丈二さんから、「君は慶應には一文も負担をかけていないのだから、せめて旅費だけは塾から航空運賃を出してあげよう」という有難いお言葉があり、お蔭をもって目的地のボストンへは空路で向かうことになった。とくにこう書くのは、今でこそアメリカに行くのに空の旅は当り前のことであるが、当時はまだ戦後まもなくのこととて、留学に飛行機は贅沢《ぜいたく》で、貨客船で行くのが慣例になっていたからである。が、その飛行機にしてからが今とは大分違い、ジェット機ならぬ四発のプロペラ機で、私の乗るパンアメリカン機もウェーキ島やハワイに立ち寄って燃料を補給しつつサンフランシスコまで、そこから先は国内線のアメリカン・エアラインに乗り換えて、やっとボストンへという時代であった。もちろんＪＡＬも成田空港もまだ存在せず、羽田空港の建物は見すぼらしい木造、また乗客も大部分がアメリカの軍人で、その中に日本人がちらほらといったような有様であった。

そんな心細い思いをしながら漸くボストンに着き、とにもかくにもタクシーでハーヴァード大学に直行して、しょっぱなに会ったのが、当時たまたま留学生の世話掛をしていたキッシンジャーであった。そのころ彼は国際関係論のティーチング・アシスタントをしていたのだと思うが、まだ毬栗《いがぐり》頭の青年で、のちに国務長官などというえらい人物になるとは夢にも思わなかった。ドイツ語訛《なま》りの英語で当面の下宿やドーミトリーの心配などてきぱき片付けてくれた上で、彼はすぐケネス・ガルブレイス教授に電話をかけ、すでに訪日の経験を持つハーヴァードの経済学者は今のところガルブレイス教授だけだから、日本から来た君はまず彼に会って相談するのが一番だと、その場でアポイントメントをとり付けてくれた。ガ教授は、被爆都市調査団の一員として戦後逸早く日本の土を踏んだ、そのころはまだ唯一のハーヴァードの経済学者だったのである。

初めてお会いするガルブレイス教授は雲を突くような身の丈《たけ》で、天井を仰ぎ見て握手をする感じだったが、さしあたって有益なアドバイスをいろいろとして下さり、その後も留学中何かと相談に乗って下さることになった。私が行ったころは折しも出世作の『アメリカ資本主義』が出たばかりのときで、ニューヨーク・タイムズの書評欄などでも上位にランクされ、売れっ子学者への道を一途登りつつあるところであった。その日から二ヵ年が経ってお別れの挨拶に研究室にうかがったときは、これからオン・リーブなのでスイスの山小屋に籠もって大きな本を書くのだという話であったが、それがのちに一世を風靡《ふうび》した『ゆたかな社会』となったのである。

こうして私は到着の日早々に、図らずもキッシンジャー、ガルブレイスというのちの巨人二人と顔合わせしたわけであるが、続く日々をつうじて、よりいっそう学恩を負うことになったのは、ハンセン、ハーバラー、レオンティエフ、チェンバリンといった諸先生方であり、わけても専門領域が一段と近いという関係で、もっとも親しく私淑し、懇切に指導していただいたのがレオンティエフ教授であった。

着いて二、三日したころ、たまたまアメリカ経済学会の年次大会で報告をしにこられた安井琢磨教授がハーヴァードに見え、レオンティエフ教授と会見されるということになったので、私も半年前から来ておられた古谷弘さんともどもそれに随行することにした。この日の会見にはかねがねレ教授と親しい間柄のデューゼンベリーも同席したが、折しもレ教授は例の「レオンティエフの逆説」を発見したばかりというところで、大いに盛り上がっていた。この「逆説」とは、今日ではよく知られているように、在来アメリカの輸出品は資本集約的、輸入品は労働集約的というのが通念であったが、レ教授の調査によると、事実は逆で、アメリカは労働集約的な商品を輸出し資本集約的な商品を輸入しているのだというのである。この新知見はレ教授にとってよほど会心のものだったらしく、この日も教授はそれについて滔々《とうとう》と語られて、会見はほとんどレ教授の独演会に終始する趣を呈した。

が、それが一段落してお茶をご馳走になっているとき、安井教授がレ教授にヒックスの『価値と資本』についてどうお考えかと問われたのに対して、レ教授が「ご存じのとおり一般均衡理論は経済学の女王《クィーン》ですからね」と答えられたのが、不思議なことに今でも鮮明に記憶に残っている。

このような顛末《てんまつ》で慌ただしい数日が過ぎ去ったのち、私の留学生活もどうやら軌道に乗り、前記ハンセン、ハーバラー、レオンティエフ、チェンバリン諸教授の講筵に列《つら》なる日々が続いていくことになったのである。ただ惜しむらくは、シュンペーター教授のみが私の到着のちょうど二年前に他界されており、その謦咳《けいがい》に接する機会がもはや永遠に失われていたことであった。

二

ハーヴァード大学の創立者ジョン・ハーヴァードは、ご本家イギリス、ケンブリッジ大学のエマヌエル・コレッジの出身であるから、大学周辺にはイギリスゆかりの地名やストリート名が数多い。大学所在地の町全体がマサチューセッツ州ケンブリッジであるし、通りなどにもケンブリッジ・ストリート、オックスフォード・ストリートといったたぐいの名前がやたらと見出される。

創立者ジョン・ハーヴァードとともに

到着後私はただちにそのケンブリッジ・ストリート一七一七番地というお宅の住人となった。前にも記したように留学者の世話係だったキッシンジャーと相談したところ、大学のドーミトリーに入るのは学期変わりの六月がよく、それまでは街中《なか》の条件のいい部屋を借りるのが得策だというアドバイスだったのである。

間借りした家のご主人はアイルランド系のアメリカ人でボストンの楽譜出版商、奥さんはウィーン生まれの画家で、私の借りた三階の部屋の隣がそのアトリエになっているという、はなはだ文化的な雰囲気に恵まれた家庭であった。一階には立派なグランドピアノがおいてあり、ご主人は毎晩モーツァルトとかブラームスとかを弾く。私も無類の音楽好きなのでまことに相性《あいしょう》がよく、ドーミトリーが空くまでの六ヵ月間、申し分なく居心地のいい生活を送ることができた。

何よりも奇縁だったことには、私の前に同じ部屋にリチャード・グッドウィンが住んでいたという。彼はジョルジェスク＝ロエージェンのあと「数理経済学」の講義を担当していたのだが、マッカーシーズムの赤狩り運動に嫌気がさして、私の行く直前、イギリスに移住してしまったのである。グッドウィンとのもう一つの奇縁は、前にも書いたことがあるが、彼がアメリカを去るにあたって手離していった書物の一冊ハロッドの『景気循環論』（一九三六年）を、たまたま到着直後にハーヴァード・スクエアのフィリップスという古本屋で見つけたことである。買ったときには気がつかなかったが、持ち帰って開けてみるとリチャード・M・グッドウィンという達筆の署名がしてあり、そこここに「ナンセンス！」とか「ヴェリ・グッド」とかいったような書き込みがある。そんな因縁で、部屋といい本といい、私は二つながら彼の残したものを受け継いだことになる。後年こんどはイギリスのケンブリッジ大学で彼と一緒になったさい、この話をしたら感に堪えない顔つきをして、握手を求めてきた。

さてこの住まいから日参して、私はさしあたりハンセン、ハーバラー、レオンティエフ三教授の授業と、ハンセン教授の財政政策のセミナー、そしてレオンティエフ、ハーバラー両教授のジョイント・セミナーに出席することにした。

ハンセン教授の「景気循環論」と「貨幣および銀行論」の講義はいずれも大学生、大学院生の両方を併せて対象としたもので、テストが比較的やさしいという下馬評があったせいか、履修者の数がかなり多かったが、驚いたことには最前列に坐った連中はみんな両足を伸ばして講壇に乗せ、先生に靴の裏を向けて聴いている。ちょっと日本では見られない光景だが、真似してやってみると確かにリラックス・シートの気分が味わえた。

一方、同教授が主宰する「財政政策セミナー」のほうはごく少数の選り抜き大学院生のためのもので、すでに実社会で経験を積んだのちふたたび大学院入りをしている年配者も何人か参加しており、先生の側もハンセン教授のほかにジョン・ウィリアムス教授、シーモア・ハリス教授などの重鎮が居並んで、いかにもスペシャリスト鍛錬の場といった風情が漂っていた。場合によっては外から招かれたスピーカーをも含めて参加者が報告し、それにもとづいて活発に討論が交わされていく。出席して二週間目くらいだったか私にも報告の番が回ってくることになり、このときにはさすがに生まれて初めての経験ということで大いに緊張した。確かテーマとしては当時流行の非線形の景気論に成長を入れたらどうなるか、といったようなことを話した記憶がある。が、やってみると、生むは案ずるより易しで、何とか降り注いでくる質問も無事切り抜けることができ、ホッとした。ハンセン教授からは大へんencouragingなコメントももらえたし、これで以降他のセミナーでの報告もずっと楽な気持でやれる自信がついた。

ハンセン教授と言えば、サミュエルソンやトービンが大学院生としてここで勉強した当時も恩師であり、私のいたころはもはや七十歳近いお年であったろうが、心を打たれたのは、老いてもなお片時も弛《たゆ》まれぬそのご精進ぶりであった。留学二年目になったころ、のちに日本語にも訳された『ア・ガイド・トゥ・ケインズ』という本が出版され、いわゆる*IS*・*LM*モデルのこの上ない手引き書となった。私が頂戴して持ち帰ったコピーには

To Masao Fukuoka
With kindest regards and best wishes
And high confidence that you will make
Important contributions to economics,
Sincerely
Alvin H. Hansen

と書いて下さっている。あれから五十年。師の期待に沿いうる仕事がどれだけできたか。みずから省みるごとに忸怩《じくじ》たる思いを免れることができない。

三

前節で触れたハンセン教授の「景気循環論」のコースは半期が講義、半期がセミナー形式のもので、ハンセン、ハーバラー両教授が毎年交代で分担されることになっていた。私の行った年はハンセン教授が講義の番だったので、ハーバラー教授の授業は同教授が受け持つもう一つのコースである「国際経済学」のほうに出ることにした。教授は言うまでもなく『好況と不況』、『国際貿易の理論』の二大名著によってこれらの分野に揺ぎない名声を確立したウィーン出身の学者である。講義は大体ご自身の著書の線に沿って進められていったが、この年のアサインメントには出版されたばかりのミードの大著『国際収支』が指定されたので、毎回振り当てられる分量のページ数をこなしていくのはかなり根気の要る所業であった。

教授の英語は、文章にしたらきわめて正確なものであるのにイントネーションがおかしいせいか、しばしば聴きとりにくいことがある。またご自身もいく分難聴気味のため相手の言ったことをよく聞き返されたが、そのときは What? と言わないで Was? と言う。どちらかと言えば寡默かつ物静かで、大へん温雅な感じを与えるお人柄であった。それでも親しく接すればなかなか茶目気もある先生で、気付かないで通りを歩いていると突然車の警笛でブカブカ驚かされるといったようなことも何回かあった。あわてて振り向くと運転席でニヤニヤ笑っておられるのである。つぎに記すような一場面もつい昨日のことのように思い出される。ある日、大学の傍《そば》のオックスフォード・グリルというレストランで教授にご馳走になったのであるが、たまたまその日のスペシャル・メニューになっていた鯨のステーキを食べることにした。ところが出てきたステーキを見て教授が言われるには、英語で「とりわけ大きい」ということを、"a whale of"と言うが、これはそれほど大きくはないから、not a whale of whale steak だねというのである。そういった冗談もまたお好きな先生であった。

この辺でつぎにはレオンティエフ教授のことについて是非とも述べておかなければならない。二ヵ年にわたるハーヴァードでの勉学をつうじて、文字どおり私の師匠でありボスであったのはレオンティエフ教授その人であった。レ教授の名を不朽にするのが投入産出分析すなわち産業連関分析であることは言を俟たないが、なお他の主題一般にわたっても教授が卓越した理論経済学者であったことを閑却視することはできない。たとえば一九三四年というきわめて早い時期に、教授はいわゆる蜘蛛の巣理論モデルを非線形化することによって、近年流行となった非線形動学なかんずく極限循環《リミット・サイクル》の存在とその安定・不安定性の分析という先駆的な研究を開発した。また指数理論の消費者行動理論による基礎づけなどについても、同様のことが言えるであろう。

レ教授がハーヴァード大学で講じていたのは、何よりも「上級経済理論」（"Advanced Economic Theory"）という理論のコースであったし、また経済学部でもっとも理論的なセミナーと言えば、教授が前記ハーバラー教授と共同で持たれていた「リサーチ・セミナー」であった。

前者は名前の示すように大学院の学生を主要な対象として行われる上級基礎理論の講義で、構成は標準的ミクロ経済学の定石に沿ったものだったが、とりわけ効用可測性の議論や multi-plant の企業の分析、差別独占のもたらす帰結の評価など、随所随所にレ教授らしい力点配置が覗かれて、私には非常に面白く聴けた講義であった。

一方、後者は理論に志す精鋭がそこに集まるのをつねとした研鑽のメッカで、面白いことにアメリカ人の院生も単位稼ぎは易しい課目ですます傾向があるので、こうした難しいセミナーに馳せ参ずる常連は大部分が単位取得にあまり関心を持たない英仏独伊などからの留学生であった。セミナーの共通課題が各学期ごとに決められ、それについて各参加者が輪番に報告して先生がいじめ役をつとめるといったところは日本とほぼ同じで、私の行った年の学期はたまたま「貨幣と経済理論」というテーマが選ばれていた。

何回目かに、フランスから来ていたダニエルという留学生が『価格伸縮性と雇用』のオスカー・ランゲの所論について報告をすることになった。本書でのランゲの所論は、かつてフリードマンがその書評の中で taxonomic theorizing と呼んだように、いわゆる公式論的理論化のお手本みたいなものなのだが、経験的内容の稀薄な抽象論を好まないレ教授がそのときランゲの所論に対して表明したコメントこそ、まず以ていままで聞いた中でも最大級の酷評と言ってよいものだったろう。教授はまず completely futile, hopelessly confused, incredibly non-operational という超弩級の形容句を三組並べた上で、ランゲはドーナッツを転がすのにスチーム・エンジンを以てしているとまで付言したのである。いささか憤然としたダニエル君は「じゃあ、そんな本について報告しなさいといった人は誰なんですか」ということになり、一同爆笑のうちにその日のミーティングを終えたのであった。

四

留学も半年を過ぎた学期変わりに、私はキッシンジャーの配慮で大学院のドーミトリーに移ることになった。個室がいいか二人の相部屋がいいかということだったので、言葉の習練になることをも考えて後者のほうを選択した。ルームメートはチャールズ・トロッゾというノートルダム大学出身者で、彼もまた経済学専攻だったので、大へん気が合った。ただ彼は、私の帰国後も Ph.

Dコースを続けており、ちょうど私と入れ代わりに慶應から到来した佐々波楊子さんとも同学になったので、勉強の話はともかく、私がチャーリーと共にした悪行の数々まで佐々波さんの耳に届いたのは、不覚のいたりであった。

ハーヴァードのドーミトリーは、ローエル、レバレット、ダンスター、アダムスなどアンダーグラジュエートのためのものは、ボストンとの境のチャールズ川沿いに立ち並び、各ハウスそれぞれが煉瓦造りの古風な建物で、橋から見たその佇《たたず》まいはハーヴァードの表看板とも言うべき偉容を誇る。一方グラジュエート用のドーミトリーはキャンパス（ハーヴァードではヤードと言う）の反対側、ロー・スクールの裏側に位置する、打って変わって超モダーンな建物群である。これらは著名な建築家グロピウスの設計になるもので、食堂などの建物も二階へは階段を使わず、なだらかなスロープをぐるりと回れば自然とダイニング・ルームに出るという造りになっている。皿やコップを載せるトレイまでが建物に合わせてグロピウス自身がデザインしたという凝りようであった。一方壁にはミロの絵が何枚か掛けられていて、併せて建物にぴったりのモダーンさを感じさせた。私が割り当てられたのは、その食堂棟から芝生を距てたリチャード・ホール三階の角部屋三〇一Aで、これまた超モダーンなインテリア、衣裳戸棚は日本式引戸、ブラインドは簾《すだれ》、といった趣であった。

通りを挟んだディヴィニティー・ホールには、のちに日本でもクォント＝ヘンダーソンのミクロ経済学教科書で名の知られるようになったリチャードことディック・クォントが住んでおり、彼とはレオンティエフ＝ハーバラー・セミナーで仲良しであったから、日ごろ互いの部屋を足繁く往復した。彼もまた私と同じく音楽マニアであり、私はディックには折から発売されたヴェーグ四重奏団のベートーヴェン弦楽四重奏曲セットを買わせ、私自身はブダペスト四重奏団の同曲セットを買って、一曲ごとに交換して聴き合った。経済学上のもう一人の親友ボブ・マンデルはMITにレジスターしていたので、ハーヴァード構内には住まなかったが、私の三〇一Aにはしょっちゅう来遊し、昼寝旁々ベッドに寝そべってブラームスのヴァイオリン協奏曲など聴いていったのを、よく憶えている。

寄宿舎住まいになった早々、前記のレオンティエフ、ハーバラー両教授のジョイント・セミナーでは、私の報告の番が回ってきた。そのときには、のちに「完全雇用と固定的生産係数」の名の下で『クォータリー・ジャーナル・オブ・エコノミックス』に載ることになった論文の内容を報告したが、この論文は、終戦直後の日本などで経験された失業はケインズ流の有効需要の不足にもとづくものではなく、労働力がそれと結びつくべき原料資材の不足のため過剰になるのであるという主張をモデル化したものである。幸いなことにレ教授の受けもよく、重要なことだから次回にもう一ぺん皆で議論するようにというご指示が下って、二回ヤイノヤイノと揉まれることになった。

その後MITのサミュエルソン教授にも原稿を読んでもらったところ、自分の下で勉強しているエッカウスも同じようなことに興味を持っているので貸してやってくれと言われ、それがもとになってエッカウスとも付き合う機縁ができた。ずっとあとになってのことであるが、イギリスのブローグの『リカードウ経済学』という本を読んだところ、そのどこかの脚注にエッカウスの論文と私の論文が仲よく並んでリファーされているのが見つかり、往時を懐しく思い出したものである。

当時『クォータリー・ジャーナル・オブ・エコノミックス』のエディターをやっていたのはチェンバリン教授であり、私のこの論文はレ教授からチェンバリン教授に話がいって、載せてもらえることになったのである。

チェンバリン教授の大学院のセミナーは、もっぱら教授の独占的競争理論とジョーン・ロビンソンの不完全競争の理論のどこが違っているかを教授自身が丹念に説明していくことから成り立っていたが、どういうわけか教授は私のことを気に入ってくれ、帰国間際には、ハーヴァードに居残って同教授のティーチング・アシスタントをやらないかという話を持ちかけてくれた。私自身にとってははなはだ気をそそられる話であったが、留学にさいしての小泉先生や神崎理事の心のこもったお取計らいのこともあり、塾に戻るのをmustとする気持を断つわけにはいかなかったので、残念ながらこのオファーは辞退せざるをえなかった。かりにもしこのときチェンバリン教授の要望に応じていたとしたら、私のその後の人生は随分と変わっていたことであろう。

五

ハーヴァードで経済学を学ぶ者にとって幸福な一つの事実は、マサチューセッツ工科大学、略称MITがすぐ傍にあって、これまた秀れた学者を擁する経済学部を持っていることである。ハーヴァード・スクエアから地下鉄に乗り、ほんの三つ目ほどのメカニックスという駅で降りれば、そこがもう同学部のスローン・ビルディングであった。窓からはチャールズの流れを距てて、美しいボストン市街が眺望できる。

当時、同学部にはサミュエルソン、ビショップ、ソロー、キンドルバーガー、ドーマー、ロストウといったような錚錚《そうそう》たる教授が揃っていたが、なかでも私にとって分野が一番近いということで最善の師となったのがサミュエルソン教授であった。ハーヴァードの大学院を出てまもなくここに移ったサミュエルソン教授は、私のいたときはまだ三十七歳から三十九歳にかけての若さで、それでありながらもはやこの学部の重鎮であり、すでに理論家としてはアメリカ随一の令名さえ馳せていた。おそらくこの年齢でこれだけの大家になってしまった経済学者は類い稀なのではなかろうか。

講義は通年かならずあるのが「経済分析」という名のもので、そのほか私の留学中には「景気循環」、「国際貿易」という二つの半期の特殊講義が行われた。出席者はいつも数名程度の少数で、「国際貿易」のときなどはたったの二名、その上もう一名もやはりハーヴァードから来ていた院生であったから、折角の名講義をＭＩＴの者ならぬ二人が占領しているのは勿体ないような気もしたものである。

セミナーのほうも少人数だったが、そこでは後に名をなしたロナルド・ジョーンズやロバート・マンデルと一緒になった。セミナーと言ってもサミュエルソン教授の場合は、参加者の報告はもどかしくて我慢ができないらしく、始めから終わりまで教授自身が喋りつづけるので、講義とほとんど変わるところはないのである。ただ話の合間合間に“Query!”とコールがかかると、ロン、ボブ、マサオと名指しで質問が飛んでくるので、油断も隙もならない。毎回が緊張度抜群の一時間半であった。

話の内容としては、そのころ教授自身の興味を占めていた公共財の問題や資本蓄積の有効経路、そして後者と関係の深いターンパイク定理などがとり上げられることが多く、われわれは居ながらにして当時学界の最先端にあった理論の進展を学ぶことができたのである。主著『経済分析の基礎』からも窺われるように、教授の頭脳の中ではいっさいの経済理論が明快な図式となって一片の塵をもとどめないように思われたし、またわれわれの質問にほんの少し耳を傾けただけで即座に適確な解答を打ち出される直観の鋭さも何か名刀の冴えに似たものを蔵して、私などには空恐しくさえ感じられたものである。

そうした、触れればピリリと来そうなはなはだスリルに満ちた指導の下で、私は自分の研究テーマとしてはとりわけ教授の「市場メカニズムと最大化」、「鞍点と極値点への動学的アプローチに関する覚書」という二つの論文からヒントを得て、市場での需給調整のルールをも、何ものかを最大化するプロセスとして定式化できないかという発想に興味を持ち、しばらくのあいだその課題と格闘することになった。通常、市場の調整過程は需要が供給を越えれば価格を上げ、逆のときは価格を下げるというルールで設定され、それを微分方程式で表わして、その解である動学的運動経路が均衡に収束する条件を解明するという手順をとるわけであるが、それに代えてオークショニアが値を最大化すべき目的関数を持つかのごとくに考え、その目的関数の値を増しうる余地のあるかぎりそのスロープをかならず登るといった仕組みをいわゆる勾配方程式（Gradient Equation）なるもので定式化して、市場メカニズムを考えてみようというのである。

こうした構想は、やがて留学二年目の夏休みにコウルズ・コミッションの客員研究員としてシカゴ大学で二ヵ月を過ごしたさい、アロー＝ハーヴィッチの「鞍点と制約された最大点に接近するための勾配方程式」というディスカッション・ペーパーでも提唱されていることを知って、大いに意を強くすることができた。この線に沿う私の仕事は、帰国直後「投入産出モデルと市場機構」という論文になって『季刊理論経済学』に発表され、今日では前に触れた「完全雇用と固定的生産係数」という論文とともに還暦記念論文集『均衡理論の研究』の中に収められている。今般この稿を書くにあたってページを繰ってみたが、往時を想い起こして浅からぬ感慨を覚えるところがあった。

驚くべきことに、以上に記してきた事どもからはいつしか半世紀にも余る歳月が過ぎ去ってしまったのである。懐しい面影が浮ぶハンセン、ハーバラー、レオンティエフ、チェンバリンといった諸先生方にしても今はみな他界されてしまって、再会し歓談する機を得ることはもはや叶わぬ夢でしかない。ハーヴァードの地には、帰国の七年後、シカゴで行われたアメリカ経済学会の年次大会に報告しに行った途次再度立ち寄ったが、それ以降はまったく訪れていない。現在の私としては、そのうち折を見ていま一度かの地を訪れ、五十年前に住まったリチャード・ホール三〇一Aの住人にハロウと言って、食事でも共にしたいというのが切なる願いである。この念願が叶うのはいつの日のことになろうか。

海外通信・イギリスより

拝啓、諸先生ならびに同僚の皆様方におかれましては、その後ますますご健勝、ご精励のことと拝察いたします。お蔭様で小生も相変わらず元気でやっております。夏の休暇は前半北欧、後半スイスに少々滞在いたしましたが、あいだの七月二十三日からは慶應義塾のケンブリッジ訪問学生団約八十名を当地に迎え、引率の吉田啓一先生、松浦保君などに久々にお目にかかれまして、非常に嬉しく思いました。一夕は休暇中もケンブリッジに残っているイギリスの学生およびサマー・スクールで来ている各国の学生を招いて交歓パーティを催し、大へんな盛況で、大いに塾の面目を施しえたと思います。

新学期（ミクルマス・ターム）は十月七日から始まり、夏のあいだサマー・スクールその他、外国からの学生や観光客で色とりどりだったケンブリッジの町も、代って黒いガウンのコレッジの学生たちで賑わい、この学園本来の姿をとり戻すことになりました。

経済学部のほうは、フランク・ハーンがロンドン・スクールに移り、いま一ヵ年のオン・リー

ブでカリフォルニアに行ったのを除けば元通りの陣容です。講義で理論関係は、大体、

J. Robinson, Employment, Prices, and Growth.

Kahn, Economic Principles and Problems.

Meade, Principles of Political Economy.

Kaldor, Economics of Growth.

Goodwin, Principles of Money and Interest.

Pasinetti, Prices and Production in an Expanding Economy.

Bliss, Equilibrium and Stability in International Markets.

などといったところですが、元来これらの講義は学生のためのもので、レベルはあまり高くありませんから、小生はむしろそれらには出ず、もっぱら自分の仕事の進行に精を出して、努めて先生方と議論することにしております。

自分の仕事としては、渡英以来、成長理論と貨幣理論を結びつける仕事、言い換えますとケインズの*IS*・*LM*モデルを成長理論化する仕事に没頭していますが、かなり形の出来上がったところで、最近の『インターナショナル・エコノミック・レビュー』に小生の考えているのとよく似たペーパーが一つあらわれ（H. Rose, "Unemployment in a Theory of Growth"）、正直のところ、先を越されてがっかりしました。しかし、貨幣の面でのとり扱いは、小生のとかなり違うので、極力ローズのとは大幅に違うような形に自分のペーパーを変更しています。経済理論という

のは、どこを発展させるべきかという狙いどころがみな同じで、同じ時期には共通の気運が大気中に醸成されるものらしく思われます。ただし右のローズのは非常にいいペーパーで、ライバルながら天晴れというほかありません。

そのほか、小生、目下論争に巻き込まれています。オーソドックスな理論では、利子率が下がると、技術も一方的にますます資本集約度の高いものに移っていくわけですが（迂回生産の原理）、当地ではジョーン・ロビンソンが、場合によるとふたたび元の技術に逆転する可能性のあることを指摘し（ご承知の『資本蓄積論』*The Accumulation of Capital* の中で、彼女はこの現象を"Ruth Cohen Curiosum"と呼んでいます）、またピエロ・スラッファも主著 *Production of Commodities by Means of Commodities* の中で、そのような逆転現象を説いています。ところが、これに対するに、アメリカのケンブリッジ、MITのサミュエルソンの門下生レバーリが最近の*QJE*で、この逆説はウソだというペーパーを書き、それが切っかけで当地のケンブリッジのパシネッティが、レバーリのほうが間違っているというペーパーでそれに挑戦し、ここにふたたび両ケンブリッジつまりCambridge versus Cambridge の論戦の火花が飛び散ることになったわけです。小生は別にイデオロギーでどっちを支持するというバイアスは持たないつもりですが、分析上は一応旧師サミュエルソンの側に身を置いて、がんばっています。つまり当地のケンブリッジでは獅子身中の虫というわけでしょうか。当然風当たりは強く毎日ギュウギュウやられていますが、とりわけ数日前のお茶のとき、スラッファから「お前のお師匠さん、サミュエルソンはとうとう全面降伏したよ」

と言われ、大ショックを受けました。スラッファがそのとき教えてくれたところによりますと、このつぎの*QJE*に、右のパシネッティのペーパー、サミュエルソン＝レバーリ側のそれに対する答、およびサミュエルソン単独の総括的ペーパーが一まとめに載るそうで、それがあらわれるのを鶴首している次第です。ともあれ、このような刺激的な雰囲気は非常に快く、大へんはりきり甲斐があります。

なお別件ですが、十月十三日にはオックスフォードからサー・ヒックスが来られまして、晩の八時三十分から“Growth and Anti-growth”という非常に面白い講演をされました。小生、大阪、シカゴ以来久々の再会でした。

大体そんなところが、最近の動静でしょうか。早いもので、小生のケンブリッジ滞在も大分残り少なくなり、帰国する日もだんだん近づいてまいります。幸いいままでに過ごした勉学の日々はきわめて実りゆたかだったと思っていますが、今後とも残る期間にできるだけ多くのものを身につけて帰りたいと念願しております。

ケンブリッジはいよいよ秋深く、ケム川のほとりを落葉を踏みしめて歩く季節ですが、日本もそろそろ木の葉の美しく色づくころと思います。はるかに故国のもみじの美しさを偲び、また皆様方のご健康を祈りつつ筆を擱きます。

一九六六年十月十五日夕

経済学の現在

プロローグ　古くかつ新しい問題を絶えず再検討の篩《ふるい》にかけていくことが、実は新しい態度なのである。

現代の経済学、それは過ぎ去りつつある一つの時代と、到来しつつあるもう一つの時代のはざまで、動揺と混迷、そして模索の様相を深めているように思われる。ベトナム戦争の申し子ともいうべき性格を濃く帯びて登場したラディカル・エコノミックスは、新時代の要請に十分答ええぬまま、現在すでに薄明の中に退きつつあるが、そのオーソドクシー糾弾は今なお衝撃の跡をとどめている。

他方、それと踵《くびす》を接して地平に現れた、非合理主義的経済学ならぬ超合理主義的経済学、すなわち合理的期待形成派の経済学は、サプライサイド派のそれと連携して、正面から主流派ケインズ経済学の陣営に斬り込んでおり、若い世代の学者たちを魅惑しつつあるようである。

こうした左右二つの対極、その両面からの挟撃を受けて、いかにして伝統の総合的地盤を拡充強化し、それをもっとも良質の遺産として後世に残すかに苦慮しているのが、主流派経済学の現在の姿ともいえるだろうか。その周辺に渦巻く葛藤、多彩な思想の流れを、なるべく一面性に堕しない平衡感覚をもって総括し、調整してみたいというのが、本稿の狙いである。

もっとも、そのような目的が十全に果たされるには、私などが持ち合わせているよりはるかに透徹した歴史的認識、また将来に関する鋭い予感能力が必要とされるであろうから、とり扱いの不備な点についてはあらかじめ読者の寛恕を乞うておくのでなくてはならない。

では早速、一部のラディカル・エコノミストによって提起された、もっとも根源的な問題から始めてみることにしよう。それは一種のクオリティ・オブ・ライフ、つまり生活の質の評価にかかわる問題であるが、周知のように正統的な経済学においては、社会の消費者の各種の財に対する欲望形態すなわち選好が一応所与のものとみなされ、それらをその時々の資源や技術の制約の下で最高度に満たすような生産の編成を実現するのが、経済のパフォーマンスとしてはもっともいいことだとされている。市場経済の効能を評価する重要な規準も、そのような基本的視点に求められているのである。

ところがこうした考え方に対して、ラディカルな立場の論者たちからはしばしばつぎのような批判が投げかけられている。すなわち彼らによれば、現代の市場経済では消費者の選好自体が大企業の販売政策によって操縦され、その意味において自律性を欠如しているから、市場がそれらに対して生産を調整せしめるというより、むしろ生産の側に消費者に優越する支配権が与えられている。だから市場経済はかなりの程度企業の意のままに方向づけられ、そのために企業集団の既得権益やGDPの最大化ばかりが図られるという帰結を生む。よって市場の機能が社会の成員の厚生増進に寄与しているなどというのは幻想であり、それはたんに既成体制の利益に奉仕し、彼らのために市場の真実を隠蔽するまやかしの論理にほかならない。

このような議論の立て方は、ひところアメリカの急進派学生に師と仰がれたヘーゲル哲学者マルクーゼの『一次元的人間』や、また政治的立場はまったく異なるものの、日本で人気のあるガルブレイスの『ゆたかな社会』、『新しい産業国家』などの一連の著作に典型的に見られるところである。

たしかにこれらの学者が描き出す現代消費社会の一面は、それだけについて見るならば、リアルな写実であり、マス・メディアの時代に生きる読者の共感を誘うものであるかもしれない。しかし、もしそれが市場と呼ばれるものの実相のすべてであり、事実、市場が彼らの記述するがごとき姿で万般目的を成就しているかのように考えられているのだとすれば、それは明らかに誤謬であるか、あるいは少なくとも一面の過度の誇張であると言わねばならない。

経済学は経験的な事実にかかわる学問であるから、この点についても実例をあげるにしくはないであろう。その事例というのは、誰もが知っているように、二度にわたる石油危機、そしてそれがもたらしたガソリン価格の騰貴のゆえに、先進国市場、とりわけアメリカ市場でのユーザーの需要が、大型車中心から小型経済車へと大きく転換したという事実である。この出来事は、何よりもマルクーゼやガルブレイスが力説してきた大企業の消費者需要「捏造」説ないしは需要創出能力の理論が多分に誇張を含んだものであることを教えるばかりでなく、正統的な経済学がこれまで地道に対象としてきたたぐいの経済法則が今なおきわめて正常かつ強力に働いていることの証拠となるものではあるまいか。

左右にめまぐるしく揺れ動く昨今の経済学界の実状ではあるが、そうした状況こそかえって「経済を見る眼」とともに「経済学を見る眼」をも涵養する好機ではないか。そう、私は思っている。この論稿がいささかでも読者諸賢にとって、経済学の robustness というか、そのしたたかさを再認識する手がかりとなれば幸いである。

経済のメカニズムは、目的に対する性能の見地から評価されなくてはならない。

個人の選好が大企業によって「創造」されるというガルブレイス流の議論は、つぎのような理由で大分割引して考えられねばなるまい。

まず、生産者が消費者の欲望をつくり出すといっても、潜在的な欲望が下地にないところにそれをつくり出すというのは、きわめて困難である。たとえばチョコレートという製品がつくり出されるまで、消費者がそれについて無知であることは自明なところであろうが、それはそのときまで甘いもの一般に対する嗜好がまったくないところに、チョコレート会社がそれをつくり出したということではなく、既存の潜在欲望を満たす新しい手段が考案されたということにすぎない。まことに「コメンタリー」誌の書評子が言うように、「ジョンは、もしメリーに会わなかったら、彼女を欲する事実は生じなかったであろうけれども、それは彼がどんな女の子にも無関心ということにはならない」のである。私が新刊の経済書を買う場合にしても、道理はまったく同じことであろう。

またつぎに、「自発的」な需要を満たすのはいいことで、「操作された」需要を満たすのは悪いことだというのは、どうして決められるのだろうか。かつてフリードマンはガルブレイスを論じた小冊子の中で、**Book Burner** の故事になぞらえ、ガルブレイスのことを **Tailfin Burner** と呼んだ。言わんとする意味は言うまでもなく、どのような権利があってガルブレイス教授は尾翼つき大型車を買うことの善悪を判断できるのかということである。乗用車は言うに及ばず、カラー・テレビや電気洗濯機を今の社会から全部とり去ってしまうとすれば、大部分の人は厚生が減ると考えることであろう。これは当該の製品への欲望がマス・メディアをつうじて喚起されたからといって、かならずしもそれを消費することが無意味であると断定する証拠にはならないということである。

もう一つだけつけ加えておこう。繰り返して述べれば、伝統理論の批判者たちは、企業が製品そのものをつくり出すばかりでなく、製品に対する需要をもつくり出すという見地から、オーソドクシーの基本的立場に挑戦しているわけであるが、そのさい正統派が選好の社会的要因への依存性を認めず、まったくそれを生来具有のものとみなしているかのごとき口吻で語ることが多い。しかし、これは完全な誤解であって、正教信奉者といえども選好がもっぱら天与のものであるとか赤子のときから具わっているとかいったたぐいのナンセンスを信じているわけではない。消費者の欲望が形成されるについては、社会学的、生物学的あるいは文化人類学的なさまざまな説明要因があるであろうことは何人も否定しないところであり、ただ当面の問題としては現時点で成立しているその態様を与件として、その下での資源配分を究明するという視点が採られているにすぎないのである。欲望形成の原理として、大企業の販売政策のみを強調する立場は、かえって一面的であるという謗《そし》りを免れないであろう。

このような次第で、消費者の選好が多くの要因によって影響され、その意味で自律的でないということと、いわゆる「消費者選好の規準」を認めることとのあいだには少しも矛盾はないわけであり、前者の事実を受け容れたとしても、なお選好を所与のものとして経済の効率を評価することには、それなりに十分の理由があるのである。

もともと正統派経済学の立場において、こうした分析視角が採られるのは、市場による経済的編成が、目的に対して手段を適合せしめるメカニズムとして、どの程度に有効であり、またどの程度に欠陥を含むかを明らかにするためである。言うまでもなく市場制度の場合は、社会的規模にわたる経済問題を直接に意識して解決しようとする個別主体が存在しているわけではない。しかし、そのような主体がいないということは、社会の経済問題が実際上解かれていないということではなく、むしろ個々の主体がみずからの経済問題のみを決定することによってある程度日々の生活を保証されているということ自体、社会全体の経済問題が何らかの解決にもたらされていることの証拠であるとみるべきである。経済学において価格の理論が重要であるのは、何よりもこの関連で、それが当該の問題の理法を示すからにほかならない。

ガルブレイスは『新しい産業国家』の中で、「テクノストラクチュア」による計画の原理が市場の原理にとって代わるという主張を表明しているが、目下の見地から一番問題になるのは、一体どのようなメカニズムをつうじて個別的な企業の計画が経済全体の整合的な計画に統合されるのかがまったく示されていないという点である。そのメカニズムが説明されないかぎり、彼の経済学は、この学問にとってもっとも枢要な問題の考察を怠っていると言うべきであろう。

価格の機能と自由放任主義とはかならずしも同じものではない。

今日のところ正統派の均衡経済学は、例外的な場合を除いて、全面的完全競争の仮定の上に築かれることが多い。よく知られているように、この仮定は、各取引主体が市場価格に対して何ら支配力を行使しえず、もっぱらそれを所与と受け取って行動することを意味しているから、そのような状況が実際上一般には満たされていないことは、初心者の眼にさえ歴然たる事実である。したがって、ノーベル賞や文化勲章を授与されるほどの卓越した理論経済学者がなお競争経済の均衡分析に専念しているのは、それなりに重要な理由があってのことと言わねばならないであろう。

アローがそのノーベル賞受賞の記念講演で述べているところによれば、多くの経済学者が繰り返し競争経済の分析を主題としてきたのは、「膨大な数の個別主体と、諸商品の売買に関する一見ばらばらに見える意思決定のあいだの、驚くべき整合性」にもとづくものである。ここでアローが驚くべき整合性と言っているのは、各主体の側で別段に全経済のパフォーマンスについて意を配っているわけではないのに、なお社会全体の規模にわたって物資調達の秩序がある程度達成されることの不思議さを指しているわけであり、彼はその謎を解明することが、伝統的に経済学者たちの関心を集めてきた課題であったとしているのである。もちろん現実の経済過程が数々の病弊を含み、その限りにおいて完全でないことは明白なところであるから、これらの学者も自由放任であるとか「見えざる手」による予定の調和であるとかを唱導しているわけではない。しかし、それにもかかわらず、このシステムがとにもかくにも運転していることだけは紛れもない事実であり、しかもそのパフォーマンスは、他の代替的諸制度の下でもたらされるであろうものより、はるかにまさるとさえ思われるのである。

競争均衡理論の第一義的重要性は、何よりもこのような市場機構の運転可能性《ワーカビリティ》に対して、明確な「論証」を与えるところに見出される。この論証には楯の両面のように事実分析と規範分析の二面があり、まず事実分析として意図されるその目的は、価格がどのような仕組みをつうじて調整機能を営むかのポジティブな説明である。ただ事実分析といっても、この関連での均衡分析の狙いは、ありのままの現実を模写する点にあるのではなく、そこに内在する没人格的な価格の理法をできるだけ明澄な形で顕わにしてみせる点にあるのであるから、その見地から「夾雑物」と目される現象は、独占現象などをも含めてすべて捨象されることになるわけである。

均衡分析のもう一面での重要性は、完全競争の状態を、市場の仕組みがもっとも純粋に機能する場合というより、むしろもっとも効率的に機能する場合として把握し、そのことをつうじて市場経済の効率を厚生経済学的に評価することにある。競争均衡の状態は、若干の留保条件の下では「パレート最適」の資源配分、すなわち他の個人の選好を悪化させることなしには、どの個人の選好をも向上させうる余地のない資源配分を達成するから、その意味において当該の均衡状態は、配分秩序の一つの規範《ノルム》として、実際上の資源配分の非効率性を測る役割を果たしうるのである。

これらの命題の含意するところを正しく、そして素直に把握するならば、今日均衡分析に対してしばしば申し立てられている批判のいくつかは、かなり見当違いのものであることが判明するであろう。

まず、このような立場で考えられている競争経済のメカニズムと、自由放任の経済思想とを混同することは許されない。ケインズによれば、自由放任の格率は十七世紀末にコルベールに進言した商人ルジャンドルに由来するとのことであるが、少なくともジョン・スチュアート・ミルの時代以後、権威ある経済学者たちは、教条としての自由放任主義には与《くみ》してこなかった。たとえばケアンズにしてもシジウィックにしてもマーシャルにしても、理想的な資源配分達成の方途をこの教義の中に見出すことには強い反撥を示してきたし、この点は国を異にするワルラスやヴィクセルの場合もまったく同様であった。したがって、彼らの系譜の最良の知的所産の一つである厚生経済学の基本定理が、バスチア流の自由放任主義に帰着するいわれなどは、元来ありようはずがないのである。

これだけのことを述べた上で、最近人気を博している佐和隆光氏の興味深い著書『経済学とは何だろうか』の、つぎのような叙述に注目してみよう。

「新古典派の経済理論は、完全競争などの仮定のもとに、「市場機構」が最適な資源配分に導くこと……を数学的に〈証明〉し、表むきには〈科学〉としての没価値性を装いながら、自由主義経済が最適体制であることを暗々裏に主張してきた」

私が明らかにしようと努めてきたのは、この引用文の前半部と後半部とがかならずしも直結しないということ、そして後半部はおそらく大部分の新古典派の学者については正しくはありえないだろうということである。要するに、競争均衡が最適性を達成するという命題は、いわば両刃の剣なのであって、一方では価格現象が含む深奥な意義を啓示すると同時に、他方ではその帰結の全面的な実現がいかに厳しい条件によって保証されねばならないかをも教えるのである。

均衡理論は現状擁護のアポロジアではない。

競争均衡がパレート最適を達成するという命題は、しばしば新古典派理論の批判者たちによって、あたかも自由放任を正当化するための口実であるかのごとくにみなされてきた。これが誤解であることは、すでに前節の末尾に指摘したとおりであるが、その理由についてはあらためてやや立ち入って述べておいたほうがいいであろう。

上記の命題は、実のところきわめて限定的な条件の下で成り立つにすぎないのである。いまそれらの条件を、もっとも凝縮した形で表現するとすれば、それは一つには完全な私有財産制度が実現されていること、もう一つには競争的な市場がすべての財について存在していること、の二つに要約されると言えようか。これらの条件は、たんに通常の財の初期賦存量がすべて各個別主体に所有されていることや、いっさいの独占的現象が欠如していることを意味しているばかりでなく、いわゆる外部経済＝不経済ならびに公共財の不存在、それからまた将来の先物市場を含めてのすべての市場の完備などをも意味している。かりに論者がどんなに自由主義的な経済を思い描いてみるとしても、抽象の世界を別としてこれらの条件のことごとくを満足させる経済を見出すことは不可能であろう。現実の経済は、程度の差こそあれ、おそらく右の条件のいずれをも満たしていないのである。

これらの市場の不完全性のうち、独占現象は古くから人々の注意を集めてきたし、また外部性や公共財の側面は、近時の公害＝環境問題の顕在化をつうじて多大の関心を喚起してきた。さらに、実際上の切実感においてこれらより劣るかもしれないが、もう一つ重大な限定として無視してはならないのは、市場完備の条件である。日常の経済的意思決定は、言うまでもなく現在時点ばかりでなく将来にもかかわっており、したがって選好の対象になる財は、現在財のほかに将来期日の財をも含んでいる。もしかりに、経済計画が関連している全将来期日にわたって、どの財についても先物市場が存在しているとすれば、われわれは現在時点において全計画期間をつうじての取引を契約することができ、将来財の需給均衡を含めての、いわゆる通時的均衡 (intertemporal equilibrium) を構想することができるであろう。経済が将来の視野をも含んでいるとき、競争均衡がパレート最適になると主張できるのは、そのようないわゆるドブリュー・マランヴォー型の経済の場合のみである。ところが、もし先物市場が欠如し、現物の取引しか認められないとすれば、需給が整合するのは各自の計画のうち今期の部分のみであり、その場合にはたかだか経済均衡は、ヒックス＝グランモン型の一時的均衡 (temporary equilibrium) の系列として考えられるにすぎない。そのような均衡はなるほど各期ごとに需給の均等を満たしていきはするが、それはあくまでその期その期の価格予想と相対的な均衡にとどまるものである。各主体の価格予想は、かならずしもつぎの市場日に成立するその現実値と一致するとはかぎらず、したがって毎期ごとに逐次改訂されていくから、そのような一時的均衡の軌跡がパレート最適を成就する保証はまったく見出されないのである。

現実の経済に先物市場が皆無でないことはよく知られたところであるが、同時にまたすべての将来期日にわたって、すべての財に先物市場が完備しているという想定が決定的に実態に程遠いことも、否み難い真実である。よって、前のパラグラフの議論と併せ考えれば、この一事をもってしても、自由放任の格率が最適資源配分達成の必然性を欠いていることは明白なのである。

以上の議論には、銘記しておかねばならないいくつかの教えが内包されている。まず第一は、そのもっともストレートな含意であるが、冒頭の定理の主張者たち、ピグウ、ラーナー、ヒックス、アローといったような人々は、決して自由放任の神格性を証明するためにそれを提唱してきたのではなく、むしろ現実経済の病理の所在とそれを改善するための方途の探究を目的として、その定式化に携わってきたのである。

つぎに第二に、最適配分を保証する競争市場均衡の概念は、上記の説明から明らかなように、きわめて限定された概念なのであって、ヒックス流の一時的均衡やケインズ流の$IS=LM$均衡の概念は、当然そのような最適を必然的な帰結とはしていない。均衡分析に対して批判的な論者は、しばしば均衡概念が現状擁護の価値判断を内蔵する概念であるかのごとき口吻で語るが、われわれの見地からすれば、均衡とは、たまたま力学から借りてこられた「静止状態」を指す用語にすぎず、もしその言葉がいやなら、もっと中立的な言葉である「不動点」とか「特異点」とかいう呼び方にあらためたとしても、事態はまったく同じである。要するに、方程式の左辺と右辺が等しいという条件を満足する点であるとか、あるいは動学的な変化率がイコール・ゼロになる点であるとか、そう考えればいいのであって、その意味での決定性の思想のなかには別段情緒的な価値が込められているわけではないのである。

病理学は生理学の上に築かれねばならない。

伝統的均衡理論にもとづく分析方法に対して、一部の論者からいわゆる不均衡分析の重要性がことさらに強調されているのが、近時の理論展開の一動向である。

思うに、これらの異なったアプローチの背後には、究極的には相対立する二つの世界観の相違が潜められていると言うことができよう。すなわち一方のヴィジョンにおいては、元来経済組織は一種の復元力ないしは安定化要因を内包していると考えられ、したがってわれわれが日常経験している何がしかの物資流通の秩序も、そのような調整因があるがゆえの帰結であると解釈されている。これに対し、もう一方のヴィジョンによれば、経済は不安定であるのが本来の姿であり、そこにある程度の秩序が観察されるにせよ、それは当該のシステムが外からの助力のお蔭でかろうじて維持しえているかりそめのバランスにすぎないのだということになる。レイヨンフーヴッドが「学派、革命およびリサーチ・プログラム」の中で用いているアナロジーを借りれば、前者は人体の正常な状態を健康と見ているわけであり、この視点からすれば病気は外的攪乱因が惹き起こすたまさかの異常な事態にほかならない。ところが後者の眼鏡をつうじて見た人体は、つねに重病にかかっているのであって、それにもかかわらず人が何とか生き延びていけるのは、もっぱら医者の手で薬や療法が施されているからだという次第である。

このように対照的な二つの見方のいずれを正しいとするかは、結局のところ科学を超越した信念によって決められるべき事柄であろう。しかし、あえて私見を述べさせてもらうとすれば、少なくとも経済学の場合、両者のいずれか一方のみに偏した見方を採るのは、かなり危険な選択なのではないかと思われる。現実の経済組織は言うまでもなく自動的に完全な整合状態を復元しているわけではなく、また予定の調和を達成しているわけでもない。しかし、そこには調整のメカニズムがいっさい働いていないと言えば、それもまた言いすぎであって、錯綜した日常の経済生活が万事外的な対症療法のみで運行可能となっているのでないことも確かなところである。レイヨンフーヴッドは同じ論説の中で、少なくとも容認しうる経済理論の評価基準はつぎの二点を否定するものであってはならないとし、(1)市場経済がある程度の自動調整力を持っていること、(2)しかしそれは決して完全ではなく、しばしば所期の整合性を維持する上で重大な失敗を含むこと、の二つをあげているが、そのかぎりにおいて私の認識も彼のそれから隔《へだ》たるものではないのである。

もしそう言うことが正しいとすれば、均衡分析と不均衡分析の妥当性についても、それを一方にかぎって絶対化することは適切ではないであろう。たしかに経済変動に伴う累積過程や過少雇用の現象などは不均衡分析に恰好の舞台を提供するが、たとえば石油ショック後の日本経済が古い価格体系から新しいそれに順応し終えたというような事態の分析には、かえって均衡分析（それに含まれるところの比較静学的分析）のほうがはるかに適していると言うこともできる。元来、需給の法則は、石油が過剰になればＯＰＥＣといえども価格を引き下げざるをえないというように、仮借ない力で自己を貫徹しているのであって、ワルラス流のオークショニアーの仕組みはそのような法則を混じり気なしに示すために理論家が案出した分析的手段にすぎないものである。現実にそうした虚構の見出されることが稀であるからといって、需給の法則まで非現実的であると断定するのは、本末を転倒した言い分であると言わなければならない。かつて「マクロ経済学の現状と日本経済」と題する座談会で、小宮隆太郎氏が「……自然に均衡が回復すると……確信するのもおかしいし、逆にすべてが不安定だと確信するのもおかしいと思う。……あらゆる場合に不均衡だとか、あらゆる場合に自動回復力があるとか前提してしまうのはサイエンティフィックじゃない」という趣旨の発言をされているが、まったくその通りではなかろうか、と私も思う。

また一口に均衡、不均衡といっても、それにはさまざまな意味があるのであって、前節で言及したヒックス＝グランモン式の一時的均衡も、アロー＝ドブリュー式の通時的均衡の見地からすれば、均衡でなくて不均衡である。それからまたピグウ流のフロー均衡とストック均衡についても同様のことが言え、フロー均衡はストック不均衡を含みうるし、マーシャルの短期均衡も長期均衡の意味では不均衡たりうるであろう。

さらにこれらに関連して、もう一言だけつけ加えておくとすれば、最近ケインズ経済学をめぐってのかまびすしい議論の中で、ケインズの主著は不均衡分析の書物であり、これを均衡分析の書として受けとるのは曲解であるとする主張がしばしば見受けられる。しかし、この主張も明らかに理不尽であって、少なくともケインズ本人は「経済体系が完全雇用よりも低い水準の……安定均衡の状態におかれうること」（The General Theory, 1936, p.30）の論証に自らの主題を定めているのである。この場合も、すべての市場での需給均等を均衡の定義とすれば、過少雇用の状態は不均衡であろうが、不動点であることを均衡の本質とみなせば、失業均衡の定義に格別の矛盾は見出されないのである。

貨幣と市場

はしがき

貨幣の主要な機能は、誰もが知っているように、交換の一般的媒介手段になることと、価値の貯蔵手段として役立つことのうちに見出される。ところが標準的なワルラスやアロー＝ドブリューの一般均衡理論では、これらの貨幣の機能について適切な説明を与えることができない。そこで、どのような理論モデルを設定すれば、この特殊な財の存在理由を明らかにすることができるか。本稿は、そのような問題にいくばくかの光を投ずることを目的とするものである。

一　貨幣と完全市場

最初にまずワルラス流の一般均衡理論では、なぜ貨幣の役割がうまく説明できないのか、その理由を述べることから始めよう。

これは、ワルラス流の理論では、完全に組織化された「中央取引所」の仕組みが構想されている点にすべてが由来している。この構想の下では、各取引主体は全員がそこに参集し、現行価格を所与とみなして各財の所望需給量をオファーすると考えられる。そのとき市場機構の化身たる「せり売り人」は、各財の総需要量と総供給量のいずれが大きいかに応じて当初の価格を所定のルールで調整し、新しい価格をふたたびすべての売手・買手に伝達する。そのような試行錯誤の結果、どの財についても需給の均衡が成立したとき、そしてそのときにのみ初めて取引が実行され、実際に財の受け渡しがなされるというのが、よく知られた「予備的模索」のメカニズムである。

こうして取引所・せり売り人・模索過程の三位一体が保証されていれば、各主体は、需給の整合が成立してから財の実物を市場に提供し、そこから各自の欲する財を所望の分だけ持ち去ればよいわけであるから、誰が自分の欲する財を所有し、また自分の供する財を受容するかについて、いっさい思い煩う必要はない。言い換えればその場合、各人は「市場と取引する」のであって、人と人とが直接に取引するわけではない。したがって、上記の取引機構の下では「誰が誰と取引するか」という問題は発生せず、その関連で貨幣が交換のメディアとして果たす役割も格別に必要とされないのである。

上記の点に注目するなら、この種の理論を目して「物々交換《バーター》」のモデルと呼ぶのは、その意味ではまことに適切な呼び方であると言えよう。ただこの場合注意を要するのは、そうした用語法が、他の文脈においてしばしば使われるもう一つの用語法――物々交換はきわめて不便であるから、貨幣が交換のメディアとして導入されなければならないといったような――と明確に区別されねばならないということである。前者は完全に組織化された市場での、したがって交換の媒体としての貨幣の存在が不要である場合の物々交換を指しているのに対して、後者は不完全な市場での、したがって貨幣がないとすればきわめて不効率にしか機能しえないはずの物々交換を意味しているのである。交換という用語を人と人とのあいだの財のやりとりという意味に用いるならば、前者の物々交換のモデルは、逆説的ではあるが交換の要素を欠如した交換経済モデルであると言うべきであろう。

従来の一般均衡モデルで交換手段としての貨幣の分析が首尾よく行われえなかったのは、この種の事情を十分に考慮に入れず、取引機構の完全性をそのまま持ち越したモデルのなかに貨幣を入れてくることとしか考えてこなかったからである。この脈絡でのわれわれの分析課題は、むしろワルラス流の完全市場の条件を具備していない交換過程を考え、そこに貨幣を導入したときに、完全市場での交換の帰結と同等の効率性が達成される事実を論証することでなくてはならないであろう。

二　メディアとしての機能

では、そのような中央取引所の制度を欠如した交換経済においては、どのような代替的メカニズムが配分の効率性を保証するのであろうか。そしてまた、交換手段としての貨幣はどのような形でその機構にかかわりを持ってくるのであろうか。

このリサーチ・プログラムを追求するにあたっては、まず先述したところにしたがい、全員の同時的会合の可能性は排除されねばならず、したがって全員より少ないある特定人数から成る会合の系列が考えられるのでなくてはならない。この点についてはさらに考察を尖鋭化して、取引を行いうる最小人員数すなわち二人の個人のみが順次に会合して取引を行っていくいわゆる双方取引（bilateral trade）のモデルを考えるのがもっとも有効であろう。これはワルラス流の価格調整過程に代えて、いわゆるエッジワース・プロセスすなわちエッジワースの交換過程を考えることであり、その場合には各取引主体は市場とanonymousな（名前を伏せた）形で取引するのではなく、むしろ直接に当事者同士でゲーム理論的に行動すると想定される。つまり二人は相互にパレートの意味で改善的な交換の可能性が存在する場合、そしてその場合にかぎってその利得を追求していくわけである。こうしたペアワイズな会合の系列が、もはやどのペアの個人にとっても改善の余地のない究極の配分に収束した場合において、果たしてその状態がワルラスの均衡と同等の効率性を達成しうるかどうか、その間の事情をメディアとしての貨幣の存在とかかわらしめて究明するのが、目下のプログラムの理論的課題にほかならない。

実はこのようにして達成される最適配分の状態は、当然すべての個人のペアにとってはそれ以上事態改善の余地を残さないという意味で最適であるが、仮に全員の同時的な会合が可能であったとすれば達成されたはずの真の最適状態すなわちパレート最適の状態をかならず達成しているとはかぎらない。そこで、さらにどのような特別の条件が付加されるならば、ペアワイズな最適状態がパレート最適状態に合致するか、そのための十分条件を探索することが以下でのわれわれの分析課題となる。そしてもしメディアとしての貨幣財の存在がそのような十分条件の一つたりうることが示されるとすれば、それでこのリサーチ・プログラムは目的の一半を達したことになるのである。

三　資産としての機能

つぎに資源の配分が一般には将来にもわたっていること、つまり将来期日の財をも考慮に入れる必要があることを考えるならば、ワルラス流の完全市場モデルは、アローやドブリューが想定したように、すべての期日の将来財について先物市場が完備していることを含意せざるをえない。ところがそのような想定は、現物・先物のいずれであるかを問わずあらゆる取引契約が同時に期首の一時点で行われることを意味するから、将来の現物取引のために今から貨幣その他の資産を貯えておくといった行為はいっさい無用なものとなってしまう。そのかぎりにおいて、価値の貯蔵手段としての貨幣の機能も、このような完全市場モデルにおいては意義を喪失するほかはない。

それゆえ、実際の経済で貨幣が当該の機能を果たしているのである以上、われわれはそのような将来財に関する完備した先物市場の想定を棄て、現物市場の仮定の下で毎期取引が開かれていく継起的な経済のモデルととり組む必要に迫られる。すなわちわれわれはアロー＝ドブリュー型の通時的均衡の構想に代えて、ヒックス＝グランモン型の一時的均衡の構想に乗り換えねばならないのである。

　ところで、この種のモデルが想定している世界では、経済は将来に向かって無限に展開されていくが、登場する取引主体は当然のことながらそれぞれ一定の有限期間しか生きられない。したがって当該の経済は必然的に代変わりする異なった世代の個人から構成されることになり、この点については考察を簡単にするため、各主体の生命の長さは同一で、それは「若年期《ヤング》」と「老年期《オールド》」の二期に区切られると考えるのが便利であろう。そしてさらにこのモデルのデモグラフィックな構造を簡略化し、各世代はおしなべて一人の個人のみから成るものとすれば、毎期の経済はその期の初めに生まれる一人の若者と、その期に後半生を迎える一人の老人から構成されることになり、ふたたび取引はそれら二人のペアの系列をつうじて行われていくことになる。

　価値の貯蔵手段としての貨幣の役割は、このような重複世代モデルにおいて、もっとも尖鋭な形で把握されるであろう。上記の想定の下では、各主体の最適消費の形態は、若いとき利用可能な初期賦存量のすべてを消費してしまわず、その残余を老年期に持ち越して、老後は賦存量を越える消費を享受するというパターンになるはずである。しかし、もし財のすべてが持越し不可能な財であるとすれば、このような最適消費のパターンを自分で財を蓄えるといったアウタルキー的行動をつうじて達成することはできない。ところが一般的受容性を持つ価値貯蔵手段がないかぎり、両世代間の取引をつうじてその最適パターンを実現することもまた不可能なのである。これは、若い個人が老後に備えるため今期余分の財をそのときの老人に売ろうとしても、老人の側からはその代価として提供できるものが何もないからである。

貨幣という持越し可能な資産があればこの困難が消滅するであろうことは、いまのような直観的な議論の段階においても明らかであろう。事実のちに詳しく論ずるように、貨幣がある世代からつぎの世代へと持続的に繰り越されていけば、ある種の条件の下ではかならず各世代の通時的最適パターンが達成されることになる。その主張を論証するのが、本稿のもう一半をなす課題である。

四　交換不可能な事例

前述の趣旨にしたがい、中央取引所が開かれていれば所望の交換ができるが、二人ずつの取引をつうじてはまったく交換ができないという意味でいちじるしく不効率な事例を最初に掲げてみよう。

いま個人A、B、Cという三人の取引主体がおり、財1、2、3という三種類の財があるとする。これらの財の価格はすべて1であり、そのとき個人Aは財1を1単位需要して、その代わり財3を1単位供給することを望み、個人Bは財3を1単位需要して財2を1単位供給し、個人Cは財2を1単位需要して財1を1単位供給することを望んでいると想定しよう。このような状況を分かりやすいように一覧表の形で示したものが、表1である。一見して明らかなように、各行の記入にそれぞれ各財の価格をかけてヨコに足せば、すべてゼロとなるから、この状況はすべての個人について予算制約式の条件を満たしている。他方各列の記入をそのままタテに足せば、やはりどの列和もゼロとなるから、この状況はまたすべての財について需給均等の条件をも満たしている。したがって、もし中央取引所が存在しており、三人の個人が同時に一堂に会して市場と取引できるとすれば、彼らはすべて所望の交換を実現することができ、その結果市場は支障なくクリアされるであろう。

ところが中央取引所が存在せず、二人ずつのペアワイズな取引しか認められない場合には、社会全体としては整合条件が満たされているにもかかわらず、各自の所望の交換を達成することはまったく不可能である。というのは、たとえば個人Aが所望する財1は個人Cしか供給することができないが、一方個人CはAの供給する財3を欲求せず、財3を所望する個人Bが供給できるのはAが欲しない財2であるほかないからである。こうしてこの事例においては、どの個人のペアのあいだにも、ジェヴォンズのいわゆる「欲望の二重の一致」("double coincidence of wants")が成立しておらず、したがって双方取引の会合をつうじては所望の帰結を実現することができないのである。

個人＼財	1	2	3
A	1	0	−1
B	0	−1	1
C	−1	1	0

表 1

五　ブローカーの機能

では双方取引の方法を維持しつつ（つまり全員の同時的会合は依然として不可能としたままで）、なお所期の帰結を達成する代替的メカニズムを考えることはできないであろうか。

この設問に応ずるもっともストレートな代案の一つは、取引主体の一人として取引所に準じた機能を演ずる特別な個人すなわちブローカーないしはミドルマン（仲買人）を登場させることである。いまそのような個人を個人Mとして表1の第4行に加え、彼の超過需要および超過供給は本来的にゼロであるが、それにもかかわらず交換過程においては彼はどの財をも受容し、またどの財をも供給できると考えることにしよう。すると各個人はそれぞれブローカーたる個人Mと取引することにより、つぎのようなプロセスを経て所望の結果を達成することができる。

個人＼財	1	2	3
A	1	0	−1
B	0	−1	1
C	−1	1	0
M	0	0	0

表　2

個人＼財	1	2	3
A	0	0	0
B	0	−1	1
C	−1	1	0
M	1	0	−1

表　3

個人＼財	1	2	3
A	0	0	0
B	0	0	0
C	−1	1	0
M	1	−1	0

表　4

まず表2から始めて、個人Aがブローカーから財1を買い、ブローカーに財3を売る。すると、事態は表3に移り、そこでつぎに個人Bがブローカーから財3を買い、彼に財2を売る。すると、表3はさらに表4となり、最後に個人Cがブローカーから財2を買い、彼に財1を売れば、表の記入はすべてクリアされて0となる。このようにブローカーによる裁定行為は、中央市場の完全な代替物たりうるのである。

六　貨幣の機能 I

ここでいよいよ貨幣の出番である。それ自体が欲求されない財であっても万人が受容する財として貨幣があれば、同様に事態は完全にクリア可能である。表1に戻り、その第4列に貨幣とし

個人＼財	1	2	3	N
A	1	0	−1	0
B	0	−1	1	0
C	−1	1	0	0

表　5

個人＼財	1	2	3	N
A	1	0	0	−1
B	0	−1	0	1
C	−1	1	0	0

表　6

個人＼財	1	2	3	N
A	0	0	0	0
B	0	−1	0	1
C	0	1	0	−1

表　7

て機能する財Nを加えたものを表5としよう。個人はふたたびA、B、C三人で、ブローカーはいないとする。また貨幣の超過需要および超過供給は本来誰にとってもゼロであるものとする。

個人Aが個人Bと取引するにさいし、こんどは貨幣がメディアとして使われるとすれば、AはBに財3を売り、その代価として貨幣1単位を受けとることになる。同時にBは財3に対する超過需要を解消するが、その代わり貨幣1単位を喪失するから、表5は表6のように書き換えられる。つぎにAは個人Cから財1を買って貨幣1単位を支払い、その結果表6はさらに表7となる。すると、あとはCがBから財2を買い、それに対して貨幣を渡せば、所望の交換はすべてめでたく終了することになる。このことから貨幣の存在は、ブローカーと同じく、中央市場の完全な代替物となることが知られるであろう。

七　貨幣の機能 II

最後に類似の数字表を用いて、富の持越し手段としての貨幣の機能を例示しておくことにしよう。いま二個人、二財、二期間の事例を考え、個人Aは第1期に財1を供給し、第2期に財2を需要することを望み、他方個人Bは第1期に財1を需要し、第2期に財2を供給することを望んでいるとする。これを表示すれば表8のごとくであるが、ただちに明らかなように、二つの期間が一つに連結されるのでないかぎり、物々交換の手段をつうじて所望の交換を行うことは不可能である。というのは、個人Aは第1期に個人Bに財1を供給しえても代わりに受けとるものがなく、同様に個人Bは第2期に個人Aに財2を供給できても代わりに受けとるものがないからである。

ところが、ふたたび貨幣が導入されれば、個人Aは、表9から表10への移行が示すように、第1期に財1を個人Bに売って、代金として受けとった貨幣を第2期まで持ち越すことが可能となる。すると、第2期の期首の状況は表11の示すとおりになり、個人Aは持ち越した貨幣を用いて、支障なしに個人Bから所望の財2を買うことができる。その結果、表の記入がふたたびすべてクリアされることは言うまでもない。

第一期

個人＼財	1	2
A	−1	0
B	1	0

第二期

個人＼財	1	2
A	0	1
B	0	−1

表　8

個人＼財	1	2	N
A	−1	0	0
B	1	0	0

表　9

個人＼財	1	2	N
A	0	0	−1
B	0	0	1

表　10

個人＼財	1	2	N
A	0	1	−1
B	0	−1	1

表　11

八　当面のプログラム

ワルラス流の中央取引所が存在せず、一度に二人ずつのペアワイズな会合しか可能でない場合でも、ある種の代替的メカニズムが機能すれば、全員による同時的会合の場合と同等の交換の効率性を達成しうるというのが、目下の考察の中心思想である。そして、そのような代替的メカニズムの事例として、一つにはどの財をも受容しどの財をも提供しうるブローカーの存在があげられ、もう一つにはどの個人もが受容し提供しうる財としての貨幣の存在があげられるというのが、前述した主要な主張であった。

しかし、そこでの所論は、まだ上記の思想を簡単な数字例をつうじて表示するための方便にすぎないものであり、それらの主張に対して厳密な証明を与えたものとは言えない。われわれの議論をいっそう厳密化する上においては、さらに交換の帰結にかかわる効率性の概念をより明確にする必要があり、そのためには各個人がそれぞれの財の配分に対して自分の効用を対応させる効用関数を導入するのでなくてはならない。以下の議論では、われわれはどの個人もが連続で無差別曲面が原点に対して凸になるような標準的なタイプの効用関数を持つことを仮定し、さらに加えて財の中にはその数量を増やしたときにかならずどの個人の効用をも高めうるようなものが存在すること、かつ各個人はそのようなクラスの財のどれかをかならずプラスの量持っていることを仮定したい。これらの仮定の下では、エッジワース流の取引経路はかならずある配分に収束することが知られており、その配分では当然どのペアにとってもそれ以上効用改善の余地がないという意味で最適配分の状況が達成されているはずである。以下ではそのような配分を指して、前にもそう呼んだようにペアワイズな最適配分と呼んでいくことにする。他方、全員のあいだで同時的な財の再配分が認められる場合には、もはや効用改善の余地がない状態は、周知のようにパレート最適であり、明らかにペアワイズな最適配分がかならずパレート最適配分をも達成するという保証はない。なぜなら前者には二人ずつでしか交換できないという制約がついており、可能な改善の機会がはるかに限られているからである。

それにもかかわらず、ブローカーが存在する場合には、ペアワイズな最適配分はかならずパレート最適配分となり、また貨幣が存在する場合にも同様の帰結が成立する。これらの主張はクヌート・ヴィクセルによっても示唆されたことがあるが、それに初めて現代的な厳密な証明を与えたのはトラウト・レイダーとアラン・フェルドマンの功績である。以下においては彼らの定理を順次にとり上げ、その証明の論旨をなるべく平易な形で再述しておきたいと思う。

九　レイダーの定理

まずペアワイズな最適がパレート最適になるための十分条件として、ブローカーの存在を主張するのが、レイダーの定理である。

いまこの経済には m 人の個人と n 種類の財が存在するものとし、第 r 番目の個人への財配分 x_{r1}、

x_{r2}、……、x_{rn} をまとめて x_r で略記するとしよう。全経済の資源配分はこれら x_1、x_2、……、x_m の組 x で示し、ここで考察の対象とするペアワイズな最適配分はそれらの右肩に＊印をつけて x_1^*、x_2^*、……、x_m^* の組 x^* で示すものとする。

レイダーの議論で枢要な役割を演ずるのは、ブローカーとなる個人 M の効用関数の性質で、それは前記の仮定にさらに加えて微分可能性をも満たすと仮定される。すると配分 x_M^* を通る彼の無差別曲面はその点でユニークな勾配をもち、図1に示したように、x_M^* での接平面の法線として一意的に価格が定義できることになる。すなわち

$$p_i^* = \frac{\partial u_M(x_M^*)}{\partial x_i} \bigg/ \frac{\partial u_M(x_M^*)}{\partial x_n}, \quad i=1, 2, \ldots\ldots, n-1$$

$$p_n^* = 1$$

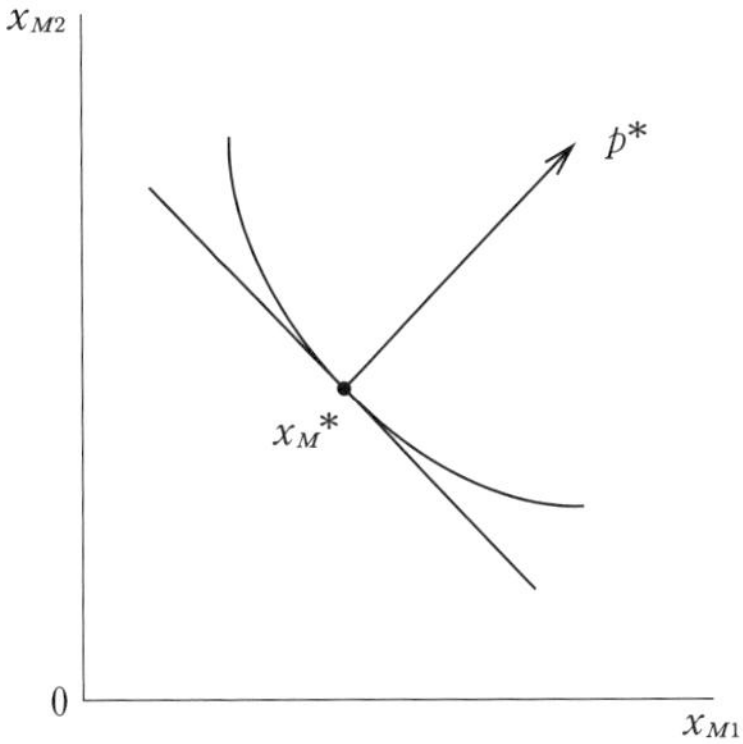

図　1

のごとくであり、ここで u_M は個人 M の効用関数、したがって各式の右辺は財 n を価値尺度財として測った財 i と財 n のあいだの限界代替率をあらわしている。ブローカーの場合、x_M^* においてはどの財の数量もプラスであると考えられるから、右記の限界代替率が明確に定義できることは言うまでもない。

さてこのように価格p^*が、x_Mでの接平面の法線ベクトルとして一意的に定義されれば、あとの議論はそれを万人共通の価格とみなすことにより、支障なく展開する。まずブローカーと取引するすべての個人rにとって、x_r^*よりまさるかあるいはそれと無差別な任意の配分をx_rで示すとすれば、そのようなすべてのx_rについて、ペアワイズな最適性の想定から、不等式

$$p^*x_r \geqq p^*x_r^*$$

が成り立つのでなくてはならない。ところが効用関数に関する前述の仮定はうまく使えば、x_r^*より厳密にまさる配分x_rについては、これらの不等式がより強い

$$p^*x_r > p^*x_r^*$$

の形で成立することを容易に証明することができる。するとこの結果から、所与のペアワイズ最適配分x^*がパレート最適配分にならざるをえないことがただちに分かる。なぜなら、もしx^*がパレート最適配分でないとすれば、すべての個人に対しては少なくともx^*におけると同等の効用を与え、ある個人に対しては厳密により大きな効用を与える達成可能な配分があることになり、その配分については上記の帰結から

$$p^*\textstyle\sum_r x_r > p^*\sum_r x_r^*$$

とならざるをえないが、他方それが達成可能であるところから

$$p^*\textstyle\sum_r x_r = p^*\sum_r x_r^*$$

となって、矛盾が生じるからである。

一〇　フェルドマンの定理

つぎにフェルドマンの場合は、ブローカーが存在していなくても、貨幣として機能する財があれば、それがペアワイズな最適をパレート最適たらしめる十分条件になると主張される。ただし彼の議論ではブローカーの仮定が外される代わりに、効用関数に関する仮定がやや強化され、すべての個人について効用関数の微分可能性が仮定されねばならない。

ここで貨幣財とは、その限界効用がどの個人にとってもプラスであるという意味で万人に受容され、しかも誰もがプラスの量持っているような財である。以下の議論では、一般性を失うことなく第n番目の財がそのような貨幣財Nであるとみなすことにしよう。するとフェルドマンの場合、レイダーのp^*にあたる普遍的な価格は、つぎの要領で生成されることになる。まず各財の総量はいずれもプラスであるところから、どの財についても少なくとも誰か1人はそれをプラスの量持っていると考えられるから、いま所与のペアワイズな最適配分において財iをプラスの量持っている個人をr_iとすれば（複数の個人が財iを持っている場合は、任意に1人を選べばよい）、われわれは

$$p_i^* = \frac{\partial u_{r_i}(x_{r_i}^*)}{\partial x_{r_i i}} \Bigg/ \frac{\partial u_{r_i}(x_{r_i}^*)}{\partial x_{r_i N}}, \quad i=1,\ 2,\ \cdots\cdots,\ n-1$$

$$p_n^* = p_N^* = 1$$

と定義することによって、所望の価格ベクトルp^*を得ることができる。仮定により貨幣財Nについては誰もがそれを所持しており、また財iについてはそれぞれそれを所持している個人r_iを選んでp^*の成分を定義したわけであるから、そのようなp^*が一意的に確定することは明らかである。

さて証明を完了するためには、いま定義したp^*とペアワイズな最適配分x^*の組が競争均衡になること、すなわちx^*を構成するそれぞれのx_r^*がp^*の下で予算制約式を満たしつつu_rを最大化していることを示せばよいわけである。ところがこの主張は、ある非負の数λ_rが存在して、

$$\frac{\partial u_r(x_r^*)}{\partial x_{ri}} - \lambda_r p_i^* \leqq 0$$

$$\text{for all } i=1,\ 2,\ \cdots\cdots,\ n-1$$

$$\frac{\partial u_r(x_r^*)}{\partial x_{ri}} - \lambda_r p_i^* = 0 \qquad \text{if} \quad x_{ri}^* > 0$$

が満たされることと同値である。そこで、これらの式が満たされることを示すために

$$\lambda_r = \frac{\partial u_r(x_r{}^*)}{\partial x_{rN}}$$

とおいてみると、まず上記の第二式の満たされることがただちに分かる。なぜならペアワイズ最適性の仮定により、$x_{ri}{}^*$がプラスの個人rについては、$x_r{}^*$で評価された財iと財Nのあいだの限界代替率はかならず$p_i{}^*$を定義した個人r_iの当該の限界代替率に一致しなければならないからである。他方$x_{ri}{}^*$がゼロであるとして、個人rと、$x_{si}{}^*$がプラスである個人sとのペアを考えてみると、このペアについてもペアワイズな最適条件が適用されて、

$$\frac{\partial u_r(x_r{}^*)}{\partial x_{ri}} \bigg/ \frac{\partial u_r(x_r{}^*)}{\partial x_{rN}} \leqq \frac{\partial u_s(x_s{}^*)}{\partial x_{si}} \bigg/ \frac{\partial u_s(x_s{}^*)}{\partial x_{sN}}$$

という式が成立する。ところがふたたび、ペアワイズ最適性の仮定から、$x_{si}{}^*$がプラスの個人sについては、$x_s{}^*$での財iと財Nのあいだの限界代替率は個人s_iの当該の限界代替率に一致しているはずであり、結局前記の第一式もまた満たされねばならないことが判明する。よってp^*とx^*の組は主張どおり競争均衡にほかならず、周知の定理をつうじてx^*はパレート最適とならざるをえないのである。

一一　重複世代モデル

重複世代モデル（overlapping-generations model）は、サミュエルソンが初めてこれを導入し

て以来、多くの理論家によってさまざまな用途に使われてきており、なかんずく価値貯蔵手段としての貨幣の機能を考察する上で重要な役割を果たしてきた。

いま議論を単純化して、各取引主体はみな同じ長さの寿命を持つと仮定し、それを前半期すなわち「若年期《ヤング》」と後半期すなわち「老年期《オールド》」の二期に区切るとすれば、毎期の経済は、その期の期首に生まれさらにもう一期生き延びる若年期の個人と、すでに人生の後半期を迎え今期末に世を去る老年期の個人の二世代から成るわけであり、交換はもっぱら世代が重複するこれらの個人のあいだで行われるにすぎない。このような経済についてとりわけ注目すべきは、それがつぎの二点においてワルラスやドブリューの標準的一般均衡モデルと相異なった構造的性格を持っていることである。まず一つには、この経済では視野が未来永劫にわたって無限に拡がっているところから、世代の交代が永遠に繰り返され、したがって主体の数が可付番無限個にならざるえない。またもう一つには、各世代の個人がそれぞれ有限期間しか生きられないところから、彼らの全員が一堂に会して同時に取引に参加することは許されない。というのは、すでに死亡してしまった個人とか、あるいはまだ生まれてきていない個人とかと取引する機会を持つことは、明らかに不可能なことだからである。

一二　貨幣と無限性

さて、このような重複世代モデルがなぜ価値貯蔵手段としての貨幣の役割を説明する分析的枠組みになるかといえば、それはつぎに述べるような事情に由来する。

まず各取引主体は二期間にわたって生きると仮定されているわけであるから、彼らはそのライフ・スパンから得られる効用を、各期の所期資源量と市場価格に依存する予算制約式の下で最大化するような消費計画を立てると考えられる。もし彼らの選好と相対的に初期資源量が若年期にはゆたかに老年期には乏しく与えられるとすれば、上記の行動をつうじて決定される彼らの最適消費パターンは、若いときに利用可能な資源量のすべてを消費してしまわず、その残余を何らかの形で持ち越して、老年期になってからそのときの資源量を越える消費を享受する形になるはずである。しかし、もし財のすべてがいわゆるperishable commodityであり、そのままでは次期まで持越し不可能なものであったとすれば、上記のような最適消費の形態は自分で財を蓄えるといったアウタルキー的行動をつうじては達成することができない。つまりその場合、各個人が所期の目的を果たすためには、必ず若年期に余分の財を売却し、その見返りとして老年期になったのちにそのときの若い個人から財を購入するという形をとるほかはない。

ところが目下の重複世代構造の下においては、そのような両世代間の取引は実現することができないのである。なぜかといえば、若い個人が老後に備えるため今期余分の財をそのときの老人に売ろうとしても、老人の側からはその代価として提供できるものは何もないからである。つまり今期の若者は、今期の老人が所望している財を余分に持ってはいるものの、その若者が老人になったときに必要とする次期の財を持っているのは、今期の老人ではなくて、次期に生まれてくる若者でしかない。こうして当面の仕組みの下では、あいにく老人と若者とのあいだに「欲求の二重の一致」が成立せず、どの期についてみても両者は相互的な交換関係を結ぶことはできないのである。

しかし、この社会にひとたび貨幣が導入されれば、事態は一変する。いまモデルの初期時点において老年期を迎える老人が一定量の貨幣を持っており、それが財の特定量と同価値を持つことを将来の世代に認めさせえたとしてみよう。すると、それらの老人は実物的には何も持っていなくても、その貨幣を手渡すだけで今期の若者から所望の財を受けとりうることになる。というのは、今期の若者は老人から受けとった貨幣を、自分が老人になるつぎの期にまたその期の若者に手渡せば、代わりに所望の財を受けとることができるからである。こうして順繰りに貨幣が老人から若者へと引き渡されていくことにより、やはり順繰りに所望の財が若者から老人へと引き渡されていくことになるのである。

以上を要するに、貨幣とは世界に終末がなく、当該の経済社会が永遠に続いていくからこそ、貨幣になるのだと言うことができよう。カール・シェルが指摘した、貨幣経済と「無限の部屋を持つホテル」の話との類推は、まさにこの点に根拠を持っている。ガモフの著名な寓話によれば、すでに満室になっているホテルに新しい客が来た場合、部屋数が有限であればどうやってみてもやり繰りがつかない。しかし、部屋数が無限であれば話は別である。その場合には、支配人はいままで1号室に泊まっている客を2号室に移し、2号室に泊まっている客を3号室に移し、……

というように順繰りに客を移していけばよいのであって、かならず1号室を空け、その客を受け入れることができるであろう。

一三　モデル分析

このような無限期の重複世代経済が提起する重要な理論問題の一つは、仮にこの経済が個人の主体的行動の合理性や市場・情報構造の完全性、そして不確実性や外部性の欠如といった標準的な仮定のすべてを満たしているとしても、なお競争均衡がパレート最適になるとはかぎらないということである。しかし貨幣という一般的受容性を持つ資産持越し手段があるならば、そのような貨幣経済の競争均衡はかならずパレート最適になることを、われわれは証明することができる。

ここで詳細に立ち入ることはできないが、その証明はつぎのような手段で進行する。まずわれわれは推論の橋渡しになる媒介概念として、バラスコ＝シェルのいわゆる短期パレート最適の概念を導入する。本来無限期の配分xが短期パレート最適であるとは、当該の配分xが、ある有限の期T以降はまったくそれと配分を同じくするあらゆる他の可能な無限期配分yによって、Tより前の相違のみにもとづいてパレートの意味で凌駕されえないことをいう。このような短期パレート最適の概念が有限期経済の通常のパレート最適概念と本質的に異なっていない点に注目すれば、無限期貨幣経済での競争均衡が少なくとも短期パレート最適になることは、通常の手法をつうじてきわめて容易に示すことができよう。問題は、そのような短期パレート最適が真のパレート最適になるかどうかであって、目下の無限期の想定の下では、その問いに無条件にイエスと答えるわけにはいかないのである。

さらに進んで所期のプログラムを完うするためには、まず各個人の無差別曲面の曲率に関して、一様にある種の仮定を課することが要請される。というのは、各期のtに応ずる無差別曲面が原点に対して厳密かつスムーズに凸であっても、tを無限大に近づけるにつれてその性質が維持されなくなるかもしれず、その場合には競争均衡がパレート最適にはならない事例が生じてしまうからである。したがってわれわれは、各個人の無差別曲面の曲率が一様に下からも上からも有界であることを仮定する。これは、世代tの個人の前半期の消費をx_t^t、後半期の消費をx_t^{t+1}として二次元の図であらわせば、各個人の無差別曲線がtの増大につれて図2のように直線形に近づいたり、図3のようにL字形に近づいたりしないということを意味している。

当該重複世代経済の競争均衡を価格、財配分のそれぞれについて

$$\bar{p}=(\bar{p}^1, \bar{p}^2, \ldots\ldots, \bar{p}^t, \bar{p}^{t+1}\ldots\ldots)$$

$$\bar{x}=(\bar{x}_1, \bar{x}_2, \ldots\ldots, \bar{x}_t, \bar{x}_{t+1}, \ldots\ldots)$$

ここで $\bar{x}_t=(\bar{x}_t^t, \bar{x}_t^{t+1})$

のようにあらわすならば、無差別曲面に関する上記の仮定の下では、$\bar{x}$は条件

$$\sum_{t=1}^{\infty}\frac{1}{\bar{p}^t\bar{x}_t^t}=\infty$$

が満たされるとき、そしてそのときにのみパレート最適になることが知られる。(この主張の証明については、福岡正夫・須田伸一「貨幣と重複世代モデル」、『三田学会雑誌』一九八七年四月号を参照されたい。)

　目下の問題について枢要な役割を演じる右記の条件は、もしそれが満たされないとすれば、価値和の列 $\{\bar{p}^t \bar{x}_t^t\}$ が無限に発散してしまうことを意味している。これは経済学的内容に即していえば、価格の列 $\{\bar{p}^t\}$ が限りなく上昇するか、あるいは数量の列 $\{\bar{x}_t\}$ が限りなく成長するか、

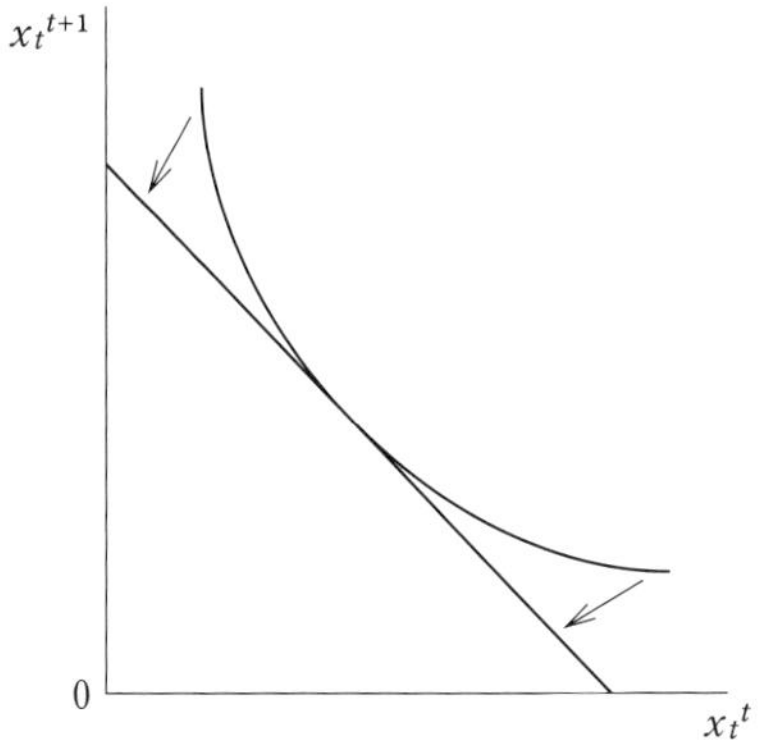

図　2

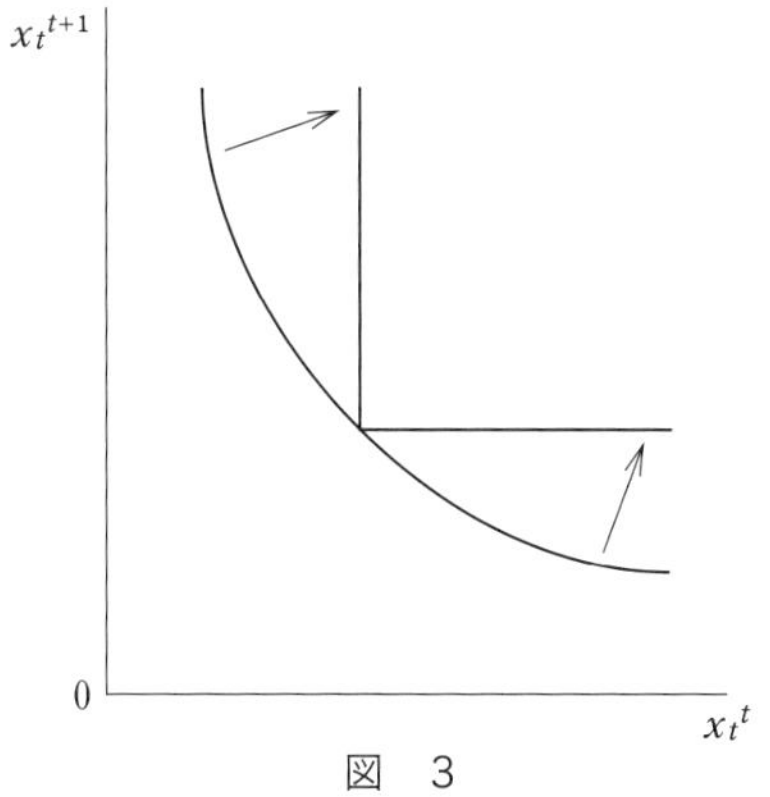

図　3

そのいずれかを意味すると言うことができよう。前者の事態が生じる場合には、貨幣の相対価格したがってその購買力がほとんどゼロとなるために、また後者の事態が生じる場合には、所得に対する貨幣の比重がほとんど無視しうるほどのものとなるために、価値貯蔵手段としての貨幣の機能が失われると考えられる。したがって、その種の事態が起きないような経済的環境を確保するために、この条件が要請されていると解すればよいであろう。

一四　貨幣の中立性

以下の所論では、いわゆる貨幣の中立性（neutrality of money）の問題について考察を加えてみることにしたい。

ここで貨幣の中立性とは、貨幣数量の変化がすべての名目価格を同一比例的に変化させ、実質諸量の値にはいっさい影響を与えないことを意味している。貨幣数量説の伝統を具現化したこの命題はケインズ経済学の出現によって重大な挑戦を受け、以来少なくとも短期についてみるかぎりは、一般に成立しないと考えるのが大方の見解となってきた。ところがその後、フリードマンによって代表されるマネタリズムやルーカス、サージェント、ワレスらの「新しい古典派」の立場に立つ反ケインズ的マクロ経済学の波が高まるにつれて、それはふたたび装いも新たに蘇る機縁を与えられ、とりわけ後者の立場に立つ学者たちによれば、ケインズ流の裁量型金融政策は短期的にさえ経済の実質的状況に何らの効果をも与えないと主張されているのである。

このような情勢を考えるならば、これら互いに相反する見解のそれぞれがいかなるときに正しく、またいかなるときに正しくないかを厳密な理論分析の視点から検討することの必要性を痛感するのは、あえて筆者ばかりではないであろう。以下では、そうした分析目的のためにもっとも有効と思われる一般均衡理論の見地から、中立性命題が精確に含意するところを明らかにし、その妥当性の範囲を正しく限定化することに努めてみたいと思う。

もっとも、一般均衡理論とはいっても、われわれの議論がもとづくのは、ワルラス＝ドブリュー式の完全市場モデルではなく、前記の議論において採用した一時的均衡、現物市場かつ重複世代の交換モデルである。各期には年齢、選好、所期賦存量を異にするさまざまなタイプの個人がおり、これらの個人は各期の予算制約式に服しつつ効用関数の値を最大化することによって、各期の消費ならびに貨幣の需要量を決定すると考えられる。将来の予想価格は予想関数にもとづき現行価格に依存すると考えられるから、結局一時的均衡にかかわる現物市場には、現行価格と初期の貨幣賦存量にのみ依存する今期の実物財および貨幣の需要関数のみが現れ、それらと今期首の初期賦存量とから定義される財と貨幣の需給均衡条件が、解として一時的均衡価格の組を定めることになるわけである。以下の議論をつうじて、各財の価格はどの期についても貨幣の価格がつねに1になるように規準化されているものとする。

一五　古典的二分法とパティンキン

さて、もっともナイーブな形の貨幣中立性の命題は、伝統的にいわゆる実物部門と貨幣部門の古典的二分法（classical dichotomy）の思想と結合して示されることが多かった。この考え方によれば、実物的な財の需給均衡条件は貨幣数量ならびにその各個人間への分配から独立な形に書くことができ、それらはすべての価格に関するゼロ次同次性と「セイの法則」を満たすと考えられている。つまり、すべての価格が同一比例的に変化した場合には、どの実物財の需給量も不変にとどまり、またそれらの財すべてについて合計された需要総額と供給総額は恒等的に相ひとしい。このような想定の下では、実物財に関する需給均衡条件のみからそれらの財の相対価格すなわち価格比の均衡値が決定され、それにもとづいて諸財の実質的取引量が決定される。他方、貨幣の需要関数はすべての価格について一次同次関数であり、すべての価格が同一比例的に変化した場合には貨幣の需要量もまた同一の比率で変化するから、貨幣の総需要量がプラスであるかぎり、貨幣の需給均衡条件から絶対価格水準が決定されることになる。したがって、この種の構想を前提とする以上、貨幣の総量をλ倍にすれば、名目価格の均衡値がλ倍になり、相対価格と実質取引量が不変にとどまることは不可避の帰結である。よって古典的二分法の世界では、中立性命題がほとんど自明的に成立するのである。

ところが上記の形態の古典派的見解は、周知のようにドン・パティンキンによる厳しい批判の標的となった。まず第一に、各個人の予算制約式からいわゆる「ワルラスの法則」すなわち財と貨幣の双方を含めての需要総額と供給総額の恒等関係が成立するから、さらにその上にセイの法則もまた成立すると仮定すれば、どんな価格に対しても貨幣の需給均等式が恒等的に満たされねばならないことになり、絶対価格水準は不決定になってしまう。また第二に、この難点から免れるために、セイの法則は除外して考えるとしても、ワルラスの法則は財および貨幣の需要関数の同次性の仮定と両立しない。なぜなら、価格に関して財の需要関数がゼロ次同次、貨幣の需要関数が一次同次であれば、価格pがλ倍されたとき実物財の超過需要総額と貨幣の需要総額は明らかにλ倍にならねばならないが、他方ワルラスの法則からそれらの和と等値されるべき貨幣数量は独立の定数であるほかないからである。

一六　定常経済モデル

たしかに上述のようなパティンキンの古典派批判は、考察されている体系が短期の一時的均衡の体系と考えられる場合には、正しいであろう。しかし、古典派の貨幣理論をもっぱらそのような性格のものとして捉えることには議論の余地があり、たとえばアーチボールド＝リプシーやサミュエルソンはそれをむしろ長期の定常均衡にかかわるものと解した上で、その場合には二分法や貨幣数量説の命題に格別矛盾が含まれていないことを指摘している。

この見解を確認するためには、目下の重複世代モデルにおいて定常均衡が成立している状態を想定してみればよい。この経済の定常状態は、時間をつうじて価格の均衡値がつねに不変の値をとるような均衡の系列として定義される。したがって当該の状態では、どの個人も価格が過去から現在にいたるまでずっと不変でありつづけたことを観察しうるわけであり、その経験にもとづいて将来もまた同一の価格が続くであろうと予想する。その意味において、この定常経済モデルは一種の「合理的期待」モデルになっている。

ところで定常状態については、その重要な特性の一つとして、われわれは今期に新しく生まれた第 s タイプの個人が将来その一生の第 t 期に満たそうとする需要量と、同じ第 s タイプですでに t の年齢に達している個人が今期満たそうとする需要量とを同一視することができる。この事実と、目下のモデルでは各個人は子孫のために遺産をいっさい残さないと想定されていること、したがって新しく生まれる個人の当初の貨幣賦存量はゼロとされていることを考慮に入れれば、このモデルで財および貨幣の需要関数が前と同様それぞれ価格についてゼロ次、一次の同次関数になること、またセイの法則が成り立つことを示すのに詳論は不要であろう。要するに、この定常均衡モデルは古典的貨幣理論の性質をことごとく満たしているわけであり、そのことをつうじて定常経済では二分法も貨幣数量説も、したがって当然貨幣中立性の命題も、そのすべてが妥当しうるのである。

一七　短期均衡における中立性

もちろん定常的均衡の世界を離れ、短期の一時的均衡のそれに戻れば、パティンキンの言うとおり古典的二分法は成立せず、価格の変化がひき起こす実質残高効果を無視するわけにはいかない。またそこではセイの法則も成り立ちえないから、実物部門がその需給均衡条件のみをつうじて独立に相対価格や実質取引量の均衡値を決定することはできなくなるのである。

しかし、二分法と貨幣の中立性は、元来緊密に関連してはいるものの、互いに区別されるべき別個の命題であり、前者が成立しないからといって後者が成立しないという必然性はない。そこで本節ではあらためてパティンキンやフリードマンたちの見解にしたがい、短期均衡の世界でもなお中立性命題が得られるための条件を究明することにしてみよう。

短期均衡のモデルについてただちに言えることは、そこでの財の需要関数が現行価格と予想価格そして貨幣の初期賦存量に関するゼロ次同次関数になり、また貨幣の需要関数が同じ変数に関する一次同次関数になるということである。しかし、そのことから短期の経済についても中立性命題が成り立つという帰結はまだ出てこない。まず一つには、貨幣の総量がλ倍になったとしても、各個人の貨幣保有量がすべてそれに比例してλ倍になるとは限らないから、一般には「分配効果」が発生し、相対価格したがって実質的変数の均衡値がその影響から逃れることは困難である。またもう一つには、各個人の貨幣保有量が同一比例的にλ倍になると仮定したとしても、予想の弾力性が1にひとしい場合すなわち予想価格もまた現行価格と同じ比率で変化する場合を別とすれば、財や貨幣の需要関数は現行価格と貨幣保有量のみについてそれぞれゼロ次、一次の同次関数になることはできず、したがって現行価格の均衡値がすべてλ倍になると主張することはできないであろう。

そこで上述したところを勘案して、貨幣数量をλ倍に変化させたとき、すべての個人の貨幣保有量もまたλ倍に変化すると想定し、かつどの個人についても予想の弾力性が1にひとしいと想定してみることにしよう。これらの限定的な仮定の下では、たしかに財と貨幣の需要関数は現行価格と貨幣保有量に関してそれぞれゼロ次、一次の同次関数となり、したがって価格p^*が貨幣数量Mのときの解であるとするとき、λp^*が貨幣数量λMのときの解となることを容易に示すことができる。つまり所定の仮定の下では、短期の経済についても中立性命題が成立しうるのである。

一八　合理的期待派の中立性命題

上述したように、短期の一時的均衡のモデルにおいても、貨幣数量の変化がすべての個人の貨幣保有量を同一比例的に変化させ、かつ各人がおしなべて1にひとしい予想の弾力性を持つ場合には、貨幣中立性の命題が成り立ち、貨幣量の変化は名目価格を同一比例的に変化させるだけで、経済の実質的状態に対しては何らの影響をも及ぼさない。しかし、そこで要請されている予想の弾力性1の想定は、現行価格と予想価格がまったく同一比例的に変化することを意味していることから、異時的な代替効果をすべて排除する含意を持っており、一時的均衡の成立そのものを困難にする危険を孕んでいる。そこで、そのような問題視すべき仮定を回避した上でも、なお中立性命題を導く可能性が存在しうるかどうか、その点を究明してみることが最後に残された課題である。

以下ではまず、そのような方向へ一つの進路を開拓したと考えられる合理的期待派の議論をとり上げ、貨幣数量の変化が各取引主体にとって前もって十分に予見されるものであるかぎり、それは経済の実質変数の値に何らの影響をも持ちえないという彼らの主張を、われわれの分析枠の中で検討してみることを試みたい。

彼らの議論に分析的表現を与えるために、政府による各個人の貨幣保有量の変化があらかじめ公に予告されるものと仮定し、各個人は現行価格ベクトルpのほかに、そのような貨幣数量変化の政策パラメターλをも観察できると仮定することにしよう。するとその情報は当然個人の予想に繰り込まれることになるから、各人の予想関数は新たにpおよびλの双方について一次同次と仮定され、これはたとえばパラメターλが1であって現行価格がpである状態からλが1とは異なり現行価格がλpとなる状態に移ったとき、当該の個人は将来の均衡価格もまたすべてλ倍になると予想することを意味している。前とは違って、予想関数はpのみの一次同次関数と仮定されるわけではないから、この仮定は予想の弾力性が1にひとしくなくても満たされうるのである。

さてこのような設定の下では、今期の財と貨幣の需要関数は現行価格pと各人の貨幣保有量m_i、そして政策パラメターλの関数として導かれ、前記の仮定からそれらは現行価格p、政策パラメターλについてそれぞれゼロ次、一次の同次関数になるはずであるから、もしすべての個人がパラメターλの変化を知ることができ、その結果彼らが需給均衡条件をつうじてpの均衡値がλpになることを信じたとすれば、事実上λpがλのどの値に対しても体系の解となることは、見易い道理である。よって公に予告された貨幣数量の変化は中立的であり、実質的諸量の均衡値はその変化から何らの影響をも蒙らないことが分かる。ただし、この帰結は前述のパティンキン的アプローチとはまったく相異なる推論をつうじて得られたものであり、現行価格pと貨幣保有量m_iに関する同次性ではなく、現行価格pと政府の政策パラメターλに関する同次性に立脚している点に留意しておく必要があろう。

一九　議論の一般化とその妥当性

ところで前節で示唆した中立性命題は、もっぱら政策当局が第一期に一回かぎりの貨幣供給量の増加（もしくは減少）をアナウンスし、以後貨幣数量をその新水準に維持する場合の帰結にかかわるものである。もし当局が第一期の貨幣数量をたとえばλ_1倍に変えるにとどまらず、それ以降も毎期λ_t倍ずつ変えていくことを予告したとすれば、この帰結はどう変わるであろうか。ふたたび分配効果を除去するため、上記の貨幣量の変化が各個人にとってもそれぞれ共通のλ_1、λ_tの値をとるものとすれば、各個人の予想関数は新たに現行価格pと当局の政策パラメターλ_1、λ_2、……の関数として定式化され、効用最大化の結果導かれる需要関数もまた現行価格、貨幣保有量のほか、それらの政策パラメターλ_1、λ_2、……の関数となる。ここで前節同様、それらはpおよびλ_1、λ_2、……について一次同次と仮定すれば、財および貨幣の需要関数もそれらについてそれぞれゼロ次、一次の同次関数となる。ゆえに、もし政府がλ_1、λ_2、……をすべて同一比例的に変化させることを予告し、各個人が価格の均衡値もまたすべて同一比例的に変化することを信じるとすれば、事実上体系の解は同一比例的に変化するはずであり、こうしてふたたび中立性命題が成立することになる。これは前節の結果がより一般化されることを意味しており、その見地からすれば後者は次期以降のλ_tもゼロとした一つのスペシャル・ケースに該当するであろう。

ただ上記の帰結はλ_1、λ_2、……λ_t、……がすべて同一比例的に変化するという設定に本質的に依存しており、もしそれらの相対関係が変えられるような政策が施行されるとすれば、もはや一般には中立性命題は成立しないことに注意しなければならない。そのような要請を満たさない特殊例として、たとえばグランモンは、政策当局がλ_1は1、第二期以降のλ_tはすべてゼロという当初の状況を、ある期日tについてその特定のλ_tだけプラスにするという状況に切り換える変更を、t以前の期日に各個人に予告する事例をあげている。この例では政策変更の前後をつうじて明らかにλ_1、λ_2、……の比率は不変に保たれず、したがって今期の消費が影響を受けることになるので、中立性は保証されないのである。

二〇　要約と結論

以上の所論をつうじて、われわれはケインズ派対新しい古典派のホットな争点の一つをめぐり、一般均衡理論の視点から努めてイデオロギーに捉われない評価を定立すべく考察してきた。古くから著名な「貨幣はベールである」という命題には、より厳密に言って「実物部門が価格比を決定し、貨幣部門が絶対価格水準を決定する」という二分法（dichotomy）の命題と「貨幣量の変化は変数の名目的均衡値を同じ比率で変化させ、実質的均衡値には影響しない」という中立性（**neutrality**）の命題の二つが含まれており、両者は密接に関連はしているが、同値の命題ではないから、それらを混同することは避けなければならない。われわれはまず長期の定常的均衡を考える場合には、これらの命題がいずれも正しく、したがって古典派の学者が定常経済をとり扱っていると解される場合については、ドン・パティンキンのように古典派貨幣理論の非整合性を批判するのはかならずしも適切ではないことを明らかにした。

他方、短期の一時的均衡の系列が対象となる場合には、たしかにパティンキンの言うとおり二分法の命題は成立せず、したがって相対価格比の決定と絶対価格水準の決定とを分離してとり扱うことはもはや許されない。しかし、その場合にも特殊な条件さえ満たされれば、中立性の命題が成り立つことはなお可能であり、われわれはそのような可能性を二つの立場に大別して検討した。その一つはパティンキンやフリードマンなどの新古典派の学者の立場であり、これによればすべての個人の予想の弾力性が1という仮定が満たされていれば、分配効果を捨象するかぎりにおいて中立性命題が成立する。しかし、問題の予想の弾力性1の想定は均衡の存在そのものを危くする critical な仮定であり、そこでそれを回避しようとすれば、この立場から当該命題を確立することは不首尾に終わる。

この難点を免れつつ、しかも中立性命題が成り立つ余地がありうることを示したのは、ルーカスやサージェントなど合理的期待派の功績である。彼らの立場によれば、政府の政策パラメターの変更が公に予告され、しかも各個人が理論モデルの帰結を信じて行動するかぎりにおいて、今期行われる一回かぎりの政策パラメターの変更あるいは今期から何回にもわたって行われる同一比例的な政策パラメターの変更はその帰結において中立的である。

しかし、上記の定理が正しいからといって、そのことからただちに貨幣の中立性が一般に成り立つと結論するのは、明らかに論理の飛躍であると言わねばならない。まず前節で指摘したように、彼らの帰結は今期行われる一回限りの貨幣供給量の変更、あるいは今期以降何回続けられていくにしても互いに相対比を一定に保ち、したがってその時間的プロファイルを変えない貨幣供給量の変更の下で成立するのであって、たとえ予告されるにしても、将来行われる一回かぎりの政策変更、あるいは貨幣供給量の時間的プロファイルを変化させるような政策変更は、非中立的な帰結を伴わざるをえないのである。

つぎに実際上の政策変更の場合には、それに関する情報伝達がすべての個人に対して注文どおり一様かつ十分になされるとはかぎらず、変更のサイズを知りえない個人の存在をまったく除外するわけにはいかないであろう。たとえば当初から貨幣量を持っている個人は、さらに一括的移転分を受けとることによって政策パラメターの変化値を知ることができようが、当初貨幣を保有しない個人（たとえばその期に出生する個人）はその変化値を把握する手掛かりを持っていない。したがってその種の情報の欠如にもとづいて、いわゆる「情報的非中立性」が生じることは大いに可能である。

　これら諸般の事情にもとづいて言うならば、近時新古典派《ネオ・クラシカル・スクール》ならぬ新しい古典派《ニュー・クラシカル・スクール》のマクロ経済学の立場から唱導された政策無効性（policy impotence）の主張は、きわめて極端な仮定の下でのエクササイズとしてはともかく、より現実的な経済環境の下では到底説得性を持ちえないように思われる。本稿での考察は、その文脈においてはむしろケインズ派の見解を支持すると解してよいであろう。

II　記念講演五題

経済学者　小泉信三

先ほど、服部禮次郎さんからもお話がありましたように、小泉信三先生は慶應義塾の生んだ偉大な教育者かつ学者であり、とくに戦前から戦後にかけての大へん困難な時代、苦難の時代の中にあって、名塾長として誉れ高いご功績を残されました。また先生は優れた文筆家として、言論界でもいろいろとご健筆を振われ、一世の師表と申しますか、われわれ国民の拠って立つべき教えを世に示されますとともに、当時の皇太子殿下、いまの天皇陛下のご教育にも携わられ、ご承知の通りそのご成婚にあたりましても力を尽くされました。さらにまた先生ご自身もスポーツマンであられまして、このあとお話があると思いますが、塾の野球部や庭球部の発展にも顕著なご貢献をなさいました。

このように小泉先生はわが国、そしてわが慶應義塾の歴史的な歩みのうえに、まことに多方面にわたって大きな足跡を残された方で、そのいずれの側面に光を当てるかによって、人は何枚もの先生の肖像を描き出すことができるかと思います。先生の福澤諭吉研究につきましては、ただいま服部さんからははなはだ有益なお話がございましたが、つぎに私に与えられました課題は、ご案内のように、経済学者としての小泉先生についてそのご功績を論ぜよということでありまして、以下では頂戴いたしました時間をもっぱらこのテーマに絞ってお話ししてまいりたいと存じます。そういった次第で、これからの私の話は経済学の話に限定されますので、経済学のご専攻でない方からは、話が専門にすぎるというお叱りを受けることになるかもしれませんが、その点はひとつ事柄の性質に免じて、ご寛恕《かんじょ》のほどをお願いしておく次第であります。

実はいまからもう三十年も前のことになりますが、ちょうど今日《きょう》のように先生の没後十年を記念する講演会がやはり三田でございまして、このときにも私は「小泉信三博士と理論経済学」という題で話をする機会を与えられました。そのさい私は、小泉先生の経済学上のご功績は、一つにはわが国および慶應義塾における近代経済学の父とでも申すべき側面と、もう一つには世に名高いマルクス経済学の批判者としての側面、この二つに代表されるのではないか、といった趣旨のことを申し上げたように記憶しております。が、実のところ、これらの二つの側面は決してそれぞれ別個のものではないのでありまして、いわば同じ盾の表と裏、あるいは同一物のポジとネガのような関係にあるものなのです。そこで今日は、前回よりいっそう根源的にと申しますか、それらの由って来たるところに遡りまして、まずもって先生のどういう根本的なお立場からそうした帰結が出てくるのか、ということを、なるべく皆さんにお分かりいただけるような形でお伝えすべく努めてみたいと思うわけであります。

経済学の学問分野で先生のお名前を高からしめるもっとも顕著なご業績がイギリスの古典派経済学なかんずくデーヴィッド・リカードウの経済学の研究にあることは、ここにおいでの多くの方がよくご存知のところであると思いますが、おそらく先生がリカードウの研究に精力を注がれましたのは、たんにリカードウが「十九世紀のもっとも影響力の大きい経済学者」として、古典派の中でも最重要な人物の一人であったためばかりではなく、また彼が先生にとりまして経済学者の範例とでも申しますか、お手本としてもっともアピールする要素を備えていたためではないかと思われます。

しかし、ここで私は、先生のリカードウ研究につきまして、今日の私の話にとってもっとも重要な意味を持つ一つの点をあらかじめまず強調しておきたいと思います。それは、このように先生は精魂を傾けてリカードウ経済学ととり組まれたわけでありますけれども、ではそうだからといって、先生ご自身は決してリカードウ一辺倒のいわゆるリカーディアン、一〇〇パーセントのリカードウ主義者というものになられたわけではなかったという点であります。リカードウの言ったことなら何でもすべて正しいと、すべてを鵜呑みに信奉する、最近流行《はやり》の言葉でいうなら「リカードウ原理主義者」といったような人には、先生はなられなかった。むしろリカードウを超克するとでも申しますか、あえて彼に対して批判的とさえ申してよいお立場から現代の経済学に通じる大きな道を切り開かれたというところに、先生のもっとも重要なご功績があるのではないかということを、これから申し上げていきたいわけであります。

この点につきまして、まず一つの事実として皆さんに注目していただきたいのは、先生はリカードウの主著『経済学および課税の原理』を翻訳されましたが、そればかりでなく、またそれより前に、限界効用学派の重要人物の一人であるジェヴォンズの主著『経済学の理論』をもお訳しになっておられるということであります。

このジェヴォンズという学者は、ご承知のとおりリカードウときわめて鋭く対立した学者でありまして、「リカードウは経済学の車輪を間違った軌道に引き入れてしまった、有能ではあるが誤った思想を持った男である」とまで酷評した人であります。このようなことを述べているジェヴォンズから経済学に入られた先生が、リカードウを捨て去るどころか、逆にこれに大へん高い地位を与えられたのは、きわめて注目すべき事柄でありますが、これはひとえに先生が、現在の時点から見ても、きわめてオーソドックスな、あくまで総合的な見地からリカードウととり組まれたこと、言い換えるならば、リカードウの経済学の中の、ジェヴォンズのいわゆる「間違った軌道」を歩まれることなく、かえってその後の経済学の「正しい軌道」のほうにリカードウを包摂吸収するという立場をとられたことによるのであります。

では一体リカードウ経済学の中のどこが「間違った軌道」で、どこが「正しい軌道」に融合される要素であるのか。この点に関する三十年前の私の話はいま活字になっておりますが、やや舌足らずでもありましたので、今日はとくにその点にいささか立ち入って説明を加えることに主力を注ぎたいと思っております。

リカードウはよく知られているように、それぞれの商品の価値というもの、あるいはそれらの物どうしがとり替えられる「交換価値」というものが、そのそれぞれを生産するのに必要な労働の量によって決まるという、いわゆる「労働価値説」なるものを唱道いたしました。これはたんにその商品をつくるのに直接必要とされる労働だけを言うのではなく、またその労働と協力する機械の中に含まれている労働、さらにまたその機械をつくるのに用いられる機械の中に含まれている労働……等々、というように限りなく遡っていき、結局その商品をつくるには、直接、間接、間接のまた間接……等々、すべての労働を含めて、その労働の総量が価値を決めると言っているわけであります。

ところがそのようなリカードウの立場からしますと、困ったことが一つ出てまいります。それは土地の地代でありまして、機械はそれをつくるために必要な労働に順次還元していくことができるかもしれないけれども、土地は自然が与えてくれるもので、労働によってつくり出されるものではありませんから、その土地が地代として価値の取り分を要求するという問題の説明に、この「労働価値説」は突き当たるわけであります。そこでリカードウはどうしたかと言いますと、土地というものはすべて同じ質のものばかりではなく、等級があるのだと考えました。たとえば農業に用いられる土地で言えば、肥沃度の豊かなものもあれば、それが劣ったものもある。あるいはそれ以外の土地を便利さという点で比べてみても、その便利さの度合いで優劣の差があるというわけです。

話を手っ取り早くするため、リカードウ自身も用いた小麦生産の例で示しますと、まずそれは肥沃度のもっとも高い土地から始められて、順次肥沃度の劣った土地へ及んでいくと考えられます。そこで彼は、小麦という商品の価値は、いま小麦の生産に用いられている土地のうち、もっとも肥沃度の劣る限界の土地で小麦の生産にどれだけの労働が要るかという量によって決まるのだと考えたわけで、地代という所得は、その限界の土地よりも肥沃度が優れ、先に耕された土地が、その特権によって獲得する所得であるから、限界で決まる価値のなかには、地代は入ってこないのだという形で、難問の地代をまず価値の決定因のなかから排除することができたのでした。

では、資本の取り分である利潤はどうするのか。その点についてはリカードウは同時代のマルサスの「人口法則」に頼りました。つまり賃金が高いと生活が楽になって、当時の労働者家計では子どもの数が増えることになりますので、結局賃金は長期の均衡では、労働人口が増えもしなければ減りもしない生活水準に適合したところに落ち着く。ゆえに前述した原理により限界で決まった生産物の価値から、そのようにして決まる賃金費用の価値を差し引いた残りが利潤として残るといった説明に頼ったのです。

このようなリカードウの考え方は、現代風の考え方、つまり労働も土地も資本もみなそれらが希少な生産要素であるかぎり、それぞれの生産力に見合った賃金や地代や利潤を受け取るのであって、それらはみな、生産費用の中に入ってくる。したがって、そのかぎりにおいてはみな価値の構成要素になるという考え方とは、ずいぶん相異なったものであります。いま言ったような労働・土地・資本の三種類の生産要素を対等にとり扱う三元論的な考え方は、リカードウが生きていた当時でも、たとえばジャン・パチスト・セーとかマルサス、シーニアといった学者たちによって唱えられており、結局そういった考え方のほうがむしろのちに、ジョン・スチュアート・ミルやマーシャルなどに引き継がれて、現代に至ることになるわけですが、リカードウはそうした考え方には何ら与《くみ》するところがなかった。むしろそれらを自分の「労働価値説」とは相容れないものとして敵視する態度をとったのでした。

リカードウがこうした「生産費価値説」的な立場をまったく理解せず、頑なにそれを退けた躓《つまず》きの石となったのは、今日から見るとまったく不思議なことと言わざるをえませんが、いまでは経済学のあらゆる教科書の「イロハ」となっている「需要供給のメカニズム」、需要曲線と供給曲線が相交わるところに価格が定まるといったメカニズムを、彼がまったく理解しえなかった事情にあるものと思われます。

この点はリカードウばかりでなく、マルクスもそうですが、彼らはいずれも需要と供給がバランスすると、双方の力が伯仲して、いずれの方向にも働かなくなるから、そこで価値、価格を決定する力としては無力になるという、はなはだ奇妙な見解を表明しております。つまり、均衡点では価格を上げる力も下げる力ももはや働いていないという正しいことと、決定因として無力になるという誤ったことを履き違えることによって、「需要供給説」を退けることが、あたかも自分たちの「労働価値説」を擁護することになるかのように思い込んでいたのでありました。この点はリカードウとマルサスのあいだで、手紙を交換する形で行われた論争にも見られるところでありまして、そこでリカードウはマルサス宛てに「あなたは短期の現象だけに興味を持っているから、需要供給説を唱えるわけだけれど、自分は長期の帰結に興味があるので、それに賛成するわけにはいかない」といった趣旨のことを書き送っております。つまり長期の見方をすることが、需給のメカニズムを認めることと矛盾するかのような口ぶりで語っているわけで、逆に、そうした長期の帰結も需給のメカニズムを通じてこそ達成されるのだということを、まったく認識する姿勢を示しておりません。さきにリカードウ経済学の「間違った軌道」と申しましたのは、まさにそのようなリカードウのスタンスを指して言っているわけであります。

リカードウ自身、後年になると、商品によってそれをつくるのに要する労働と、機械などの固定資本財との比率がさまざまに違うこと、またそれら固定資本財の耐久性、耐久期間の長さも長短さまざまに異なること、さらにまた労働者を扶養するための流動資本の回転率にも部門によって差のあること、これら三つの事情を考慮に入れると、「労働価値説」が厳格な形では維持できなくなるということを認めまして、自らの「労働価値説」を修正するに至りました。

いま述べた三つの事柄がいずれも生産の時間構造、生産に含まれる時間の長短にかかわってくるといった事情、これはさらにのちになって、ウィーンのベーム＝バヴェルクが強調したような事情につながる点なのですが、そういった事情をいち早くリカードウが看破した点は、さすがにリカードウの経済理論家としての才能を示すものと私は考えますが、とにもかくにもこの修正によって、「労働価値説」は資本側ないしは時間要素の側からの影響を受けることになり、結局は「生産費説」への転換を余儀なくされざるをえないことになるわけです。

ところがリカードウ自身はなお労働価値説のほうにかなりの執着を持っておりまして、いま述べたような事情を認めたにもかかわらず、問題の修正が自分本来の基本的な構想に与える損害を、極力最小限に抑えようと努めました。そこで彼は、そういった修正要因のほうが変化することで交換価値が変化する事態は、本来の投下労働量が変化することによって交換価値が変化するのに比べればたいして多くない。そういった部分はたかだか全体の七%くらいで、残りの九三%は依然として労働価値説が説明すると言い張りました。のちにアメリカのスティグラーというノーベル経済学賞をとった経済学説史家が、リカードウの「労働価値説」のことを「九三%労働価値説」と呼んだのは、まさにこの点を指しているわけであります。

さて、リカードウの経済学そのものの説明にかなり手間どってしまいましたが、これは小泉先生の経済学上のご功績を正しく評価していただくために、皆さんには最小限以上のようなリカードウ経済学の理論構造を念頭に入れておいていただきたいからにほかなりません。

そこで肝心の小泉先生のご功績についてですが、先生はリカードウから出発されたと申しましても、いま説明したような意味での、リカードウの「間違った軌道」のほうにはまったく足を踏み入れられることがなく、最初からリカードウの価値論を、修正された後のバージョンのものとして、それを「一〇〇%生産費説」として受け取られました。そして、「需要供給無力説」といった「悪しきリカードウ」の誤謬ないしは混乱には陥られずに、あくまでそれを需要供給説と両立しうるものとして、むしろ需要供給理論の一つのスペシャル・ケースとして位置づけられるという正しい道を歩まれたのであります。

これはさらにパラフレーズして申し上げますと、リカードウのいわゆる「任意可増財」といいますか、どこまでも不変の平均費用の下でつくり出すことのできる財、現代経済学の用語で言えば、規模に関して収穫不変の想定を満たす財の場合は、その価値は結局、正常利潤を含んだ平均生産費用、マーシャル流の長期正常の均衡価格に一致せざるをえないということ以外の何ものでもありません。

なるほどそのような場合には、長期の供給曲線は水平線になりますから、需要曲線のほうは結果として成立する長期均衡価格の高さには何ら影響力をもちえません。しかしながら私が強調したいのは、その場合もそれが生産量の均衡値とともに事実上決定されるのは需給両曲線の交点においてであり、その点に経済を導く原動力となるものが、需給調整のメカニズムそのものであるということです。つまり価値を生産費が律するうえで、需給のメカニズムはリカードウが言うような意味で無力なのではなく、却ってそのメカニズムが働くからこそ価値はそこに落ち着くというのが正しい認識なのです。

先生がいち早くこのような正しい総合的立場をとられている証拠は、当時先生がお書きになられたものの随所に見出すことができますが、ここに一つだけその点をもっとも明確に示す先生の文章を引用させていただきますと、先生はこれらの二つの価値説、「生産費説」と「需要供給説」を「決して両極端を忌む折衷の意味において相調和せしめんとするのではなく、その厳密な吟味によって両者は当然両立すべき理論的構造をもつがゆえに、それらを総合するのである」と述べておられるのであります。

この「両者は当然両立すべき理論的構造をもつ」というところを、私はとくに強調いたしたいと思います。それが目下の私の話の中心点であり、その後の経済学の発展の見地から申しましても、私が先生の最大の功績と判断するのは、まさにその点にほかならないからであります。

ところで先ほども触れましたように、そうした生産費用にもとづく長期の均衡価格が労働価値と食い違ってくるのは、すべての生産部門が同一の資本構造を持つという仮定が満たされないからですが、この点がつぎの「マルクス批判」における先生のお立場にも関係してまいります。

リカードウにとっては、価値と均衡価格というのは本来同じものでありましたから、一般的にそのような均衡価格が価値から離反する以上、正しいのは均衡価格のほうであり、労働価値説は修正されざるをえないことになったのです。ところが、一方マルクスは、その点リカードウと異なり、価値と価格という概念はそれぞれ別個のものであって、両者が互いに食い違っても、なお両方ともが生きる概念であると考えました。この点に関する先生のマルクス批判については、今日は時間の都合上深入りできませんが、要はマルクスにとっては、価値というのは定義によって商品の中に体化された労働量のことであって、そのように定義された価値が均衡価格と食い違うとしても、それにはかかわりなくそれは一つの本質であり、ないしは実体にほかならないと考えられているわけであります。

そうした意味でマルクスでは、労働価値という意味での価値と、マルクスの言葉では「生産価格」と呼ばれている長期均衡価格という意味での価格との、二重の計算体系があってもいいことになっているのです。そのようなマルクスの立場に対して、小泉先生がどのようなお立場をとられたかということは、前半に申し上げたことをご理解いただければ、当然自明の帰結となるはずのことでありまして、マルクスの価値理論は、先生のお立場からすれば当然認めることができないものになります。

先生は、さまざまな紆余曲折を含め、周到なマルクス批判の論陣を張られたわけですが、要点を絞って申し上げればつぎのようなことになると思います。

マルクスは、一方で商品はその中に一定量の労働を体化して含んでいるがゆえに価値を持つと言い、またもう一方で、価値とは人間の労働が商品のなかに体化されている量であると言う。したがって煎じ詰めれば、それは、商品はある一定量の労働の生産物であるがゆえに、ある一定量の労働を含んでいるというトートロジー、同義語反復に帰着せざるをえない。物と物が交換されるのは、それぞれが同量の労働を含んでいるからだとマルクスは言うけれども、もしそれが一対一で交換されれば同量の労働を含んでいるはずだというだけのことで、本当に両方の物の中に同量の労働が含まれているかどうかを、実証的に測って確かめてみたわけではない。だからそこには何ら経験的に意味のある命題が含まれているわけではない、というのがそのご趣旨であります。したがって、価値から離反した価格が、現実に観察できる事実で、価値がその事実から離反したものである以上、われわれが真実とみなすべきは、むしろ観察可能な価格のほうであり、たんなる定義にすぎない価値のほうではない。なのにマルクス主義者があえて労働価値にこだわるのは、結局彼らの哲学思想、イデオロギーが、労働を剰余価値形成の実体とみなしたいから、あるいは利潤の源泉を労働の搾取に求めたいからにほかならない。そういうのが先生のマルクス批判の要点であります。

かつてサミュエルソンがこの点について「真理はつねに誤謬プラス乖離で表すことができる」と言ったことがありますが、このことで彼の言わんとする意味は、真理から乖離、離反をとり除いたものは誤謬であるかもしれないのであって、それが本質だという保証はどこにもないという意味なのです。そうした意味では小泉先生が言わんとされたことと、サミュエルソンがいささか辛辣な言い方で述べていることとは、マルクスに対して実質的にはまったく同じ評言に帰着するわけであります。

以上長々と話してまいりましたが、そろそろ頂戴した時間もなくなってまいりましたので、最後に先生のご功績の重要な点についていま一度整頓してまとめますと、先生がリカードウから出発されながらも正しく軌道修正されました第一の点は、彼の価値論を、「労働価値説」を修正したあとのものを基本として、明確に「生産費説」として解釈され、それをマーシャル流の長期正常の均衡価格に連結する道をつけられたことであります。

その第二点は、需要供給のメカニズムが価値、価格を決定するという「需要供給説」を、リカードウのように「労働価値説」ないしは「生産費説」と矛盾対立するものであるかのように考えられず、あくまでそれらは両立するもの、むしろ需要供給説のほうが一般的な分析装置であって、労働価値説や生産費説は、それぞれ仮定をいっそう特殊化したスペシャル・ケースとしてそれに包摂されるものであるという正しい考え方を採用されたことであります。

そして第三点は、その生産物の中に体化した労働量をただ価値と定義するという、トートロジー的なアプローチを退け、あくまで経験的に意味のある想定の下で、需給のメカニズムが実際に調整機能を営む結果として労働価値説や生産費説の説くところが、スペシャルな場合には均衡命題として成立しうるという、つまりそれがどういうメカニズムを経て、どういう仮定の下に成立するかという、いわば経済のワーキング、調整のメカニズムを重要視されたことであります。

先生がかのマーシャルの有名な「考察の期間が短ければ短いほど需要の要因が価値に重要な影響を及ぼすが、考察の期間が長ければ長いほど、生産側の要因が重要な影響を及ぼすに至る」という文章を引かれ、マーシャルのこの見解をきわめて正当な見解であると高く評価しておられること自体が、ご自身が以上に概括してきたような立場をとられたことの、もっともはっきりした証拠であると思います。

現代の標準的な経済理論の表現を用いて述べれば、もしわれわれが完全競争を想定し、かつ規模に関して収穫不変という生産関数を想定するなら、需要供給の調整メカニズムを認めるかぎり、均衡価格はかならず生産費説通りに正常利潤を含んだ平均費用に一致するというのは、現代の経済学でもなお生きている、完全に正しい一つの定理であります。

それから、さらに仮定を追加して、希少かつ本源的な生産要素が労働のみであると想定し、かつ結合生産、つまり一つの生産プロセスから複数種類の生産物が生産されるという事態が存在しないと仮定すれば、需給のメカニズムが均衡価格をたんに生産費説通りにするばかりでなく、労働価値説にも一致せしめるというのも、現代の経済学の中でなお生きている、まったく正しい定理にほかなりません。

前者の命題はすでに述べたように、マーシャルの長期正常均衡に関する命題をなしているばかりでなく、さらにワルラスの一般均衡理論の生産の一般均衡モデルの中でも枢要な均衡命題の一つになっておりますし、またレオンティエフやスラッファの体系の均衡条件の重要部分をなしているところでもあります。後者の、労働価値説が長期均衡価格に一致するという命題は、これまた今日サミュエルソンやクープマンスの「代替可能性定理」と呼ばれる定理に関連して現れるところであって、その場合の前述した仮定群は、均衡価格が最終需要にはまったく依存せず、もっぱら供給面の条件のみから決定されるスペシャル・ケースを特徴づける条件のミックスであると位置づけられております。

こうして先生がリカードウの価値論を批判的に吸収されることによって、指示された動向は、すべて正しい軌道の上を進んで、現代の経済学の中にも処を得ているわけでありまして、私どもはそうした路線を辿らせていただくことで、誤った脇道に迷い込むことなく、今日《こんにち》の状況にストレートに立ち至ることができたのだと申せましょう。さらにこれは、先生ご自身が経済学を勉強された時代の学界の状況というものをいま振り返ってみますと、なおのこと大きなご功績と言わねばならないのではないかと私は思うのです。

時間の都合上、きわめて大雑把な話しかできませんでしたが、先生が日本および慶應義塾の経済学の伝統にいかに大きな足跡を残されたかを、皆さん方とりわけ若い世代の方々にご理解いただけましたならば、私といたしましてもこれに勝る喜びはございません。どうも長い時間ご静聴いただきまして、有難うございました。

高橋誠一郎と経済学説史研究

ただいまご紹介をいただきました福岡でございます。今日《きょう》は「高橋誠一郎先生歿後二十五年」ということで、皆様にお話をすることを仰せつかりました。実は昨年五月の「小泉信三先生歿後四十年」の際にも、このような形で話をいたしましたが、どうも毎回同じ者が出てまいりまして変わり映えがしないと申しますか、申し訳なく思ってもおります。これは思いますのに、だんだん高橋先生や小泉先生のご生前のことを存じております者が少なくなってくるということで、少々寂しい気持ちがしないわけでもありません。昨年も話が終わったあとで、現役の塾生諸君と歓談する機会がありまして、その折「あなた方には高橋先生や小泉先生といっても、もはや伝説の人なんでしょうね」と申しましたところ、「いや、私たちの世代にとっては、福岡先生も伝説の人です」という答えが返ってまいりまして（笑）、愕然といたしました。

そういったようなことで、私のような年齢の者には、ご生前の高橋先生といろいろ接触させていただく経験がありましたので、今日は主題に立ち入ります前に、戦争中まだ学生として先生のご講義を拝聴した折のこととか、また大学に残りましてから、私の結婚披露宴のときに、先生から五十分にも及ぶご鄭重なご祝辞を頂戴いたしました折のこととか（笑）、あるいはまた私がちょうど経済学部長を務めておりましたときに、「アダム・スミス歿後二百五十年」という記念行事がありまして、先生と『三田評論』のために対談させていただいた折のこととか、そういった折に触れてのありし日の先生の面影を皆様にお伝えできますような思い出話を少々させていただきたいとも思いました。けれども何ぶん話の持ち時間は四十分ということですので、今回はそういった話はいっさい端折りまして、早速ご案内にありますような先生のご専門の経済学説史研究の話に入らせていただきたいと思います。先生との個人的な思い出話のほうは、かつて先生がお亡くなりになりました直後に、あるところに記したことがありまして、現在私の『経済学と私』（創文社）というエッセー集に収められておりますので、そちらをお読みいただけますならば幸いに存ずる次第です。

さて、本題の先生の経済学説史のご研究でありますが、先生がこの分野に残されましたいくつかのご著書は、いずれも先生ならではの、余人をもってしては代えがたい珠玉の作品であります。なかでも一九二九（昭和四）年に出版されました『経済学前史』と、一九三二（昭和七）年の『重商主義経済学説研究』というご著書、この二篇は、かねがね名著の誉れが高い書物でありまして、前者について申しますならば、たとえばシュンペーターの浩瀚な『経済分析の歴史』もまたその

第二編で、ギリシャ・ローマ時代や中世のスコラ哲学の時代をとり上げておりますが、これは戦後の出版でありまして、先生の場合のように戦前のきわめて早い時期に、これらの時代の経済学説を詳細、周到に論ぜられたというのは、大へんユニークなことではなかったかと思います。それからまた後者、重商主義学説のご本は、有名なヘクシャーという学者の『重商主義論』全二巻にも比肩されるべきもので、これに勝るとも劣らぬ力作であります。おそらくこのご著書は質、量ともに先生のマグナム・オーパスといいますか、最大傑作と称してよい書物ではないでしょうか。これらの二篇と、それから一九三七（昭和十二）年に出されました『経済学史（上）』という書物、これには「上」と書かれていても、「下」がありませんので、過日創文社から復刻されましたときには「上」という文字を取り去って、たんに『経済学史』といたしましたが、私はこれら三冊のご著書が、先生の三大代表作ではないか、とかねてから思ってまいりました。

これら三冊の書物の中でまず『経済学前史』ですが、言うまでもなく、ここで経済学の前史と申しますのは、経済学がまだ独自の存在として体系を整備していない時代、すなわち古代、中世、および近世初期あたりまでの経済思想ないしは経済学説の歴史を指すわけであります。私どもが今日《こんにち》、経済学と呼び慣らわしているものが、いわば承認された学問の一分野として、みずからの自立性を確立しましたのは十八世紀の後半の時期で、この時代の成功のいわば絶頂というべきものが、皆様よくご存知のアダム・スミスの『国富論』でした。しかし、まだそれほど体系化されれた形をとりえていなかったにせよ、その素材となりました経済学説の断片は、すでにギリシャ・

ローマの昔から存在してきたわけでして、そのような時代にまで遡りうるのであります。現代の経済学の観点から見ましても、なかでももっとも基本的と思われますのは、古代ギリシャの哲学なかんずくアリストテレスの思想から始まって、中世のスコラ学説とりわけ代表的にはトマス・アクィナスの学説のようなスコラ学説の思想に伝承され、展開されてまいりました自然法の思想の系譜であります。高橋先生の『経済学前史』は、まさにそうした二千年余になんなんとする経済学説のプリヒストリーを通史として一つの書物にまとめられたもので、とりわけ、出版された一九二九年の学界の状況というものを考えますと、内外ともに他に類例を見ない存在ではないかと考えられるのであります。

ギリシャの経済思想における諸問題と言いますと、つねに都市国家であるポリスの観念を中心としたものでありましたし、また中世のそれは、キリスト教教会、ローマン・カトリック教会の道徳神学の見地から述べられたものが主要部分を占めておりましたから、先生のご著書の項目も当然、財ないしは富を獲得する行為の倫理性、公正たるべき価格の議論、利子徴収に関する是非の見解、奴隷制度の善悪、等々といった規範的な諸項目にわたっております。その内容を、今日頂戴しました時間の中で逐一お話しすることは到底不可能でありますから、ここではいま申したアリストテレスならびにトマス・アクィナスの両者に通底している価格の公正、正しい価格に関する議論、そして、それに関連して論じられる利子を徴することの是非に関する議論の一端を、一つの例としてとり上げまして、先生のご考察の特色がどういった点にあるかというようなことを述べてみたいと思います。

まず、アリストテレスは、互いに姉妹篇となる二つの著作『政治学』と『ニコマコス倫理学』の中で、今日の経済学の場合とまったく同じように、欲望とその充足といった基礎の上に立って、分業や交換の現象を考えまして、物が交換される際の交換価値すなわち価格について、どのような価格が、流通の正義といったものを基準として見たときに、正しい価格、公正な価格であるかを論じました。彼が正義の基準としましたのは、交換されるものの等価すなわち等しい価値ということで、そのことから彼は今日の言葉で言えば正常的な競争価格をもって流通の正義の基準を満たす価格と考え、不当な利潤を上乗せする独占価格といったようなものを非難いたしました。また、そのような交換に際して、本来的に正しい貨幣の機能は、交換の媒介手段としてもっぱら等価の関係を媒介する点のみにあると主張いたしました。だから貨幣が人手から人手へと渡るあいだに利子というおまけがつくのは、たんなる等価関係を媒介する手段にすぎない貨幣にとってはあるまじきことで、そうした理由で貨幣を貸し付けて利子を徴するのは不当であり、是認できないと述べたのです。

一方、中世ドミニカ派の修道僧であったトマス・アクィナスは、スコラ哲学の体系を大成した偉大な思想家ですが、いま述べましたような経済思想に関するかぎりはアリストテレスの立場をそのまま踏襲して、公正な価格についても、あるいはまた貨幣観についても、すべてをその鋳型の中で精錬いたしました。

ただ彼は、利子徴収を非なりとする議論につきましては、つぎのような若干新たな論旨をそれに付け加えました。この点は私どもの経済分析の見地からいたしましても大へん興味深い点なので、ちょっと立ち入ってご説明をしてみたいと思います。

いま二つの物、たとえばワインと家屋といったようなものを考えますと、ワインのようなものは使用されることが同時に消費されるということで、飲んでしまえば物自体がなくなって残らない。ところが家屋を使用するということは、その家に住むという形で、家の与えるサービスを使用するのであって、家を使用しても、別に家屋そのものがなくなってしまうわけではない。そういったことから家屋を貸すときには、そのサービスに対して家賃といった料金を徴することは、まったく合法的なことで非難されるべき事柄ではない。ところが貨幣というものを考えると、貨幣はワインと同じであって、交換の支払い手段としてひとたびそれを使ってしまえば、それは人に渡ってしまって、もはや自分の手には残らない。その点で貨幣は家屋とは違うのであって、貨幣の使用に対して家賃のように利子を徴するのは非合法的であり、許されない。そういうのが、トマス・アクィナスの徴利反対の論旨になっているのであります。

ところで、シュンペーターは先ほど言及した『経済分析の歴史』という本の中で、いまご紹介したようなトマスの議論は「その後のスコラ学説の後継者のほとんどすべてにとっては、たんに一個の謎としてしか残らなかった」という一言でもって、簡単に片付けてしまっていますが、高橋先生は『前史』の中ではこの議論についていっそう立ち入った詳しいご説明を記しておられまして、トマスがいま述べたような説を展開したのは、そもそもローマ法というものの中に、ワインやパンのような、使用によって消滅してしまう物件と、家屋や土地のような、使用によってそのもの自体は消滅しない物件とを区別する必要が書かれているからで、トマスはローマ法の中に記されているこの区別を拠りどころとして、アリストテレスの議論に一つのバリエーションを加えたのだ、と書いておられます。つまり貨幣はローマ法の区別する第一種のワインやパンのようなものと同種なのであって、ある人がいったん貨幣を貸し付ければ、それは貨幣という物件の所有権を放棄したことになるので、その後に所有権を取り戻すとしても正しい交換の等価の基準からすれば、同一額の貨幣の返還を受けるべきであるという理屈になるのだ、と説明しておられるのです。

これはほんの一例にすぎませんが、このようにそれぞれの問題につきまして、あくまでその時代の視点に立って、そういう説が出てくる理由、事情を懇切にご説明になるというところが、私は先生のご著書の一つの際立った特徴ではないかと思っております。いま例として引きました徴利禁止の議論は、もちろん時代が下って、やがて資本主義が台頭してまいりますと、商業や投機を通じて利潤を得ようとする活動が合法化されてまいりますので、当然廃れてまいりますが、先生の『前史』の特徴は、だからといってシュンペーターのように、もっぱら到達点としての現代という視点から、それぞれの学説の意義を評価する、評価しないというのではなくて、いま申しましたようにあくまでその時代の事情の中に身を置いて、そういう説が当時の思想環境の中からどうして出てこざるを得なかったのか、その由来をご説明になる、というところに、その特色が見出されるのであります。先生ご自身のお言葉を借りますと、あくまでそれぞれの時代に即して、「〔各〕著者をして、其の時代的、思想的背景の前に、自己の言葉を以て自己の学説を説かしめ、其の相伝、依従及び対立の関係を明らかにせんとする」というのが先生の方法なのであります。

注意すべきは、ではそのような先生のスタンスから、読者がそこにたんなる学説の紹介、その時代順の陳列のようなものだけを予期するとすれば、それほど不用意な先生のご本の読み方はないのでありまして、先生のご著書にはその蘊蓄から由来する端倪すべからざるご見解が要所、要所に秘められております。そうした卓論名説は、どのご著書にも随所に見出だすことができますが、ここでは時間の都合上、つぎの『重商主義経済学説研究』に移りまして、そのご著書からそういった先生の抜きんでたご主張を探り出すことにいたしたいと思います。

このご本における先生のもっとも注目すべきご主張は、重商主義というものが、決して自由主義の敵なのではなく、「実はアダム・スミス及び〔彼につづく〕自由主義経済学説は、マーカンティリズムの事業を継続し、拡張せるもの」にほかならないという論旨にあるのではないかと思われます。引用させていただきますと、こう述べておられます。

「人は往々にして重商主義学説を以て、仏国の重農学派及び蘇国のアダム・スミス等によって代表せらるゝ自由主義経済学の為に打破せられたものと看做すのであるが、而も、重商主義其の者は既に自由主義的方面を有するものであり、又自由主義経済学の先駆と称せられ得るものであった」。

すなわち先生は、アダム・スミスが重商主義の政策論を批判したからといって、もっぱら重商主義をスミス流の経済的自由主義と相反するものだと思ってはいけない。逆にそれは自由主義経済学の先駆であったのだ、と主張しておられるのであります。図らずもここに示されました先生のご見解は、後にシュンペーターが提示したつぎのような見解とまったく合致するものでありま す。以下、シュンペーターを引用いたしますと、

「当時の歴史を〔重商主義と自由主義との〕鋭い対立の面のみで眺めるやり方は完全に間違っている。……自由貿易論の軍勢は、単に重商主義の城塞の外部に結集してこれを襲ったのではなく、……むしろはるかに広い範囲にわたり、その城塞の内部で形成されていったのだと指摘しておく必要がある」。

こうシュンペーターは言っているわけですが、高橋先生が述べられた先ほどのご見解は、明らかにシュンペーターのこの見解を先取りするものでありまして、これは先生のご著書をきわめて高く評価する一つの証言になるものではないかと私は思います。

また、この事実から、私どもは『重商主義経済学説研究』というご本のきわめて自然な形での発展として、第三のご著書『経済学史』を位置づけうることをも知るのであります。このご著書

は一般に「古典学派」と称せられる学説の時代を対象とするものでありまして、当然アダム・スミス、マルサス、リカードウからシーニアあたりまでの学説がそこではとり扱われております。ここで私は、皆様がこのご本を読まれる場合には、決してそれだけをお読みになるのではなくて、ぜひ前の二冊のご本、『経済学前史』と『重商主義経済学説研究』を併せてお読みになることが非常に大切なのではないか、という点を申し上げておきたいと思います。なぜかと言いますと、これが私の今日の話では、申し上げたい最後の点になるかと思いますが、『経済学史』というご本は、いま申しましたようにイギリスの古典派をとり扱ったものでありますから、そこに出てまいります価値学説、価値論の叙述も、またおのずから労働価値説や生産費説のような費用説の叙述から始まります。価値論の歴史といたしましては、このような古典派の費用説に引き続いて舞台に登場いたしますのは、言うまでもなく皆様ご承知の限界効用説でありまして、通俗の経済学史の本では、効用説が費用説ののちに出現する「限界革命」なるものの一環として捉えられるのがつねであります。

しかしながら高橋先生の前の二冊のご著書にも目を通しますと、そういう見方はよくない、実は効用価値論というものは、はるかに古くまで遡りうる「前史」を持っているということ、古典派流儀の費用説のほうこそが、かえって後から現れた新説であるということ、がよく分かるのであります。事実、価値が効用に存するという学説は、アリストテレスの根から出て、それがスコラ学徒アルベルトス・マグヌスやその弟子のトマス・アクィナスに受け継がれ、さらにガリァーニを一つの頂点とする発展を見るということになるのでありまして、この傾向はスミスの『国富論』とりわけリカードウの『原理』の影響が現れるまで、むしろ経済学の歴史を通じて優越してその地位を占めてきたのであります。費用説の形成は効用説に比してはるかに新しく、工業社会の進展とともに「生産者間に於ける自由競争に対する抑制が次第に撤去せられて、貨物の価格は自《おのずか》ら其の生産費に適応するの傾向を生じたる時代の産物」なのである。すなわち「競争が自由無障と為ると共に、価値は自ら生産費に一致せんとする傾向を有する」のであるというのが、先生の述べておられるところなのであります。この点について留意すべきは、先生のご見解によれば、いま申したような傾向は、イギリス古典派の学者を俟《ま》ってはじめて認識されたわけではなく、むしろ効用学説の系譜に列する論者たち、たとえばドゥンス・スコトゥス、グロチウス、プーフェンドルフ、ブルラマキたちによってもすでに注目されるところになっていたということでありまして、先ほど触れたガリァーニの価値論上の功績のごときも、効用学説の提唱そのものにあるというよりも、むしろ「旧来の効用及び希少性原理より進んで、費用原理を把握せるに存する」と見るほうが、より適切であると述べられているのであります。

以上に説明してまいりました先生のご見解は、改めてその要点を整頓いたしますと、私にはつぎの二つの重要な教えを含むものであるように思われます。

その第一点は、すでに申し上げたことと重複いたしますが、価値の効用理論は費用説のあとから生じたものではなく、後者に先立って、はるかに長い前史を持っている、という点であります。

それから第二点は、いっそう重要な点ですが、費用説そのものが、もっぱらイギリス古典学派の専売特許ではなく、前々から効用説を進展せしめつつあったドイツ、イタリアおよびフランスの一連の学者たち自身に大いに負うところがある、という点であります。とりわけこの第二の点、すなわち比較的初期の時代からすでに効用説と費用説とは、その双方を同一の学者がなんら矛盾を感じることなく展開しており、後者をもって、財の数量が任意に増加でき競争が無制限に作用するスペシャルケースとして位置づけていたという事実こそがもっとも重要な点であります。

時代が下って、後にワルラスの研究家ジャッフェが言ったことでありますが、先ほど名前を出しましたプーフェンドルフの学説が、一方ではスコットランドでハチソンを通じてアダム・スミスに及ぼしたのと同じ影響を、フランスではブルラマキを通じて、ワルラスの父親であるオーギュスト・ワルラスにも及ぼしたのだということでありまして、事実われわれはオーギュストの息子レオン・ワルラスの生産の一般均衡モデルの中に、限界効用説と、自由競争にもとづく平均費用原理とが麗しい統合を遂げている姿を見出しうるのであります。

私どものやっている現代の経済学にとりましても、きわめてエッセンシャルな、そういった点を、先生のご業績はいまなおわれわれに教えてくださっている。そのことを私は最後の結論として申し上げて、今日《きょう》の話はこのへんで終わらせていただきたいと思います。長い時間ご清聴いただきまして、有難うございました。

ケインズと現代経済学

　ただいま、黒木龍三教授から丁重なご紹介をしていただきました慶應義塾大学の福岡でございます。今年は、いまお話がありましたように、立教大学の経済学部創立百周年ということで、このおめでたい年を記念する講演にお招きいただきましたことを、私はこの上なく光栄に存じております。そうした次第で、今日《きょう》は皆様方にお話しできますことを、映えある責務と心に銘じてやって参りました。

　また、もう一つには、やはりお話にありましたように、今年は二十世紀最大の経済学者の一人と目されておりますジョン・メイナード・ケインズが、主著『雇用・利子および貨幣の一般理論』、略して『一般理論』という書物を著わしましてから、ちょうど七十年目になるという、これまためでたいお祝いの年にもなりまして、先日黒木教授から、今日はケインズが現代の経済学に対して持っている意義といったような話をしてもらえまいかというご依頼を受けました。そういったいきさつから本日の話は、ご案内のとおり「ケインズと現代経済学」というテーマを主軸として進めさせていただきたいと思います。

早速話の内容に立ち入ることにいたしますが、ケインズがこの主著『一般理論』によって読者に訴えましたメッセージは、皆様のどなたもがよくご承知のとおり、市場経済体制といったもののパフォーマンスをそのままに放任いたしますと、労働を始めとする利用可能な経済資源をすべて生産に用いるいわゆる完全雇用、フル・エンプロイメントの均衡状態を実現できるとは限らない。労働には働きたくても職場を見出すことができない失業、資本設備には存在しながら稼働されないで遊休する過剰設備、といったような、いわゆる過少雇用、アンダー・エンプロイメントの均衡状態が成立してしまうということが大いにありうる。そこでそのような場合には、市場をそのまま放置しておくことはできないわけで、政策当局は財政政策や金融政策など、しかるべき政策を能動的に駆使して市場体制の機能を補正しなければならない。ケインズが読者に伝えたいと思ったメッセージは、大体そういった趣旨に要約されるものであったわけであります。

そこでケインズは、そのようなメッセージを学問的に基礎づけるために、ケインズ体系ないしはケインズ・モデルと呼ばれる一組の理論的な分析装置を構築することに心を砕きました。そうした彼の分析モデルとしてもっとも核心をなすものは何かと申しますと、私の考えますところでは、今日《こんにち》皆さんがマクロ経済学のどの教科書の中にも見出されるいわゆる*IS*・*LM*モデルなるものがまさにそれである、それを現代マクロ経済学の中枢部分にもたらしたということが、ケインズが現代経済学に与えた貢献の中でもとりわけ重要な貢献なのではないか。そう思うわけであります。

このIS・LMモデルというものにつきましては、すでに皆さんがよくご存知のところと思いますが、かいつまんで申しますと、ISのIは投資、Sは貯蓄でありまして、IS曲線というのはそれぞれの利子率の下で投資のIと貯蓄のSが等しくなるようなところに国内総生産ないしは国民所得の大きさが決定されるというケインズのもっとも基本的な考え方の一つを表わしたものであります。また、もう一方のLMのLはLiquidityの頭文字で、貨幣というものが流動性のゆえに必要とされるところから、貨幣への需要を表わしている。それからMのほうは申すまでもなくマネー・サプライ、貨幣の供給量でありまして、したがってLM曲線のほうはそれぞれの所得水準の下において貨幣の需要のLと供給Mが等しくなるところに利子率が定まるという、これまたケインズの基本的な考え方のもう一つを表わすものであります。こうしてケインズの、投資と貯蓄による所得決定理論と、貨幣の需給による流動性選好の利子理論という二つの基本的な考え方を結び合わせたものがこのIS・LMモデルでありまして、図に描きますと、ISカーブとLMカーブのちょうど交点で所得のYと利子率のiが決定されるという図式になります。そして、そのように決定される所得水準のYがかならずしも完全雇用のYに一致するとは限らない。不景気のさいには需要が十分でないために、それは完全雇用のYよりもはるか手前に決まってしまう。そこでそういうときには、財政政策でもって公共投資を活発にする、あるいは減税をするということで、ISカーブを何とか右上に引き上げなければならない。それからまた、金融政策でもってマネー・サプライを増加させ、*LM*カーブをやはり右に移動させなければならない。そうしますと、二つの曲線の交点はより右に動きますので、所得水準は完全雇用の国民所得水準に近づくということになるわけです。そのようなマクロ政策の効果の分析までをも含めて、このモデルがケインズ理論のいわばさわりの部分とでも申しますか、もっとも枢要な骨組みを表わすことになっているのであります。

ケインズ自身『一般理論』の第十八章「雇用の一般理論再説」というところで、自分の理論体系を、こうした*IS*・*LM*モデルに集約される形で、言葉で要約しておりまして、そこに述べられているとおりに申しますと、自分の理論にはもっとも基本的な関数関係として三本のものがある。それは消費関数と、資本の限界効率関数と、それから流動性選好関数という三本であって、それに対して外から貨幣賃金率と貨幣供給量を与えると、それで国内総生産すなわち国民所得と雇用量、そして利子率が決まることになる。それが自分の理論のもっとも枢要な枠組みなのだと書いております。ここで消費関数というのは、よく知られているように、それと対《つい》になる概念で言えば貯蓄関数でありますし、資本の限界効率関数とは投資関数のことですから、ここでケインズ自らが『一般理論』の基本的骨組みであると述べているものを素直に記号で定式化すれば、それが取りも直さず*IS*・*LM*モデルそのものになるわけであります。ケインズのライバルであったシュンペーターもその優れたケインズ評伝の中でこの点はそのまま認めておりまして、こういったわずか三本の関数関係とか二個の変数とか、少数の関数関係と変数とを素材にしてこれほど見事な料理を作り出すというのは、なんと素晴らしいシェフであろうかといった趣旨の賛辞を贈っております。

にもかかわらず、はなはだ奇妙なことには、一部のポストケインジアンと呼ばれる人々、とくにわが国のケインズ派と称せられる人々の中には、この*IS*・*LM*モデルというものはケインズの『一般理論』のモデルではないと言い張る人が何人もおりまして、不幸にも、このもっとも基本的なモデルの受け取られ方がきわめて歪められたものになっているというのが実情であります。ケインズ自身の理論は不均衡理論であるのに*IS*・*LM*モデルは均衡理論であるから、*IS*・*LM*モデルはケインズでないとする宇沢弘文教授の主張であるとか、またケインズの理論は貨幣を統合した経済理論であるのに*IS*・*LM*モデルは*IS*側が実物、*LM*側が貨幣と、古典派の二分法の立場に立っているからケインズではないとする美濃口武雄教授の主張であるとかが、すべてそのような見解の代表例であります。それら両教授の主張につきましては、『一般理論』公刊六十周年の年だったと思いますが、かつて東洋経済から出版した『ケインズ』という拙著の中で、そうではないという趣旨の反論を詳しく述べたことがありますので、それらについてご興味のおありの方は、私の本の一九三ページから二〇四ページあたりのところをお読みになっていただければ幸いと思います。

ところがさらに今年になりましてから、こんどは『一般理論』出版七十周年に因んで出版されました伊東光晴教授の『現代に生きるケインズ』という本、これは岩波新書で出たばかりの本ですが、この本を読んでみますと、その第4章に「$IS\cdot LM$分析の誤り」という副題が付け加えられておりまして、$IS\cdot LM$モデルはケインズではないどころか、誤っているという見解まで披瀝されております。このような伊東教授のご意見につきましては、何分読者の多い岩波新書の本であることもあり、ここで若干時間を拝借して、私見をも開陳しておいたほうがいいのではないかと思います。たとえばIS曲線の投資のIについてはIS・LMモデルでは投資は利子率の関数になっているけれども、投資を決定する最大の要因は将来の予想収益の系列あるいはそれにもとづく資本の限界効率であって、それは利子率と違うものであるから、利子率をただ一つの要因とするこのモデルはケインズではないなどと書いてあります。なるほど投資決定の要因として将来の予想収益あるいは資本の限界効率は決定的に重要でありますが、私は正しい議論はその資本の限界効率と利子率の等しいところに投資が決まるというのがケインズ自身の議論であって、それを認めれば、資本の限界効率曲線そのものが投資の需要曲線となる。したがって投資関数が利子率の関数になるという場合に資本の限界効率は決して無視されているわけではなく、投資関数の関数の形あるいは位置そのものが資本の限界効率表、つまり将来の予想収益にかかわる事態を表わしているということになると思います。ですから、そのように関数の形なり位置なりを決めているものと、独立変数としてカッコの中に入ってくるものの相違を識別できないような議論の運びは、理論の作法にかなった推論とは申し難い目茶苦茶な論理というよりほか、仕方のないものであります。

もう一つ、では*LM*曲線のほうについては伊東教授は何を言われているかといいますと、そこでもそれはケインズではないという理屈がこねられているわけですが、それによりますと貨幣需要の*L*は利子率の関数であって、利子率が与えられると貨幣需要の*L*が決まる。ところがもう一方では*M*、貨幣供給量が与えられるとこんどは*L*＝*M*となるように利子率が決まる。伊東教授が言われるには、一方では利子率から*L*すなわち*M*という因果関係になっていたものが、他方では一転、*M*が与えられると利子率が決まるという因果関係になる。これは因果関係が矛盾しているから、*LM*曲線は間違っているというふうな理屈を述べておられるわけなのです。しかし、その貨幣の需要が利子率に依存するということと、貨幣供給量が与えられると利子率が決まるということは決して誤りでも矛盾でもないわけでして、それは一般にたとえば物の価格が与えられるとその物の需要量が決まる。その需要量と供給量が一致するように価格が決まるというのとまったく同じ論理であるわけです。ですから、それは始めの価格が均衡価格でない場合には、それとは違った価格がつぎに決まるということであって、数学の用語ではそういう関係は写像、マッピングと呼ばれている。そのマッピングに動かない点、不動点があれば、始めに入れた価格と新たに出てくる価格は同じ価格になりますから、それが均衡価格であるという論理になるわけでありまして、これはまったく正当な論理であります。ここで*L*と*M*と利子率との関係について教授が述べておられる事柄は、そういった初歩的な経済理論の論理をはっきり把握しておられないことにもとづく誤りだと言う以外にやはり言いようがないわけで、同書の*IS*・*LM*は誤りだという議論にこれ以上かかずらうのは時間の浪費であるということが、このくらいのところでお分かりいただけたかと存じます。

皆さんもよくご存知のように、このIS・LMモデルというのは、ケインズの『一般理論』が出た直後、ヒックスが「ケインズ氏と古典派」という論文の中で、これが『一般理論』の核心部分であるとして世に示したものですが、後年になってヒックスはこのIS・LMについてもう一つ別の論文を書きまして、その中で自分はいまやIS・LMモデルをあまり支持する気にはならなくなったという趣旨の見解を示したのです。IS・LMがケインズではないという人々は、この後年のヒックスの論文で、鬼の首を取ったかのように、そら見たことか、ご本尊のヒックスが自分の前の意見を否定したのだから、それがIS・LMモデルはケインズの『一般理論』ではないということの何よりの証拠ではないかと、誇らしげに言い張りました。しかし、そのようにヒックスの晩年の論文を受け取るのは、そのどこを読んでいるのかが疑われるほど間違っております。ヒックスは確かにその晩年の論文ではIS・LMモデルから離れていきましたが、皆さんがその論文をきちんとお読みになればすぐお分かりのように、晩年になるとヒックスは、『一般理論』という本があまりに静学的な性格を強く持っているとの理由で、自分は『一般理論』よりも、ケインズ自身の著書で言えばそれより前に書いた『貨幣論』という本のほうが、あるいはケインズ以外で言えば同じケンブリッジのロバートソンの貨幣経済理論のほうがより動学的で『一般理論』よりももっといいように思い始めたと言っているのです。ですからヒックスは晩年には『一般理論』そのものから離れるという意味で*IS*・*LM*モデルから離れようとしたのであって、『一般理論』が*IS*・*LM*モデルであるという見解を棄てるようなことは一言も言っていないのです。そこのところが後年の論文を、*IS*・*LM*モデルが『一般理論』ではないということを言うために引き合いに出す人がまったく考え違いをしている点なのであります。

さて、そうした次第で、いま触れてきましたような人々の言い分が何であろうと、*IS*・*LM*モデルがケインズの『一般理論』のまさに核心部分であることには何の変わりもありませんが、ただその*IS*・*LM*モデルにも何らかの点で問題がないかというと、かならずしもそうではありません。

現代のマクロ経済学にとって重要と思われる点を一、二挙げておきますと、一つの問題点は、このモデルにもとづいて金融政策の効果を論ずる場合に、先にも述べましたように、不景気の場合にはマネー・サプライ*M*を増やして*LM*曲線を右にシフトさせるということになりますが、中央銀行、日本の場合で言えば日銀が自律的に増やしうる貨幣量というのはいわゆるマネー・ベースあるいはベース・マネーと呼ばれるものでありまして、これはご承知のように現金と各民間銀行が中央銀行に預けている当座預金に限られているわけであります。それを中央銀行が増やしたからといって一般の民間銀行に預けられている預金までをもすべて含めてのいわゆるマネー・サプライをどれだけ増やせるかということは、当初のマネー・ベースの増加のうちどれだけが新たに民間銀行に預金され、またそれらの預金の増加のうちどれだけが貸し出されるかに依存するわけで、銀行からの貸出しに対する需要が大きければ大きいほどいくらでもマネー・サプライは増えていく。その意味での貨幣量の増加は、たんに日銀独自の見解で勝手に増やしうる大きさではなく、経済活動量の増加による銀行貸出しへの資金需要の増加そのものによって左右される大きさであって、資金需要が活発で、それのまた何らかの部分が銀行預金として預けられるといったメカニズムが働くことによってどんどん増えていくことができるのです。ですから、皆さんが$IS \cdot LM$モデルにおける政策変数Mというものの性格を考える場合には、その点に考えるべき一つの重要な問題があるということを、まずここで申し上げておきたいと思います。

つぎに、もう一つ、また別の、重要な問題点と思われますものを挙げておきますと、$IS \cdot LM$モデルというのは、それによって国内総生産ならびに利子率の決定を説明する理論でありますが、その際財の価格であるとか労働の賃金率であるとかは一定とみなされている、あるいはモデルの外から与えられるものと考えられております。もしこの$IS \cdot LM$モデルで決まる国内総生産が完全雇用に応ずる国内総生産よりもはるかに低いところに決まってしまうとした場合、その結果労働には当然大量の失業が発生することになりますが、話はまだそこで終わりにはならないわけでして、さてそのような失業の存在が価格や賃金にいかなる影響を与えるか、それが仮にきわめて伸縮的で需給調整の役割を十分に果たすようであれば、やがてその経済は当初$IS \cdot LM$が決めた国内総生産の水準にいつまでもいるわけではなくて、完全雇用のそれに向かって調整されていくはずではないか。だから、もしケインズの経済学でそうした自動調整のメカニズムが働かないで失業が存在するがままに均衡が成立してしまうというのであれば、それと整合的な価格や賃金のビヘイビアーについても何らかのケインズ的な理論がありませんと、せっかくのIS・LMモデルというものも古典派と同じものになってしまってケインズ経済学としての体《てい》をなさないことになる。そこのところがもう一つの大きな問題となるところであります。

実はこの問題は、ケインズといわゆる新古典派的総合、ネオ・クラシカル・シンセシスという問題とも緊密な関係がありますので、ここで話の舞台をIS・LMモデルそのものから新古典派的総合という考え方のほうに移して、それとの関連で論じてみたいと思います。

ここで新古典派的総合という考え方は、アメリカの著名な経済学者サミュエルソンが提唱したもので、彼はご承知のとおりハーヴァード大学で二人の偉大な師ハンセンとシュンペーターから教えを受けました。ハンセンからはケインズ経済学の甚大な影響を受けて自らもケインジアンとなり、またシュンペーターからは伝統的な価値・価格の理論、ワルラス流の一般均衡理論を尊重する立場をも受け継いだのです。彼はこれら二人の師から受けた二つの影響をどうやったらともにうまく生かして、首尾一貫した全体像にまとめることができるか、そういった総合の途を探し求めました。その結果、彼がケインズ革命の貢献を新古典派の遺産と折り合いをつけたやり方というのが新古典派的総合で、先ほども述べましたように市場経済体制を放っておくと不景気が起こって失業が発生したり、あるいは景気が過熱してインフレが起こったりする。そういうときにはケインズが教えたとおりに、政府は財政政策や金融政策を使って総需要を適切な水準に調整する。その点では、ケインズの経済学の教えを全面的に受け入れるわけですが、そのようなことをした結果、政府の財政政策や金融政策が功を奏してその市場経済が完全雇用あるいはそれにほぼ近い状態を実現できたとすれば、そのあとは伝統的な新古典派の価値・価格の理論がその役割を取り戻す。よって両者は対立するものではなくて、互いに相補い合うべきものだというのが、この新古典派的総合というものの考え方になっているわけであります。

こうした考え方はよくサミュエルソンが初めて言い出したというように言われますけれども、実はケインズ自身が『一般理論』の終わりのほうで同様なことを言っているのであります。そこのところをケインズの言葉どおりにお伝えしますと、「もし当局の政策が首尾よく完全雇用あるいはそれに近い状態を達成しえたとすれば、あとは新古典派の理論が自らの本領を取り戻すことになる」（原著三七八ページ）というわけで、これはケインズ自身が述べた言葉なのであります。したがいまして、サミュエルソンの新古典派的総合の提唱は、文字通りに解するかぎり、まさにこのケインズの思想に忠実にそのプログラムを実行したものであると申すことができましょう。

このような考え方は、現在でも多くの著者たちによって受け継がれて、標準的な教科書にも採り入れられていますが、ではそういった考え方に問題がないかというと、そうではありません。実はそれには現代のわれわれに残された一つの大きな問題点が含まれているように思われるのです。その問題点と、先ほど申しましたLS・LMモデルが考えていない価格や賃金のビヘイビアーをどう考えるかという問題が密接に関わりあっているわけでありまして、その点を申し上げることが今日《きょう》の私の話でも重要な点になるかと思います。元来、新古典派の理論では、それぞれの財の価格、これは賃金や利子率をも含めてすべてのものの価格がいずれも伸縮自在に動くとか、それらの財の需要と供給がそういった価格の動きに対して弾力的に反応するとか、すべての要因がどの財の市場でもうまく需要と供給の均衡をもたらすように機能する場合が想定されております。したがって、そのような想定は、経済全体としてもいわゆる完全雇用の均衡状態が自然と自らの力で達成されるようなメカニズムの働きを意味しているわけでありまして、つまりこれは、いわば市場以外の、外からの政策の助けに頼るのではなくて、自力で完全雇用の状態に向かうことのできる経済のメカニズムの記述なのであります。

ところがいま、自分の力だけでは完全雇用を自動的に達成することができないで、放任されれば失業やインフレに悩まされるような経済、しかしケインズ流の財政政策や金融政策を能動的に活用すれば完全雇用が達成維持されうるような経済があったといたします。すると、先ほど申し上げた新古典派的総合の立場からしますと、そのような経済であっても政府の政策で何とか完全雇用さえ実現されればあとは伝統的な価格理論が有効性を取り戻す、その理論が適用されうることになるというのですが、この点が解しようによってはまさに問題となるわけでして、そのような経済では、完全雇用が実現しているといたしましても、それは自分の力、自力ではなく、いわば他力、政府の政策のおかげでそうなっているのであって、そこに内在するメカニズムのおかげでそうなっているのではない。もしそうだといたしますと、そのような経済のメカニズムは、自力で完全雇用を実現できるような経済のメカニズムとはおのずから異なっているのではないか、何かそこには完全雇用の実現を妨げて、そうでない均衡に経済を落ち着かせてしまうような内在的なメカニズムがあるのではないか、というふうに考えられます。だから、そのような経済で政府の政策の力で完全雇用が達成されたからといって、あとは伝統的な新古典派の価格理論をそのまま当てはめればいい、ということにはかならずしもならないのではないか、というのがその問題点なのであります。

新古典派的総合の考え方にはそこに一つの大きな問題がありはしまいかという論点は、実はサミュエルソンのよきライバルであるもう一人の傑出したアメリカの理論経済学者ケネス・アローが、かつてサミュエルソンの論文を集めた『サミュエルソンの科学的論文集』という数冊一組の大きな本が出版されましたときに、その本の書評をあるアメリカの専門誌に書きまして、その書評の中で新古典派的総合の立場への一つの批判点として記したところであります。新古典派的総合の立場へは、先ほど来述べて来ましたような、*IS*・*LM*がケインズではないと言っている人々も当然いろいろと批判を述べておりますが、それらの底の浅い批判に比べれば、流石にアローのこの批判は桁外れに重要な、傾聴すべき批判であると私はかねがね思ってまいりました。

したがって、外からの政策の力を借りなければ完全雇用を実現することができないような経済の価格理論は、自力で自動的に完全雇用を実現する調整能力をもったワルラス流の価格理論とはどこか違ったメカニズムを持った価格理論でなければならないということになってまいります。

現在の経済学の状況の中では、ニュー・ケインジアンつまり新しいケインズ派と呼ばれる、より新しい世代の経済学者たちが、我こそがとこの点をまともに取り上げて、市場がかならずしも完全雇用でないような均衡点に落ち着いてしまうとすれば、どのようなメカニズムを持つ価格の理論を構成したらよいのか、そのモデル化をミクロの段階まで掘り下げて、いろいろと解明しようとしております。名目的、実質的いずれの意味においてもどうして価格や賃金、利子率などがワルラス流の均衡値ではない、他の均衡値で硬直化してしまうのかとか、市場の持つ情報がどういう点でワルラス流の均衡理論の場合のように完全に伝わることにならないのかとか、さらにはまた市場はどういう点でいわゆるコオーディネーションに失敗するのか、等々、といったような問題を究明するのがそうした動きの事例となっています。これらの進展には現在のところまだこれといった決定版というか、統一的な像は見えてきませんが、私の見るところでは、大局的にはそのような均衡点を生成するメカニズムは、ワルラス均衡を生成するメカニズムとは違って、おそらく現在ゲーム理論の分野でしきりに用いられているナッシュ均衡の成立メカニズムに近い性格のものになるのではないかと思っております。

皆さんはゲーム理論で囚人のジレンマという事例についてお聞きになっている方も多いかと思います。この囚人のジレンマと申しますのは、いま二人一組の犯罪人がおりまして、ある重大な一つの犯罪を共同で犯した嫌疑を受けているのですが、それにはまだ確固たる証拠が上がっていない。そこで警察は、もっと軽い犯罪のかどで一応彼らを捕まえておきまして、二人を互いに情報が交換できないように、別々の部屋に監禁し、一人ずつ大きな犯罪のほうを自白させようとする。そのときに、もし容疑者の一方が自白して、他方が自白しなかったとすれば、自白者は捜査に協力したことで無罪で釈放されますが、他方は自白しなかったということで、例えば十年なら十年の刑に服さなくてはならないものとします。またもし両方ともに自白したとすれば、彼らはいずれも自白したことに免じて、たとえば半分の五年の刑に服するものとします。さらにまた彼らがいずれも自白しないで最後まで黙秘を通すとすれば、彼らはいずれも軽いほうの犯罪のかどで一年だけの刑に服するものとします。さて、これらの条件の下では、彼らは相手がどういう行動をとるかまったく分からないので、もし自分が自白をしないで相手が自白したとき、自分が被る十年の刑という最悪の事態と比較すれば、まだしも被害が少なくて済む五年の刑のほう、つまり自白するほうを選ぶであろうと思われます。そして相手もまたまったく同じように考えるでしょうから、その結果彼らはともに自白することになって、それぞれ五年、五年という刑につくことになるというのが、囚人のジレンマ・ゲームでナッシュ均衡が成立するいきさつであります。つまり二人は双方とも黙秘をすれば一年、一年の刑で済むわけですから、五年、五年の刑よりももっといい解があるのに、それにもかかわらずそれが選ばれないで、二人にとってより悪い五年、五年という解が選ばれてしまうというのがジレンマということになるわけでもあります。

そういうことで二人のあいだで情報が交換されて協力できれば二人とも軽い刑のほうで済むのに、そうしたコオーディネーションが成立しないために、より不利な結果に落ち着いてしまう。

それが囚人のジレンマと呼ばれるナッシュ均衡の事例なのですが、私は、ケインズ流の過少雇用の均衡、失業を含んだままの均衡というのもまた、そのようなナッシュ均衡の性格を持った均衡ではないかとかねがね思ってまいりました。いま話を簡単にするために、一方においては企業家がいて、その企業家は労働者の買う財ばかりを作る。それから労働者はその企業にのみ雇われて、その企業の作る財を買うといたしますと、彼らをそのゲームの二人のプレーヤーと見立てた場合、企業家のほうから見ますと、もし労働者たちがもっと自分の製品を多く買ってくれればもっと労働者を余計に雇うことができる。それなのに、実際には労働者たちはいま買っている以上には買う余裕がないので、企業家は雇用を増やすことができない。同じことを労働者の側から見ますと、企業家がもっと雇ってくれればもっと製品を買うことができるのに、実際にはもっと雇ってもらえないので、そんなに買うことができない。つまり、片方から見ればもっと買ってくれればもっと雇うことができる、もう片方から見ればもっと雇ってくれればもっと買うことができる。そうした可能性がありながら、コオーディネイトしないために、いわば共倒れになって、売れないから雇えない、雇ってもらえないから買えないという状況に落ち着いてしまうというのが、ちょうど囚人のジレンマでナッシュ均衡が成立するのと同じ性格をもったメカニズムになっているのです。

したがいまして、ここでケインズの経済理論に興味を持たれる方々は、是非そのようなナッシュ流の均衡として、ワルラス均衡とは違うところに価格や賃金が決まってしまうような理論モデルをいかにして構築するかというような勉強を一生懸命やっていただくのが、もっとも実り豊かなリサーチ・プログラムではないかと私は考えます。

　時間がだんだん迫ってまいりましたので、そろそろ終わりに向けての話にしたいと思いますが、最後に私が念のためもう一つだけ付け加えて申し上げておきたいことは、こうしてケインズの考えた経済の世界は、放っておいてワルラス均衡を達成するような経済の世界ではなく、そのままにしておけば囚人のジレンマ的なナッシュ均衡が実現してしまうような経済の世界でありますけれども、したがってそのような世界では政府が財政政策や金融政策のような政策を積極的に行使して、いわば市場の外からの力でその経済を完全雇用の状態にまでもっていかなければならないわけですけれども、それでももし政府の政策が功を奏して、完全雇用の状態を達成しえたとすれば、そこでは企業家も労働者もともにそれよりいい状態になりうる余地はもはやないという意味では、ご存知のパレート最適の状態が達成されているということになります。先ほど来の話で皆さんに間違えていただきたくないのは、そのような状態にはケインズ流の経済は自力では到達できないということなのであって、もしケインズ流の政策でその状態が達成されれば、それはパレート最適の状態になっている。そしてパレート最適の状態になっている経済というのは、かならずワルラス均衡として表わすことができる。それは現代の経済学では厚生経済学の第二基本定理として知られている主張であって、この主張そのものはどこから見てもまったく正しい主張であります。

したがいまして、自らの力では自動的には完全雇用均衡ないしはワルラス均衡に到達できなくて、ナッシュ均衡に落ち着いてしまうということ、すなわち均衡の成立ないしは生成のメカニズムに関することと、ケインズのメッセージのおかげで有効な政策を通じて完全雇用均衡に到達できたとすれば、その達成された状態そのものはワルラス均衡として表わせるということとは、これまた矛盾でも何でもないことであって、われわれはこれら二つの相異なる命題を論理的に識別する能力を持っているのでなければなりません。*IS*・*LM*モデルが間違っているとか新古典派的総合はケインズではないとか言う人々の議論は、そこのところの識別能力を欠如する人々の議論でありまして、日本の経済学の論壇はそうした誤った議論に充ち満ちております。この点につきまして今日の私の話から一片でも真実の在るところをお汲み取りいただけますならば、私としても大へん嬉しく存ずる次第であります。

頂戴した時間もなくなった模様でありますので、いま申し上げましたようなことを一応の結論として、今日の私の話はこれで終えることにいたします。どうも長い時間ご清聴いただきまして、有難うございました。

経済学と今日の問題

一　経済学の性格

では「経済学と今日の問題」という題で、只今から少しばかり話をさせていただきます。経済学という学問の任務はどこにあるか、と申しますと、まず現実の経済の構造や機能をあるがままに分析いたしまして、そのときどきの経済状態に対して診断を下す、そしてもし悪いところがみつかるならば、それを治療するような処方箋を講ずる、そういった点にあることは言うまでもないとして、その点で経済学はよく医学に似ているとも言われております。すなわち、その解剖学的側面においてはあたかもいろいろな内臓の位置や大きさを知るように経済組織の構造を調べてみる、またその生理学的側面においてはそれらの内臓がどういう働きを発揮しているのかを見るように経済システムの働き、ワーキングを明らかにする、さらにまたその病理学的な側面においては人体の疾患と同じく経済体の疾患の根源をつきとめて体質改善なり手術なりを施行する、といった具合であります。

このように経済学と医学とのあいだにはかなり平行した関係があるのですけれども、しかしまた他面、経済学者が何らかの政策的立言をする場合、医者の場合とは大分趣きを異にする一面も存しているのではないかと私は思います。と申しますのは、医者の場合だったら、たとえば盲腸炎にかかった患者があったときに、こうこういう手当を受けなくてはならないというようなことになりますと、大抵の患者はまず今日の医学の水準に一応の信頼をおいて言われたとおりの処方を受ける。ところが経済学者の場合は、同じインフレーションという事態に当面したときでも、ある学者はこうしたらいいと言い他の学者はまたああしたらいいと言って、なかなか統一的な見立てがむずかしい。それから仮に学者の側に一致が見られたといたしましても、それを受け入れる政治あるいは国民の側でやはりいろいろな考えの対立があって、異口同音に共通の処方箋を容認するとはかぎりません。これは一つには経済学がまだ未成熟な学問であって、統一された共通命題の累積がかならずしも多くはないからかもしれませんが、それでもすでにアダム・スミスが『国富論』を書いてから二〇〇年近くの年月が経っております。それにもかかわらず何故そうかと申しますならば、やはりそれは経済学の対象が元来利害関係を異にするいろいろな人間の社会的集団なのであって、どうしてもそこにAという集団の得になることはBという集団の損になるといったような既得権益 vested interests の対立に触れる問題が介入してこざるをえないからだと考えられます。

この問題は経済学に二通りの仕方で関連してまいりますが、その一つは古くから言われている科学的な認識と価値判断の問題、つまり経済学者の科学的な思考の中にも彼が市民として特定の社会集団に属している以上は何らかの程度イデオロギーが闖入してきはしまいか、という問題であります。この点についての現代の経済学の立場はきわめてはっきりしていますが、それは経済学が経験科学の一つであるかぎり、経済学者は客観的に検証できるような事実の認識にもとづくべきであって、自分の思考の中にいわゆる wishful thinking つまり自分にとって望ましい結論の方向に推論をねじまげていくような作為があってはならないということであります。ジョーン・ロビンソンというイギリスの著名な女流経済学者がある論文の中で「経済学者の主張が科学的に確乎たるものであるかどうかを判定する最善の方法は、その学者のイデオロギーと思われるものをさかさまにしてみて、それでもなお彼の当初の主張が生き残りうるかどうかを見ることだ」と述べたことがありますが、この言葉などは経済学の命題が客観的たるべきことをもっともよく喝破したものと思われます。

ところがいま経済学者の発言がそうした意味でかりに事実に裏づけられた正しいものであったといたしましても、なおその主張が現実の政策として受け入れられるためには政治という場を経由しなくてはなりません。既得権益の問題が入ってくるもう一つの重要な仕方は、まさにこの点にかかわるものであります。たとえばいま日本のエネルギー源として石炭を石油に切り換えたほうがずっとコストが廉くなってその分だけ国民生活もはるかによくなることが分かっていたとしても、なおそうした政策は石炭業者の利益と正面衝突するわけでありますから、仮にそのような石炭業者が、厖大な政治献金を有力な政治家に提供していたとすれば、問題の転換策はなかなか施行されないかもしれない。始めに経済学が医学と違うと申しましたのは、経済の場合はこうした要素がどうしても入ってこざるをえないからであって、そのかぎりにおいてある人が言ったように、医学は別に人体批判の学にはならないのに経済学は社会批判の学にならざるをえないのであります。さきほど触れましたロビンソンという学者が同じ論文の中でまた「経済学という学問はその性格からしてプロパガンダの要素を離れることはできないのであって、そうしたことが嫌いな人は経済学などは勉強しないで数学の研究か鳥類の観察でもやったほうがいい」といったような趣旨のことをも述べていますが、一見前の引用とは互いに矛盾するかに見えるこうした二つの異なった側面がともに両立するところに、まさに経済学という学問の基本性格なり複雑さなりが読みとられるのではないでしょうか。

二　石橋財政の教訓

さて以上を要するに、経済学という学問は一方においては「富貴も淫する能わず、威武も屈する能わず」といったていの確乎たる客観的根拠に支えられたものでなくてはならないと同時に、他方においては数学などとは違ってつねに既得権益や仕来りの通念（ガルブレイスが最近conventional wisdomと呼んだもの）と触れ合う実践の場を持ち、それらに対して強力な社会批判を加えることをも任務とするものでなくてはならない、そういうことであります。このように申しますと、あるいはいささか抽象的な、空念仏のような響きを伝えることになるかもしれませんが、私自身経済学に興味を持ち始めましてから、とりわけ右のようなこの学の性格といったものを実際上強く感得した体験をある時期において持っております。少し古い話で恐縮ですが、いままで申したことの一つの具体例としてお聴き願いたいと思います。

それは第二次大戦が終わって間もない日本で石橋湛山氏が大蔵大臣をつとめられた時期のことでありましたが、そのころの日本の経済は、戦争による荒廃をつうじて原料資材の供給が思うにまかせず、他面敗戦にもとづく復員や引揚げがあったため労働人口のほうはかえって著しく膨張するといった有様でありました。ですから顕在的にも潜在的にもかなりの人々に失業が発生したのが事の成行きでありましたが、そのような事態に対して石橋さんはつぎのような診断を下されました。すなわち

「そのように失業が存在するのは、高名な経済学者ケインズの説によれば有効需要が不足するからである。だから財政資金を豊富に撒布して購買力さえ喚起すれば、おのずから生産は増大し失業は吸収されていくにちがいない」

というのであります。

およそ戦後の為政者の診断の中でこのときの石橋さんの診断ほど的を失したものは他に類い稀なのではありますまいか。もっとも私は大急ぎでつけ加えなくてはなりませんが、歴代の経済閣

僚がわが国の場合はややもすると納得的な理論的根拠にもとづくエコノミック・ポリシーを施行するというよりも、むしろ ad hoc な（つまり行きあたりばったりの）エコノミック・ポリティックスで馴れ合いに事を決めてしまうほうが多い中で、石橋さんの場合は、ともあれ特定の理論的主張に立脚して政策を遂行しようとされたわけで、そのお心構えは私はきわめて高く評価するものであります。ただそのさい石橋さんが立脚された理論そのものが当時の日本の状況にはぴったり合うようなものではなかった点が残念な点なのであります。

何故か、という理由を述べなくてはなりませんが、元来ケインズが『雇用・利子および貨幣の一般理論』という有名な本の中で説明した失業というのは、先進資本主義国が深刻な不景気に落ち込んでいる場合の失業、つまり物をつくればまだいくらでもつくりうるだけの生産余力がありながら、ただ不況のために購買力が不足していて、したがってつくっても売れないから生産や雇用の水準が低位に落ちている、そういう場合の失業なのであります。したがってその場合は、労働以外の生産要素、原料資材もまた十分余っておりますから、当局は何よりも財政支出をテコとして需要を喚起していけば、生産は増加し、失業は減少していくのであります。

ところが当時の日本の場合はどうであったかといいますと、先にも触れましたように労働人口は大へん膨張したが原料資材は極度に不足していた、したがってそのときの失業は、ケインズが説いたように購買力の不足のゆえに生じた失業だったのではなく、過剰な労働人口がみずからと結合すべき原料資材を見出しえなかったがゆえに生じた失業、つまり補完的な生産要素の相対的欠乏に起因した失業だったわけであります。購買力の面では当時のわが国はデフレよりむしろインフレに悩まされていたのであって、元来ケインズ的な失業はインフレとは両立しえない失業なのでありますから、その点からも当時の失業がケインズ・タイプのものではなかったことが分かります。

ですから当時の日本経済にとって正しい処方箋は、一日も早く原料資材の物的不足を解消し、それによって生産の増大を促進することにあったのであって、決して購買力を拡大することにあったのではありません。石橋積極財政の遂行がたんに戦後インフレのテンポに拍車をかける結果に終わったのは、このことからしてけだし事の当然であったと言わざるをえないのであります。事実このときのインフレはアメリカから派遣されたドッジ氏の勧告にもとづく引締め政策の結果はじめて収束するところとなりました。

さて、このような過去のエピソードから、私はつぎの二つの教訓を引き出したいと思います。

第一は、少なくとも右の具体例に関するかぎり、何人も否定しがたいと考えられる診断の見地から、時の為政者のヴィジョンなり政策なりが批判されねばならないような一つの歴史的体験が得られたということ、したがって同じような体験は今後も繰り返さないともかぎらないということ、であります。そうしたときにこそ、経済学の実践的役割はきわめて顕著なものがあろうと私は信じます。

第二は、外国の偉い経済学者の議論をたんにその名前の権威においてそのまま鵜呑みにし、いついかなるときでもそれがあてはまるかのように盲信してはならないということであります。「一九三〇年代に正しかったことが一九四〇年代にはもはや正しいとはかぎらない」とは、当のケインズ自身がのちの著作で言っている戒めの言葉であります。われわれが偉大な先達の精神に忠実である所以は、その経験的態度に学んで新しい事態に対処した造型を営むことでこそあれ、決して彼らの思想を硬直化、教条化することであってはならないと思うわけであります。

三　今日（一九六一年）の問題

幸いにして戦後の日本経済は上に述べましたような状態から逸早く脱却して、他の国に比類のないような急速調の経済成長を遂げ今日に至っておりますが、現在なお世界の低開発国の一部には資本の蓄積が思うにまかせず、他面それに比して人口の過剰に悩んでいる国もあり、そうした場合には為政者は心して問題の奈辺にあるかをよく考え、無反省に外来の理論を移植するようなことがあってはならないと考えます。

では、このあたりで目を転じて、こんどは先進諸国の経済状況を眺めてみることにいたしましょう。先進国の今日（一九六〇年代）の状態が、そうしたケインズの理論に対して反省を投げかけてくるような問題がありはしまいか。まず私たちが注目しなくてはならないのは、ケインズ理論が生まれる母胎となった第一次大戦、第二次大戦間の時期において先進諸国の状態が例の大不況にもとづく停滞のそれであったのと裏腹に、今次の大戦後のそれらの国の状態は、何回かの景気後退《リセッション》に見舞われこそすれ、それらはいずれも軽微なものに終わって、大体基調としては着実な経済成長を遂げつつあるという事実であります。むしろその意味で現今の問題は、デプレッションの問題ではなくインフレーションの問題なのであります。

それではケインズの理論はインフレーションの問題には役立たないかというと、決してそうではない。もともとそれは不況から生まれ不景気の下での失業を説明する理論ではありますが、そうした需要の不足の理論を逆にして適用すればそれはまた需要の過剰の理論にもなる、つまりインフレが発生するのは、全般的に物の供給、生産の能力に比して需要が多すぎるのだという理論になるのでありまして、その点インフレ理論としてもケインズの理論が旧式な貨幣数量説にとって代わった意義は非常に大きいのであります。

ですから今日の先進諸国のインフレが、そのようにもっぱら需要の過剰から発生しているインフレであるとすれば、その説明原理としてケインズ理論は依然として強力であると言わなくてはなりません。ところが、ここで留意しなくてはならないもう一つの点がある。それは現在のインフレがそうした需要の過剰のみから生じているものではなく、労働組合の賃上げその他コストの上昇からも生じていると言われている点であります。すなわちそれは demand-pull のインフレばかりではなく、また cost-push のインフレでもあると言われている。そしていろいろの学者がやっているリサーチの結果をみますと、そのような診断がかならずしも的を逸してはいないと考えられるふしがあるのであります。

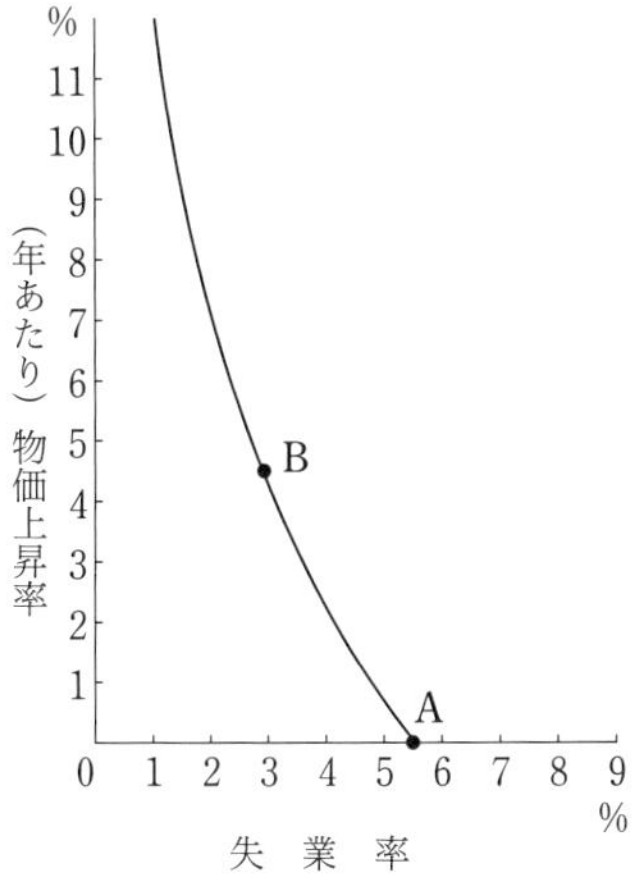

第　一　図

例の有名なベストセラー教科書を書いたサミュエルソンはアメリカ切っての超一流の理論経済学者であり、現在ケネディ大統領のブレーン・トラストとしても目ざましい活躍をしている人ですが、そのサミュエルソンが最近やや後輩の、これまた俊秀の誉れの高いソローという若い学者と一緒に書いた論文の中で、アメリカのインフレの状況を上掲のような図に描いて表わしています（第一図参照）。この図は縦軸には一般物価の上昇率、横軸には労働人口についての失業率をはかり、ここ二十五年ほどのアメリカの数字を各年ごとにプロットしてそれに線をあてはめたものですが、これによるとかなりの失業率がかなりの物価上昇率と並存することになっています。もしインフレが一〇〇パーセント需要の過剰からのみ生ずるものであれば、失業者がどっさりいて需要が低位のうちは物価が上がらないはずである。そろそろ失業者がいなくなってきて需要が完全雇用の生産水準に近づいてきて始めて物価は急激に上がりだすはずなのですが、そうだったらこの線はもっと縦軸のほうによっていなくてはならない。現在の事実はそうではなく、曲線と縦軸のあいだには若干の隔《へだた》りがあるとすれば、その隔りの分だけはかならずしも需要がインフレを説明しきれるとは言いきれないものがある。そうした事実の指摘をもって、サミュエルソンとソローは、自分たちはケネディ大統領に一種のメニューを提供しているのであって、たとえばもし大統領が賃金率の上昇を年二・五パーセントぐらいの生産性の上昇に合わせて物価の騰貴を押えていこうというのであれば五パーセントから六パーセントぐらいの失業を覚悟しなくてはならないであろうし（A点）、また逆に失業の方を三パーセントぐらいに押えようとするとどうしても四、五パーセントの物価の上昇は甘受しなくてはならない（B点）、そうした関係のどこかを大統領は選ばなくてはならないのだ、というのであります。もちろん望ましいのは、この曲線自体を縦軸にひきよせるような制度的変革を生ぜしめることでしょうが、そうしたことが矢庭にはできないのが、経済成長と物価安定の矛盾、いわゆる「成長と安定のジレンマ」に当面しているアメリカ経済の当今の悩みでありましょう。いずれにもせよ、このことから明らかなのは、今日のインフレ理論は demand-pull という見方だけでは不充分であって、cost-push その他の見方によって補われる必要がある、そうした方向への反省が経済学者の側に要請されているということであります。

四　わが国の物価の動き

ところでそのようなインフレの問題は、アメリカやイギリスにとってばかりでなく、また日本にとっても大へん重要な問題で、たんに「対岸の火事」視してすましてしまうわけにはいきません。現に池田内閣の所得倍増計画の成否も、それがどこまで物価の上昇を引き起こすことなく国

第一表

消費者物価指数（東京）昭和30年＝100

昭36年	1月	112.6
	2月	113.1
	3月	113.7
	4月	114.4
	5月	113.2
	6月	115.8
	7月	117.7
	8月	118.3

第二表

卸売物価指数（全国）昭和27年＝100

昭36年	1月	103.1
	2月	103.1
	3月	104.3
	4月	104.9
	5月	105.0
	6月	105.0
	7月	105.1
	8月	106.8

経済企画庁編『日本経済指標』昭36年8月から

民の実質所得を高めうるかにかかっているわけであります。そこで私はこれから、われわれ日本の国民が当面している物価値上がりの問題について少しく考えるところをお話ししてみたいと思います。

まず事実の問題として眺めるならば、現在（一九六一年）の物価はさほど急テンポではないにせよジリジリと上昇の傾向を示しております（第一表および第二表参照）。このような上昇は一体何から生じてくるのか。いろいろと論ぜられているところによると、一つには政府の計画が当初に構想していたよりも経済の成長が早すぎて投資が進みすぎた、その結果需要が過剰になって、物価は騰貴し外貨は赤字になる、したがってこのあたりで少し需要を押えなくてはならず、そのために金融を引き締める必要がある。こうした意見が支配的で、それが公定歩合の引上げという措置となり、また再引上げが考慮されている実情であることは、皆さんがよくご承知のとおりであります。

この意見は、まず全般的にみて不適当ではないと思いますが、ただ、いまここで問題にしている物価の値上がりに関していえば、実は日本の物価値上がりには、たんにそのような景気の過熱とか需要の過剰とかいった短期的なデマンドの動きからのみは一〇〇パーセント説明しつくされないもっと構造的、長期的な理由があるのではないか、そう考えております。以下試論の形でそのような説明原理と思われるものを述べてみることにいたします。

そのためにいま日本の経済が、かりに生産性の伸びの非常に早い産業とそれに比べて生産性の伸びの非常に遅い産業との二つの産業グループから成り立っていると考えてみましょう。前者つまり生産性の伸びの早い産業においては、どんどん技術進歩が行われて労働の生産性が高まっていくわけですが、そのような産業はふつう少数の大企業によって構成されているのがつねですから、その製品の価格はいわゆる「管理価格」方式で決まり、生産性が上がっていってもそれが価格の低落になって現れていくことはあまりない、つまり生産性は上がっても価格は一定に据えおかれることが多いのであります。するとそういう産業では、技術の向上につれて原料費は少なくてすむわけですから、企業家や労働者の分け前は増えていくわけであります。そしてそれらの大産業では労働者も強力な労働組合をつくっているのが通常ですから、賃金はおそらく生産性の上昇に見合って引き上げられていくことが多いと思われます。そこでいまそのような産業については、価格は一定、賃金率は生産性の上昇と同一比例で上昇、ということを仮定してみたとします。さてその場合、もう片方の、生産性のそれほど上がっていかない産業はどうか、といいますと、目下のわが国の状態では、たとえそれらの産業で生産性があまり上がっていかないとしても、労働者の賃金はどうしても他とのつり合い上、上げていかざるをえない。何故かと申しますと、現在の労働供給の事情はだんだん逼迫したものになっているからでありまして、現に新規の労働者を雇うにはかなり高い賃金を出さなくてはいけない。したがって生産性の伸びの低い産業でも他と労働者をせり合うにはどうしても他が賃金を上げる以上はやはり賃上げをせざるをえないことになります。ところが、そういう産業は生産性の伸びが低いのですから、そうした場合は生産性の伸びを凌駕する賃金の引上げにならざるをえない。そのとき、その産業が経営上採算をとっていくためには、どうしても製品の価格を引き上げざるをえないわけです。最近起こっているサービス部門での矢継早の物価の値上がり、たとえば地下鉄の運賃値上げとか理髪やクリーニングの料金の値上げとかは、ほとんどすべてがこうした性質のものであると考えられます。

よって、もし以上のような診断が仮に正しいといたしますと、生産性をリードする産業が現在のように価格を技術の進歩に合わせて下げないで一定に保ち、賃金を生産性の伸びに応じて引き上げていくかぎり、日本経済全体としてはジリジリと消費者物価が高まっていかざるをえないような、そういう結果が必然的に現れてくる、それがここで述べた診断であります。これは景気の過熱、したがって金融の引締めといったような短期的、貨幣的な現象なのではなく、現在の産業構造ないしは価格構造の中にビルト・インされた構造的な現象なのではなかろうかと思われるのであります。

ではそのような形の値上がりはどうしたらストップできるか。いろいろの産業によって生産性の伸びがマチマチである以上は、おそらく何かの平均的な生産性の伸びを考えまして、そこに価格安定のピントを合わせる、そしてそれよりも急速に生産性が伸びていくような産業の価格については技術の進歩を反映してその価格が次第に低廉になっていくような価格政策をとり、またそのような産業の賃金のみが一方的に引き上げられていくのは押えるような賃金政策をとる。そうした処方箋を講ずることなしには、上述の傾向を阻止することは難しかろうというのが、以上の診断から出てくる帰結であります。

もちろんそうした方策はいくつかの政治問題に当面せざるをえないでありましょう。したがいまして、実際上どういう措置が施行可能か、ここでは断言できませんが、ともかく診断は診断として、こうした現象はこういう理由から起こるのであるという脈絡をはっきり見究めること、それが何よりも肝要と思われますために、あえて一つの議論を提出してお聴き願った次第であります。ご清聴いただき、有難うございました。

日本経済の現状と課題

はじめに

只今ご紹介いただきました本塾（慶應義塾）大学名誉教授の福岡です。この会では前にも二度ほどすでに話をさせていただいたことがありますが、きょうは久しぶりにまたそうした機会を頂戴いたしまして、大へん懐しい気持で参上いたしました。私の専門は経済学ということになっておりますので、本日もご案内のように「日本経済の現状と課題」ということで、現在（二〇一〇年）わが国の経済が当面している状況、今後指向すべき動向、現鳩山政権下（講演当時）の民主党政府が目指している政策のよしあし、などといった問題をめぐりまして、なるべく分かりやすい形で、私の見るところをあれこれ申し上げてみたいと思っている次第であります。

日本経済の現状

皆様よくご承知のとおり、ここのところ日本の経済はずっと景気の低迷した状態、数年越しのデフレの状態に陥ってまいりました。どうやら経済は幾分持ち直しまして、これ以上不景気が悪化していくという危険は一応去ったとはいうものの、では活気をとり戻したかといえばそうではなくて、大局的に見れば依然として出口の見えない状態が続いている。とりわけ最近はまた円高の昂進といった事態の進行によりまして、先行きが心配されているような状況にあるわけであります。

ではこうした経済の停滞状態がなぜ引き起こされ、続いてしまっているのかという点につきましては、すでにキャッチ・アップの段階が終わりを告げたからだとか、中国やインドのような新興国が台頭したからだとか、いろいろの理由があげられていますが、何といっても先般のアメリカ発の金融システムの破綻が日本経済の実体に及ぼした強烈な打撃というものを考えないわけにはまいらないのではないか、そう思います。そこでいまその点を重視するとすれば、アメリカという太平洋の向こうの国の、しかも金融面での破綻が、なぜ日本の実体面での経済に絶大な悪影響を与えることになったのか。その間《かん》の事情をはっきりご理解いただくことが重要で、そのためには、そういうことが起こるまでの従来の日米両国経済の相互関係、そしてそういった相互関係のあり方に今般の金融危機がどういう形でかかわり合ってくるかという事態の脈絡、この二つのことをあらかじめ理解していただくことがどうしても必要なことになってまいります。

日米の経済構造

まず最初の、これまでの日米経済の相互関係といった点から見てまいりますと、日本の経済の構造のほうは国民の行う貯蓄が投資を大幅に上回るいわゆる過剰貯蓄の形になっておりまして、他方アメリカの経済構造のほうは国民が所得以上にローンなどで消費をして貯蓄が足りないという、ちょうど日本の場合とは反対になってきたわけであります。そうしますと、貯蓄マイナス投資イコール経常収支というマクロ経済のバランス関係からしまして、日本のアメリカに対する経常収支とりわけ貿易収支は大幅に黒字になる。逆にアメリカ側の対日貿易収支は大幅に赤字になるという結果にならざるをえません。そこでそうした日米間の国際取引の赤字、黒字が何によって埋められるかというと、日本側の貯蓄の過剰分がアメリカの国債などをどんどん買うのに用いられる。つまり日本国民のため込んだお金がアメリカ側の借金を埋めるためにどんどんアメリカに流入していきまして、そのお金でアメリカ国民は分不相応にマイホームを建てたり、メイド・イン・ジャパンの自動車を買ったりする。その結果日本からアメリカへの自動車輸出は巨額に達するわけでして、そうした外需が日本の貯蓄過剰すなわち内需不足を補って日本経済の景気を支える。つまりそういった持ちつ持たれつの日米経済構造が従来は維持されてきたわけで、日米貿易不均衡が継続しうるのは、何らかの理由で日本がそれを強制されたためでも、アメリカの軍事力が強いためでもなく、もっぱらそれが日本の輸出関連産業の利益になり、日本の景気の支えになってきたからにほかならないのです。

事実、日本が不景気対策として永らくやってまいりました日銀の量的緩和政策にいたしましても、表向きの理由はマネー・サプライを増やし金回りをよくすることで物価の値下がり、デフレを救う、それを軽度のインフレに転換させるといういわゆるインフレ・ターゲット政策であるということになってきましたが、実はそうしたインフレ目標政策としてはあまり効果を発揮してきませんでした。といいますのは、日銀が各市中銀行により多くの貨幣量を投入いたしましても、それら市中銀行に対する資金需要、銀行側からすれば貸出しが増えなくては、経済の中を流れる金回りがよくなることはない。しかし不景気の場合は国内投資は不活発でそうした借入れ需要はあまりありませんから、日銀の量的緩和政策で増えたお金は国債、それも日本の国債ばかりではなくてアメリカの国債を買うのに用いられてしまうわけであります。するとアメリカの国債を買うためにはドルが必要ですから、ドル需要が増えて円が供給される結果、円安になる。つまり日銀の量的緩和政策はインフレ目標政策というよりも実のところは円安政策になるわけでして、それが日本の自動車をアメリカ人が買う価格を安くする。そういうことで日本車がアメリカにどんどん売れ、日本の景気を押し上げる支えになったのでして、量的緩和政策の効果は国内の金回りをよくしてデフレをインフレに転換させるというよりも、円安をつくり出して外需すなわち輸出を増大するということで、外需頼みの不景気対策になってきたというのが真実の姿ではなかったかと思われます。

ところがそのような日米両国間の従来の事態、両国間のマクロ経済構造の組み合わせがうまいこと貿易上のアンバランスを埋め合わせてきたという事態が、今回のアメリカ発の金融危機によって一挙に崩壊してしまった。それが現在の日本経済低迷の一大原因になっているという趣旨のことを、これから申し上げたいわけであります。

CDSとCDO

そこでつぎの話は、この金融危機がどのような経緯で先ほど来述べてきた日米両国の経済関係の維持を不可能にしてしまったのかということになりますが、この点につきましては、当の金融危機そのものがどのような事情から発生したのかということをまずご説明しておくのが、話の段取りとしてはいいのではないかと思います。

事の根本は、最近金融工学と呼ばれる学問分野の成果として、ここのところ急速に開発されてきたデリバティブという金融新商品が実際の金融市場で度を越して悪用されたことに求められるわけであります。

この金融新手法の仕組みは、経済学をやっている者にも混み入っていて分かりにくい面がありますのでご説明するのが難しいのですが、なるべく簡単化して分かりやすいように申し上げます。たとえばいまある銀行がある借手に対して貸付けを行ったといたします。すると貸手の銀行は当然借手に対して、万一のことが起こると貸付金を返してもらえない、つまり債務不履行というリスクを負うわけであります。そのような場合には、銀行にとってその貸付けはいわゆる不良債権になってしまいます。ここに登場するデリバティブという金融商品は、そうしたリスクを証券化したもので、銀行からそうした債務不履行のリスクをとり除くために発明された一種の保険のようなものだとお考えいただければよろしいかと思います。

つまり銀行はそのリスクを移管する相手を新たに求めてその相手と取引するわけでして、その取引に応ずる相手が見出されれば、保険料のように引受け料として手数料を払う。その代わり万が一、銀行からの借手が債務不履行に陥った場合には、その損害を引受け手が全額引き受けてくれる。そういうことを約定した証券がいま申したデリバティブというものであります。その証券の買手すなわちその投資家は、何ごともなければ銀行からの手数料を丸々自分の収益とすることができますが、一方万が一、銀行からの借手が破産した場合には、その損害を銀行に代わって全部負担しなければならないというわけですから、もし銀行からの借手がしっかりした十分信用のおける借手であれば、つまりリスクの生じる確率が非常に低いと評価される借手であれば、そのデリバティブはそれを買う投資家にとっては大へん魅力のある商品になるわけであります。また一方の銀行にとっては、自分の貸付け債権をそうしたデリバティブの形で証券化することによって、それを売れば自分のバランス・シートから借手の債務不履行に伴う損害のリスクを完全にとり除くことができるので、大へん安心できるというわけであります。

そういう金融新商品はＣＤＳという名前の下に金融市場で広く取引されるようになりました。このＣＤＳというのは Credit Default Swap の略字で、ここで Credit Default というのは言うまでもなく債務不履行ということ、Swap というのは交換、取引するということですから、ＣＤＳはそうした債務不履行リスクの取引ということを意味しております。ということですからＣＤＳに関するかぎりは、火災保険の場合の火事を債務不履行に置き換えてみればいいわけで、理解に何らの困難も伴わないでしょう。

事柄がやや面倒になってくるのは、そうした金融新商品がそれぞれ一組ずつの貸借関係に伴うリスクを証券化したものにとどまらず、何種類ものさまざまなデリバティブをいろいろと混ぜ合わせたきわめて複雑な金融新商品になってきたことです。つまり一人の借手を含むデリバティブだけですと、その借手が破産すればもろにその損害を負担しなければならないわけですが、借手や借入れ目的がそれぞれ異なった何種類ものデリバティブを組み合わせた証券をつくれば、万一一人の借手が破産しても全部の借手が同時に破産するという可能性はそうあるわけではありませんから、リスクが分散されることになりまして、その金融資産の安全度が高まるわけであります。

そうしたことで、きわめて多種多様な数多くのデリバティブを集めてきて、さらにその上何種類かの社債や公債をも混ぜ合わせる。そうした危険度の相異なる沢山の証券を細切《こま》れにして組み合わせたものがＣＤＯと呼ばれている金融新商品でありまして、それそのものも一種のデリバティブであります。このＣＤＯというのは Collateralized Debt Obligations という英語の頭文字をとった名前で、一応日本語訳では資産担保証券などと訳されていますが、訳だけ見たのではとてもその実体を思い浮かべることはできないのではなかろうかと思います。ともあれこの商品には大数の法則が利くだけの多数、多種類の金融商品が集められていますから、金融商品としてのリスクが大いに低減することになっているわけです。

ところでこれらのCDOにはそれがどのくらい安全で収益率の高い金融商品であるかを格付けする機関ないしは会社ができてきまして、たとえば一番安全で確かな高収益が期待できる最上級のCDOはトリップルAつまり大文字のAが三つつく。つぎはAAa、大文字のA二つに小文字のaが一つつく等々、というように等級がつけられるのですが、先ほども申しましたように、あまりに多くの証券を切り刻んで混ぜこぜにしているうちに、次第に真のリスクが見えにくくなっていって、金融のかなりの専門家が見てもそのCDOの危険度がどのくらいのものであるかがかならずしも明らかではないといったような事態に立ちいたりました。それでも世界の投資家の側からすれば、どの国も金利が低くて効率のいい投資先が見つからないようなときに、CDOという新商品が現れますと、格付けがいいことになっているCDOを買えば、ただ国債だけを買ったときには年三%くらいの利回りにしかならないのに、そこに年一〇%というはなはだ魅力的な投資先が見つかったように思われるわけでして、それに飛びつく投資家が多数出てくるのも別に不思議なことではありません。

金融危機の実相

さて以上ＣＤＳとかＣＤＯとか呼ばれる金融新手法がいかなるものであるかということを念のためご説明してまいりましたが、そういった金融工学の産物はそれそのものとしてはたしかに銀行の負担を肩代わりすることで銀行はより安全に貸出しができるようになりますし、また危険度の異なる証券を混合すれば平均的な危険度は低くなりますから、それ自体の方向性においては金融市場の効率を高める手段になるという点で悪いところはないわけでして、今回の金融危機にさいしましても、それを引き起こした「主犯」がＣＤＳやＣＤＯであるとか、ＣＤＳやＣＤＯは「悪魔の発明」であるとか言われる筋合いはないわけですが、それにもかかわらず事態がなぜ危機を生み出したかというと、不幸にしてそれらがサブプライム・ローンと呼ばれる低所得者向けの住宅ローンと結びついて、見境なく大量に悪用されたところに原因が所在するように思われます。

ではサブプライム・ローンとは何かということになりますが、アメリカではクレジット・カードから消費者ローンにいたるまで消費者のための金融サービスが高度に発達しておりまして、それぞれの消費者がどの程度に安全な消費者であるかどうか、つまり借金の返済が不能になるリスクがどの程度に小さい、あるいは大きい消費者であるか、信用度が格付けされております。その信用度が一定値以上の消費者へのローンがプライム・ローンでありまして、したがってサブプライム・ローンというのはそのプライム以下、すなわち信用度がプライム値よりも低い消費者へのローンという意味であります。

アメリカ経済では一九九〇年半ばあたりから消費ブームが起こり、前に申しましたように日本から、あるいは中国や他の国からも外国のお金がどんどんアメリカに流入してきた結果として、アメリカ人の住宅需要や自動車需要が顕著に高まってきました。その間《かん》アメリカの住宅価格は急上昇していきましたから、そうであればサブプライムにランクされる低所得層にも住宅ローンを組んで大丈夫だろうということで、サブプライム・ローンがどんどん増えていき、それが先ほどのCDOに組み込まれていったのです。

ところがそのもとになった住宅ブームも元来がバブルですから、住宅価格が永久に上がりつづけるわけではなく、やがてバブルがはじけて下がり始めました。すると住宅価格が上がりつづけていさえすれば高い格付けを得ていた金融商品も、その前提が崩れれば格下げされざるをえないわけでして、その評価も暴落いたします。先ほども申しましたように、CDOというのは証券化されたサブプライム・ローンなどをも組み込んで巧妙に再証券化したものですから、その素材となっている、つまり混ぜ合わされる前の、一つ一つの証券に遡って評価し直して、もう一度まとめたときに全体としてどのような評価になるかといったようなことを計算するのは大へんな作業でして、買手の投資家が購入時にそのような点まで見抜きえないのは仕方ないことであります。そうしたサブプライム関連の証券化商品を世界中の投資家たちが大量に買い込んで、それが一斉に大損失を抱え込むことになってしまったのです。

ＣＤＯをつくる側の人はそれぞれの商品がどのくらい危いものかおそらく分かっていたでしょうが、分かっていた人は逸早くそれらを一般の投資家に売ってしまって、サブプライム問題が拡大する前にすでに手持ちの「ババ」をアメリカばかりでなく世界中の投資家に手渡していた。そういうことで彼らは危険から逃げることができたかもしれませんが、ともかくそういう形で今回の金融危機はアメリカ国内ばかりでなく、グローバルに広く行き渡ることになってしまったのです。

日本への影響と今後の課題

ここで話を本来の日本経済の問題に戻しますが、日本は幸か不幸かヨーロッパの国々やアラブ諸国ほどには金融派生商品にコミットしませんでしたので、金融面ではそれらの国ほど損失は大きくありませんでしたが、他方実体経済の面ではこの金融破綻から莫大な損失を蒙りました。その点をご理解いただくためにお話ししましたのが冒頭で述べたそれまでの日米経済関係でありまして、今回の金融システム崩壊の結果、従来頼りにしてきましたアメリカからの外需すなわちアメリカ向け輸出がまたとない打撃を受けざるをえませんでした。そのことを一番顕著に示すのがトヨタを始めとする日本の自動車産業からの対米輸出が一挙にして八〇・七％も落ち込んでしまうという異常な事態でした。いま日本が陥っている景気低迷のもっとも基本的な原因はこのような輸出関連産業の大幅な減産と利益減による実体経済への打撃、その意味での日米経済関係の構造変化から日本経済がまだ立ち直れないでいるということにほかならないのです。この事態が尾を引いて、日本の経済はいまだに出口の見えない低迷状態の最中《さなか》にいるわけであります。

さてこうした診断が正しいとすると、そのことから明らかになってくるのは、これからの日本経済の発展にとってはもはやこれまでのように自動車産業や電機産業を中心とした輸出立国構造にいつまでも頼っていくわけにはいかないということであります。かりにアメリカの景気対策によってアメリカ国民の消費が回復したとしても、それは真の問題解決にはなりません。このことは実はよく考えてみれば当然のことなのであって、現在の日本経済はすでに高度成長時代の、いわゆるキャッチ・アップの段階は卒業してしまっているからです。つまり、より先進的な国から技術を移転して先進国と同じ物をつくり、ただそれを低廉な労働力と円安のお蔭で安くつくれば、低価格で海外に輸出できるといったようなパターンは、もはや中国やインドなどの新興国に移ってしまっているのです。ということは、これからの日本経済には、本格的な産業構造の改革に向かって進むのでないかぎり明るい未来はないということで、そのためにはたとえ為替レートが一ドル八〇円を切るとしてもなお収益が上がるような産業モデルを新たにつくり出すのでなければなりません。円安によって従来の輸出関連産業の活路を維持するというのは、実は補助金による斜陽産業の保護と同じようなことを意味しているのであって、たとえばトヨタが一〇年後に現在のままの姿にあるとは到底思えません。換言すれば自動車産業は二〇世紀後半の日本では産業構造の中心であったかもしれませんが、将来は何か新しい製品に活路を見出すのでないかぎり衰退産業になっていかざるをえないということです。

好むと好まざるとにかかわらずすでに先進国の座についたこれからの日本は、アメリカがＩＴ分野でグーグルやヤフー、ｉＰａｄなどを出してきたように、産業の構造を根本から転換していくことが何よりも重要な方向づけではないかと思います。もちろん私は製造業部門からの輸出が重要でないと言っているわけではありませんが、これからの輸出はこれまでのような欧米向けの完成品、最終財の輸出モデルから、アジア向けの部品、加工機械のような中間財輸出あるいはブランド品輸出のモデルのほうに重点を移していかざるをえないでしょう。時間の都合上詳論できませんが、ともあれこれからの日本経済の活性化のためには、何よりもこうした産業構造転換に向けての新成長戦略の推進が必要不可欠なのでありまして、たんに不況対策型の金融政策、財政政策による打開策だけでは不十分であることをご理解いただきたいと願う次第であります。

鳩山政権の経済政策

そこであと頂戴しております時間の残りの部分では、こうした日本経済活性化のための目標に向けて、現鳩山民主党政権（講演当時）がいかなる政策を提案しているかということを見渡してみまして、私なりの所見を述べさせていただきたいと存じます。

現政権の政策マニフェストを見て何よりも私が物足りなく思いますのは、ここで述べてまいりましたような新成長戦略、新しい産業構造を積極的につくり出していくという政策については、何ら目の覚めるような具体的なヴィジョンが見出せないことであります。そこで目玉とされておりますのは、むしろ需要振興策の一環としての子ども手当であるとか公立高校の授業料無償化であるとかいったような給付政策でありまして、たしかにこれからの日本は少子化に向かいますから、そうした少子化問題の緩和に向けて子育て費用を国が肩代わりするというのは、方向性そのものにおいては誤りではないでありましょう。しかし、少子化問題というのは元来長期的、趨勢的な問題で、景気のよしあしに関する問題ではありませんから、それを目下の不景気対策の一環であるかのように位置づけるのはあまり適切なことではありません。事実、子ども手当としてお金をばらまいても、親はそのお金を何に使っても構わないわけで、もしその金額が貯蓄に回されてしまえば需要喚起策としては何らの効力をも期待することはできません。これからの日本経済が縮小均衡に陥らないためには、そうしたばらまきよりも生産面で将来を見据えた産業の成長戦略をしっかり立てて、それに集中してあらゆる手段を講ずることのほうがはるかに重要なことのように思われます。

また鳩山政権は地球温暖化対策として温室効果ガスを二五％減らすと宣言いたしましたが、では何をどうすればそのことが実現できるのかといった具体的な処方箋がまったく見えてきません。それについてはたとえば炭素税を導入して財源を確保した上で、それを住宅の断熱や企業の省エネ投資、あるいは途上国への省エネ技術輸出への補助金に使うとか、とにもかくにも何らかの具体策を示すことが肝要であると思います。

鳩山政権のマニフェストを見て私が痛感するもう一つの不満は、そこにはいま触れた子ども手当のような支出のばらまきを始め、やや大衆迎合的な感のある諸項目が思いつきのままただ羅列されているだけで、どれを先にやってどれを後にやるといったような時間的な優先順位、また項目間の整合性などがまったく不明であることです。たとえば法人税の問題にせよ消費税の問題にせよ何をいつ何%下げるか上げるかすれば、何がいついつ日《か》までにこれだけ改善されるといったような分析がまるで見られず、それでは折角の政策パッケージの実際的な効果について疑問を感じないわけにはまいりません。

この点は鳩山政権の場合、閣僚や党幹部の発言がバラバラで、一本化した司令塔が欠如していることにも一因があると思います。高速道路の無料化の提案などにしても当事者たちの発言自体が二転三転いたしましたし、また郵貯の限度額をめぐっても、担当閣僚の、それを二倍に引き上げるという提案に対してはさすがに多くの閣僚から反対意見が出ましたが、結局は担当閣僚の意見に押し切られてしまうといったような経緯が見られました。このようなていたらくでは一体政権を代表する統一的な政策が何なのか、その整合性が疑われてもいたし方ありません。

が、何はともあれ、今回のリーマン・ショックがもたらした経済停滞から抜け出して今後の動向を活性化する上では、何度も申し上げましたように抜本的な産業構造の改革を基軸とした新成長戦略の推進が最重要な課題なのであって、これなくして現政権の経済政策には到底及第点を差し上げるわけにはまいらないのであります。

普天間移設問題所見

以上鳩山政権の経済政策をめぐって私見を述べてまいりましたが、最後にまだちょっと時間がありますので、狭い意味での経済政策ではありませんが、現政権のとっている政策についていささか気にかかる点をもう一点だけ論じて終わりにいたしたいと思います。それは沖縄の普天間基地移設にかかわる日米関係の問題であります。

この問題につきましては、ご承知のように鳩山首相はあるいは国外移設の可能性もとか、五年後にしかるべく決着とか、事態を紛糾させる発言を重ねてまいりまして、そうした首相の意図の不明確さ、決意表明の遅さといったものが不幸にしてアメリカ側の当事者をいら立たせる結果を招き今日に及びました。この点をめぐっての鳩山政権ないしは鳩山首相自身の外交感覚の鈍さというものに、私は率直に申してかなりの危機感を抱いております。

なるほど冷戦は終結したということで、防衛面に関する日米協力の根拠が以前より弱まったということは申せましょう。しかし、そうであるからといって、日米安保体制がもたらす日米両国間の利益関係が薄れたということにはかならずしもなりません。日本の隣には依然としてロシア、中国という核保有国が存在しておりますし、北朝鮮の核兵器問題が全面的に解決したわけでもありません。こうした現状からしてアメリカとの同盟関係を弱めるような政策を選択することは、日本の経済が後退を余儀なくされている今日の情勢の下では、経済面だけではなく軍事面、外交面等々あらゆる面を含めて日本の国際的孤立を知らず知らずのうちに促進することになっているのでありまして、そうした傾向を助長しつつある鳩山外交はこの点ではなはだ重大な過ちを犯しているのではないか。現政権は、名護市長に誰が当選するとか国民新党や社民党が脱退するとか、そうした身近な問題よりももっと大局的に、日本という国全体の長期的利益がいかなる国際関係の下で実現できるのかということについて明確な識見を持つべきであるし、またそれを国民に示すべきではないか、と私は思うのです。

いわゆる現行案なるものは、かつて日米間で漸く合意が成立し、また当時の名護市長も条件付きで受入れを承認した案だったわけであります。折角そこまで漕ぎつけていた事態を、半年も迷走を続けた結果こじらせてしまった原因はもっぱら鳩山首相自身の発言にあったわけでして、解決が見つからなかった場合の責任は大きな失敗として首相に重くのしかかってしかるべきものと思われます。

かつて福澤諭吉は『文明論之概略』の中で「故《ゆえ》にわが国の人民は外国との交際に付き、内外の権力果して平均するや否やを知らず、我に曲を蒙《こうむ》りたるや否やを知らず、利害を知らず、得失を知らず、恬《てん》として他国の事を見るが如《ごと》し」と述べまして、日本人の外交音痴ぶりを慨嘆いたしましたが、この福澤の指摘した国際関係を見る目の甘さ、国際政治に対する視野の狭さを鳩山外交は根本から自省して、国際競争の苛烈さ、冷徹さを認識した政策を進めてほしいものと念願する次第であります。

では時間も過ぎましたので、これを結びといたしまして、今日《きょう》の私の話は終わらせていただきます。どうも長時間ご清聴いただきまして、有難うございました。

Ⅲ　とつくにびと回想

追悼録　ポール・A・サミュエルソン教授

一

去る十二月十三日（二〇〇九年）、ポール・サミュエルソン教授が九十四歳の高齢で亡くなった。言うまでもなく教授は現代経済学の巨人と呼ばれるにふさわしい一代の碩学であり、また私にとっては留学以来掛け替えのない理想の恩師の一人であった。ぽっかり大きな穴があいたような喪失感、寂寥感を禁じえない。

二

サミュエルソン教授は一九一五年五月十五日米国インディアナ州ゲイリーのユダヤ系ポーランド移民の家庭に生まれ、大恐慌の最中《さなか》の一九三二年にシカゴ大学経済学部に入学、卒業後三六年からハーヴァード大学の大学院に移ってそこで博士号を取得した。以降はよく知られているように永年にわたってマサチューセッツ工科大学の教授職にあり、また七〇年にはアメリカで最初のノーベル経済学賞を受賞した。

三

教授が世に残した功績はあまりにも大きく、全貌を語るのは容易ではないが、その最《さい》たるものはやはり今日の経済学を一つの大きな統一的体系に総合し、世界中どこの大学の研究や教育にとっても標準的とみなされるべき共通地盤を整えたことに求められよう。専門の研究者にとっては一九四七年に出版された主著『経済分析の基礎』（*Foundations of Economic Analysis*）がそうした動向を促進する上で顕著な影響力を持ったし、また教育面ではほぼ同時に著わされたベストセラー教科書『経済学』（*Economics: An Introductory Analysis*）が斯学の標準化、普及化に絶大な寄与をなした。

主著の序論に述べられているように、教授は一見相異なるかに思われるさまざまな経済学の分野間にも――家計の消費行動・企業の生産行動にかかわるものであれ、国際貿易をとり扱うものであれ、はたまたマクロ経済の所得分析を対象とするものであれ――、そこには際立った形式的類同性が見出されるとし、それらの理論を「有意味な定理」（"meaning theorem"）の名の下に統一的に考察することを提唱した。ここで「有意味な定理」とは「理想的な条件下に限ってのことにせよ、経験的なデータに関して棄却可能な性格を持つ仮説」をいい、たとえばある財の需要の弾力性が1より大きいとか、ある一定額の公共支出がその三倍の国内総生産の増加を生み出すとかいったような命題がみなこれに当たる。

教授はそのような有意味な定理の源泉が一つには個別的経済主体の最大化行動、もう一つには経済均衡の安定性という二つのきわめて一般的な仮説に求められることを指摘し、とりわけ後者は経済体系の動学的性質に連繫するがゆえに、与件の変化が経済的変数の均衡値に及ぼす影響を問う比較静学分析と動学とのあいだには「対応原理」(Correspondence Principle) と呼ぶにふさわしい関係があることをも唱えて、静学と動学の分野を統合する見地の可能性をも示唆したのである。

このような教授の基本的な視点は各個別主体の行動、市場の機構、ミクロとマクロ、静学と動学等々経済学のすべての分野にわたってそれらに通底する相関連した分析構造があることを示したものであり、それが現代経済学の基盤を統合するにあたって果たしえた功績はまことに大なるものがあったと言うべきであろう。二、三の例でいえば、われわれが各個の消費者の効用最大化行動を問うのも、それが結果として導かれる需要関数の性質、なかんずく与件としての市場価格の変化が各財の需要量をどのように変化させるかという有意味な定理を得るための基礎仮説となるからである。また市場の需給均衡の安定性が要請されるのも、ふたたびそれが、たとえば間接税の賦課によって当該財ならびに関連する他の財の市場価格にどのような変化が生じるかを明らかにするための有益な情報源となるからである。さらにまたマクロ経済学の分野で限界消費性向が1よりも小という安定条件が重要視されるのも、不況対策として公共支出を増加させるにあたり、それが乗数効果を確定する上での不可欠の前提となるからである、等々。

教授の教科書『経済学』が新古典派経済学とケインズ経済学を統合した教科書としてあれほど広範な影響力を及ぼしえたのも、本質的にはそれが上述のような包括的な分析視点に立脚したものであったからにほかならない。本書におけるいわゆる新古典派的総合の立場についてはのちにまた関説する予定であるが、いずれにせよそうした広範な領域を矛盾なく包摂する思考の枠組みの中で、教員も学生も新古典派対ケインズ主義、ミクロ経済学対マクロ経済学といった精神分裂に心を煩わされることなく、安んじて経済学一般を教えかつ学ぶことができたのである。

四

教授のノーベル経済学賞の授賞理由は「静学的および動学的な経済理論を発展させ、経済学における分析水準を高めた科学的業績に対して」ということになっているが、アカデミズムの世界で前述の功績にもまして重要視されるべきは、一九六六年から一九八六年にかけて出版された膨大な『科学的論文集』全五巻（*The Collected Scientific Papers of Paul A. Samuelson*, Vol.1–5）であろう。そこにはいわゆる顕示選好の理論、代替可能性定理、重複世代モデル、動学的安定性、要素価格均等化の定理、公共財の理論、ターンパイク定理等々、教授の名を不滅にする先駆的業績を含む三百八十五編余の独創的論文が、一九八〇年代半ばまでに書かれたものすべてにわたって漏れなく収録され、金字塔とも言うべき偉容を示している。

教授の論文が初めて世に現れ始めたのは一九三七年ころからで、当初はたとえば「消費者行動の純粋理論」とか「効用の測定可能性」とかいったようなミクロ経済理論の基礎にかかわる論文が多かったが、やがて二年ほど経って一九三九年あたりになると、当時日本で教授の名を一躍有名にした「乗数理論と加速度原理の相互作用」とか「呼び水政策の再検討」とかいったようなマクロ経済学に関する業績が次々と登場するようになった。これらミクロ、マクロ両分野での一連の研究は、教授がハーヴァード大学で薫陶を受けたシュンペーター、ハンセンという二人の師の影響をそれぞれあらわしたものと考えてよいであろう。事実、一九五〇年の『エコノミカ』に載せられた効用の積分可能性に関する論文には、冒頭にシュンペーターの死を悼んだ献辞が記されている。他方ハンセンからは、サ教授はケインズ経済学いわゆる「ケインズ革命」の強烈な衝撃を受け継いだのであって、当時ハーヴァードの学園にケインズの波がどのように押し寄せたかについては、教授みずからが「ケインズ卿と『一般理論』」という論文の中に記した有名な言葉、「ケインズの経済学はあたかも南海諸島を襲った熱病のように、経済学の学界を襲ったのであって、若い学者はみな立ちどころにその熱に感染してい

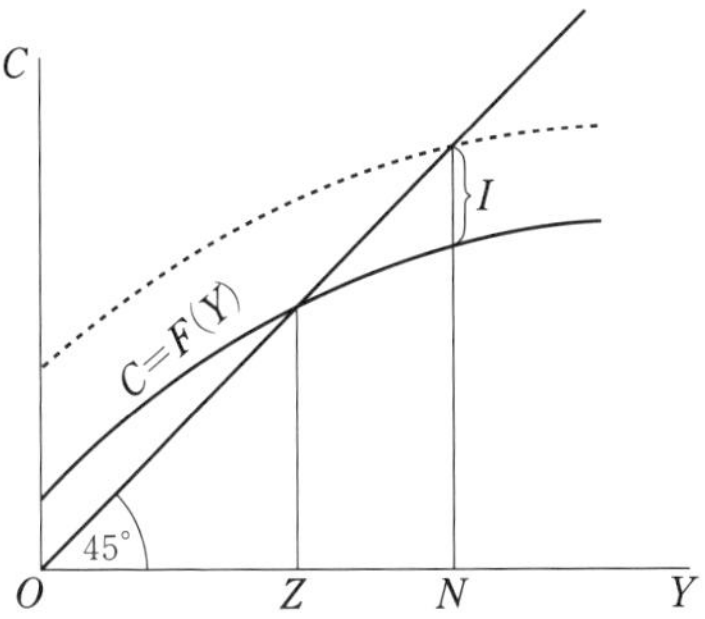

第１図

った」という言葉ほど、その事情を雄弁に伝えるものはないであろう。逸早くその熱に感染したサミュエルソン教授は、若いケインジアンの一人として、消費関数や加速度原理の明確な分析をつうじ師ハンセンを助けたのであって、今日マクロ経済学の教科書の中にかならず見出される45度線と*C*プラス*I*曲線の交叉図も、このとき教授が『ジャーナル・オブ・ポリティカル・エコノミー』誌に寄稿した論文「加速度原理と乗数の総合」（一九三九年十二月号）の中に初めて出現するのである。参考までに今そのままを複写して掲げたのが、記念すべきその図のオリジナルな姿である。

五

私がサミュエルソン教授の名を初めて知ったのは学生時代、一九四四年に日吉から三田に移って本式に経済学の勉強を始めたころであるが、そのときにまず接しえた二編の論文が『エコノミカ』一九三八年二月号所載の「消費者行動の純粋理論に関するノート」と『レビュー・オブ・エコノミックス・エンド・スタティスティックス』一九三九年五月号所載の著名な論文「乗数理論と加速度原理の相互作用」であった。前者の発想法、効用関数が分からなくても観察可能な選択についてその整合性さえ仮定すれば需要関数の性質があらかた導けるという教授の考え方には大いに惹かれるところがあり、また後者の、限界消費性向と加速度因子の値いかんによって所得のあらゆる変動形態が生み出されるという分析からは、目の覚めるような思いをしたのが現在でもはっきり記憶に残っている。今にして思えば、教授もまた当時これらの論文をひっさげてまさに花々しく学界にデビューしつつあったのである。

復員後ふたたび学窓に戻り、一九四七年に卒業して学部の助手に残った年に、教授の主著『経済分析の基礎』が出版された。たまたまこの書物との出会いを機縁として、さらに私は自分を教授と個人的に結びつける一つのささやかな出来事を持つことになった。

当時は敗戦直後ということで、まだドルの統制があり、今のようにアメリカの本を自由に購入することができない時代であった。戦時中から戦後まもなくにかけてアメリカで出版された書物や雑誌は、占領軍総司令部が各主要都市に設けたＣＩＥ、これは Civil Information and Education の略で文化情報教育局とでも訳されるべきものであるが、そのＣＩＥの図書館で読むよりほか手段がなかったのである。東京には日比谷の、現在はシャンテのビルが建っている場所の真前、通りをへだてて三井住友銀行本店の角のところに当時は日東紅茶という会社の建物があり、それが接収されてＣＩＥライブラリーになっていた。その二階で私はほかのアメリカ経済学者の新著や『アメリカン・エコノミック・レビュー』、『エコノメトリカ』などの最新号とともに、出版されたての『経済分析の基礎』を初めて読むことができたのである。

ところが何回か通ってこの書物を読み進めていくうちに、始めのほうの「ル・シャトリエの原理」と呼ばれるものをとり扱っている行論に、どうも著者のサ教授が間違っているのではないかと思われる、合点のいかない箇所にぶつかることになった。

ル・シャトリエの原理というのは、その経済が服する制約条件の数がより少なくなるほど、与件の変化に対する変数の調整は（ゆとりができるので）より大きくなるという命題を指すものであるが、問題の箇所、同書の三十八ページ中ごろのところで、教授は変数がn個で制約条件がr個あるモデルについて、(43)式としてつぎのような式を書いていた。

$$\left(\frac{dx_i}{d\alpha_i}\right)_r - \left(\frac{dx_i}{d\alpha_i}\right)_{r-1} = \frac{-({}^rH_{i,\,n+r})^2}{{}^rH \cdot {}^rH_{n+r,n+r}}$$

すなわち制約条件がr個のときの、与件α_iの変化に対する変数x_iの変化率が$(dx_i/d\alpha_i)_r$、制約条件が1個減って$r-1$個になったときのその変化率が$(dx_i/d\alpha_i)_{r-1}$で、その差をあらわしたものが左辺である。ここでは$dx_i/d\alpha_i$が負になる事例をとり上げているので、制約条件が少ないほど変数の変化率が大きいという主張は左辺が正になることを意味しており、したがってその主張が証明されるためには、右辺もまた正になること、すなわち分子の$-({}^rH_{i,\,n+r})^2$と分母の${}^rH \cdot {}^rH_{n+r,n+r}$が同符号になることが示されるのでなくてはならない。

問題点はそのことを示す論拠にあり、ここで${}^rH$は主部が$n \times n$、それにr個の縁《へり》がついた（$n+r$）×($n+r$)の縁付きヘッセ行列式、同様に${}^rH_{n+r,n+r}$はそれから第($n+r$)行、第($n+r$)列をとり去った余因数であるが、そのときに読んだ主著の初版の説明では

The denominator is negative because adjacent bordered principal minors must be of opposite sign. Hence, the difference is positive.

と書かれていた。すなわち^{r}Hと$^{r}H_{n+r,n+r}$は相隣《とな》る首座小行列式であるから符号が交代し、したがって分母はその積として当然負になる。一方分子は$^{r}H_{i,n+r}$の2乗にマイナスが掛かっているのでやはり負になり、したがって右辺は正になって、所望の結論が得られるというわけである。

だが教授のこの推論は呑み込めない理屈であって、^{r}Hと$^{r}H_{n+r,n+r}$は縁の数がr個と$r-1$個というように1個違うだけで、行列式の主部はいずれも$n \times n$であるから、教授が言うように相隣る首座小行列式ではない。それらは符号を異にするのではなくて、実は同符号なのである。よってそれらの積は負にはならず、正しくは正にならなければならない。するとル・シャトリエの原理の結論が逆になって一大事のように思われるが、幸か不幸か（?!）教授の推論にはもう一つの計算ミスがあり、分子の$(^{r}H_{i,n+r})^2$の前のマイナスは要らないのである。したがって教授は分母も分子も負という二重のミスを犯すことによって結論は正という、直観的には正しい帰結を導いていたのである。

そこで私は勇を鼓して、この点について、生まれて初めて外国の偉い経済学者に出す手紙を教授宛に書き送った。すると教授から早速に返事が到来し、確かに君の言うとおりだから第二刷のときには書き直すと書いてあって、非常に感激したことには、同時にサイン入りで『経済分析の

基礎』一冊を送り届けてくれた。今日の第二刷以降の版では、前掲引用の部分が

The denominator is positive because such bordered principal minors regardless of the number of bordering rows must be of the same sign. Hence, the difference is positive.

すなわち^rHと$^rH_{n+r,n+r}$は縁の数にかかわりなく同符号であるから分母は正という正しい主張に改められており、同時に分子のマイナス記号もとり去られている。現在の版では問題のパラグラフの三行が刷り直されたため、その部分だけやや薄いインクで刷られており、一見してそれが問題の箇所であることがすぐ分かる。

さてそのような出来事が私をサミュエルソン教授と結びつける最初の機縁であったが、しかしこのときにはまだ、のちに教授を直接の師としてその下で学ぶ機会が訪れようなどとは夢にも思われなかった。ところがそれから数年の歳月が経ち一九五三年になると、思いがけなく私はロックフェラー財団のフェローシップを受けてハーヴァード大学に二カ年間留学する機会に恵まれ、そこでハンセン、ハーバラー、チェンバリン、レオンティエフといった先生方を師とすると同時に、そのすぐ傍《そば》のマサチューセッツ工科大学、ＭＩＴの経済学部でもサミュエルソン教授から親しく指導を受けることになったのである。

六

一九五三年から五五年までの二カ年間は、夏休みを除いて常時週二回は教授と接触していたから、それこそ数限りない思い出が蘇えるが、当時教授はまだ三十七歳から三十九歳にかけての若さで、それでいて、もはやＭＩＴの経済学部にとってはなくてはならない重鎮であった。彼は学界に登場したときから神童であるとかアンファン・テリブルであるとか言われ、私がいたころもすでに経済理論家としては全米随一という令名を馳せていた。前にも記したように教授はアメリカで一番最初のノーベル経済学賞受賞の栄誉に輝いた。この賞の第一回目はノールウェーのフリッシュとオランダのティンベルヘンの同時受賞ということになったが、これはおそらくノーベル賞が元来スウェーデンで与えられる賞であるところから、とくに初回は北欧の学者に敬意が払われたという含みがあったであろうと思われる。したがって二回目がサミュエルソン教授というのは実質初回と言っても不当ではないことで、教授がいかに世界の学界で刮目されていたかを物語る事実ではなかろうか。

サ教授は日本では数理経済学者というか数学的な経済理論のエキスパートと考えられており、それはそれでもちろん間違いではないが、身辺にいて教授を知れば知るほど驚嘆を禁じえなかったのは、経済学説の歴史であれ、経済統計の数字であれ、およそ経済というものに関連する事柄なら何についても奇跡的と言っていいほどの通暁ぶりを示していたことである。数学者から経済学者に転向する人も今では稀ではないから、あるいは数学的能力ということだけなら、教授より長ずる理論家は何人かいるかもしれない。しかしサ教授ほどの純粋経済理論の達人にして、しかもまた同時に財政政策の講義でも国際貿易論の講義でも即座にかって出られるような人、大統領の経済顧問にも招じられるような多芸多才の持主は容易に見出し難いのではないかと思われる。このような、ありとあらゆる部面への通暁と強靱な推理との見事なバランスこそが、教授の『経済学』という教科書をあれほど世界のベストセラーとして成功させた大きな原因であったにちがいない。

しかし、教科書がいかにベストセラーになろうと、それが教授の偉大さを測る真の尺度になるわけではなく、何といっても教授がその非凡な才能の本領を発揮してきたのは、固有の意味での経済理論、いわゆる純粋経済理論の分野での専門的かつ先端的な仕事であると言わねばならない。『経済分析の基礎』や『科学的論文集』に代表されるそれらの業績に接して何よりもわれわれを感嘆させるのは、教授の無類の推理の力である。彼の頭の中ではいっさいの経済理論がこの上なく明解な図式となって一片の塵をもとどめていないかのように思われた。二年間教授の傍にいてつね日ごろ感じたことであるが、われわれの疑問にほんの少し耳を傾けただけで即座に的確な答を打ち出す直観の鋭さと推論の早さは、何か名刀の冴えにも似たものを蔵して、私などには空恐しくさえ思われたものである。

七

ＭＩＴ大学院での教授の講義は通年かならずあるのが「経済分析」という名のもので、そのほか私の留学中には「景気循環」、「国際貿易」という二つの半期の特殊講義が行われた。またセミナーのほうも常設されていたが、教授の場合はセミナーといっても講義と同様、始めから終わりまで教授自身が喋りつづけるのである。ただ講義とは違って、その日その日で相異なるトピックが臨機応変にとり上げられ、たとえばある日はベルヌイ一族の貢献とかラムゼー、サヴェッジの主観的確率の概念とか確率論の歴史の話であったかと思えば、また別の日はヴィクセル、リンダールの公共財の理論の講釈であるといった具合であった。ベーム・バヴェルク対アーヴィング・フィッシャーの資本理論論争が話題になるときもあったし、当時教授自身がホットな研究課題としてとり組んでいた資本蓄積の有効経路、ターンパイク定理などの構想が披露されることも何度かあった。

ただ油断ならないのは、話の合間にQuery!という呼びかけで指が上がると、パッパッと名指しで聴方《ききかた》のわれわれに質問が飛んでくることで、私もまた何回か槍玉にあげられた。今でもよく覚えているのは初めて受けた質問で、メンガーは各生産段階に応じて第一次財、第二次財、……と財を次数で順序づけたが、より高次の財とは生産段階の始点により近いほうをいうのか終点により近いほうをいうのか、というものであった。

講義にせよセミナーにせよ有難かったのは、毎回教授がその日の話の要旨を几帳面に一、二ページのメモランダムにして、話の前に配ってくれたことである。それは教授自身の手書きの体裁のときもあればタイプしたもののときもあったが、コースごとに二ヵ年にわたって蓄積されたこのかなりの量の「講義録」を、私はいまだに宝物として大切に愛蔵している。

八

ここでふたたびサミュエルソン経済学そのものを評価する考察に戻る。ただし各個の貢献については それぞれ他の執筆者に期待するとして、以下では教授の経済学全般にわたる基本的な考え方の二、三をめぐって、その後に現れた批判への私見をも交じえつつ順次論じていくことにしたい。

まずは有意味な定理の源泉にかかわるつぎの論点をとり上げてみる。前にも述べたとおり、教授はそのような源泉の一つとして経済均衡の安定性を重視し、それが比較静学分析と切っても切り離せぬ重要な関連を持つことを説いた。ところがその後の一般均衡理論の進展コースでは、そうした安定性を保証する粗代替性や優対角性などの条件がミクロ的基礎から根拠づけられないものであるがゆえに、安定理論そのものを均衡経済学の領域から追放しようとするパラダイム・シフトが起こりつつあるかのように見受けられる。すでによく知られているように、スカーフは一九六〇年の論文において、各個別主体にかかわる通常のミクロ的仮定のみからはワルラス的模索過程は不安定性を除去しえないことを証明した。またソンネンシャインは一九七二年の論文の中で、そうしたミクロ的仮定が導く超過需要関数の性質はたかだかゼロ次同次性とワルラス法則のみであり、それらを超えては他のいかなる有意義な制約をも導きえないことを証明した。これらのショッキングな指摘を併せ考えるとすれば、われわれはたとえばアロー、ハーヴィッチ、ハーンたちに見られるように、かならずしもミクロ的基礎からすれば正当化されえない粗代替性や優対角性などの仮定をあとからアド・ホックに導入して安定理論の展開を図るか、さもなければたとえばドブリューに代表されるように、ミクロ的基礎が根拠づけえない分析はすべてこれを断念して、いっさい手を染めないという禁欲主義を貫くか、その二者択一に当面せざるをえないかのごとくである。

『見えざる手』という興味深い均衡理論史を書いたブルーナ・イングラオとジョルジオ・イスラエルのように、ドブリュー式のパラダイム革命に倣うのが最善と割り切ってしまえば事は簡単であるが、それではサミュエルソン教授の「対応原理」はまったく意義を喪失することとなってしまう。教授のためにいささか代弁しておくとすれば、私はそこまで徹底した自己限定に同調する気にはさらさらなれない。

市場経済が与件の変化による衝撃に常時曝されていることを考えれば、安定性を欠如した均衡理論などといったものを考えること自体がそもそもナンセンスである。たしかに粗代替性や優対角性は今のところ各主体の特性にもっともな根拠を求めることのできない超過需要関数の性質であるかもしれないが、しかし市場の調整プロセスに関する安定性の公準は、果たしてそのような各個別主体の特性のみから正当化されねばならないミクロ的公準であろうか。元来、競争市場における価格のメカニズムは、個々の家計や企業の単独の力を越えた没人格的な組織の理法をあらわしているのではなかったろうか。仮にそのように言うことが正しいとすれば、安定・不安定の帰結は超過需要関数そのものの性質ばかりではなく、また超過需要関数の値に対して価格が調整されるその仕組みの性質にも依存しているはずである。つまりそれは各主体の特性とはまた別格の、組織の機構にもかかわるところが大きいと考えねばならないであろう。そうした意味合いにおいて、個別主体のミクロ的特性から根拠づけられない想定はすべて正当視すべきでないとする見解は、あまりにも狭隘な自己限定であり、そのことによって安定理論の持つ分析的意義がパラダイムから追放されねばならない理由は見当らないのではないかというのが私見である。

九

つぎに論じておきたいのは、サミュエルソン教授の基本的立場としてしばしば引合いに出される「新古典派的総合」という考え方についてである。これは価値・価格の理論に関するかぎりでは伝統的な新古典派の遺産を尊重し、他方ケインズ経済学がもたらした貢献をもそうした新古典派の体系内に摂取同化しようとする教授の考え方を指すものである。すでに記したところであるが、教授は一方ではシュンペーターを師とすることによってミクロ的な価値・価格理論すなわち一般均衡理論の立場をきわめて高く評価するとともに、他方ではもう一人の師ハンセンの教えをつうじてケインズ主義にもとづく総需要管理の考え方をも大いに重要視するところとした。この両方をともに生かして、それをできうるかぎり首尾一貫した全体像に統合するという構想を指して「新古典派的総合」と呼ぶわけである。

ではそれら新古典派の経済学とケインズ主義の経済学がそこではどのように折り合いがつけられているのかといえば、まず現実の市場経済が不景気に陥って失業が発生したり、あるいは過熱してインフレが生じたりする場合には、政府は能動的に総需要管理政策を発動して総需要を適切な水準に調整するものとする。その点ではケインズ主義の教えを全面的に受け入れるわけであるが、その結果政府の政策が効を奏して経済が過不足のない完全雇用の状態を実現しえたとすれば、その後は新古典派の経済理論がすべて活きるものと考える。よって両者は対立するものではなく、両立し互いに補完し合うべきものであるというのが、この立場の基本的考え方になっているのである。

そうした考え方はサ教授を俟って初めて生じたわけではなく、実はケインズ自身、彼の主著の終わりのほうで同趣旨のことを述べている。「もし当局の政策が首尾よく完全雇用あるいはそれに近い状態を達成しえたとするならば、新古典派の理論がみずからの本領をとり戻すにいたるであろう」というのがそれであって、これを文字通りに解するかぎり新古典派的総合の提唱は、ケインズの言葉に忠実にそのプログラムを実行したものとも考えられるのである。

新古典派的総合の立場は基本的には現在でも数多くの経済学者によって支持されているが、実はそこには現代のわれわれに残された一つの大きな問題点が含まれているように思われる。それはサミュエルソン教授のよきライバルである米国理論経済学界のもう一人の重鎮ケネス・アローが、サ教授の『科学的論文集』の書評に寄せて指摘した問題点にほかならない。

アローが述べている所見の論旨は、概略つぎのように要約されよう。元来伝統的な新古典派の理論では、諸財の価格が、賃金や利子率をも含めて、いずれも伸縮自在に動くとか、需要や供給がそれら価格の動きに弾力的に反応するとか、万事がすべての市場においてうまく需給の均衡をもたらすように機能する場合が想定されている。したがってそこでは経済全体としても完全雇用の均衡が自然とみずからの力で達成されるようなメカニズムが前提とされているわけであり、これはいわば市場以外の力に頼るのではなく自力で完全雇用に向かいうる経済メカニズムの記述である。ところが一方ケインズ主義の経済学が対象としているのは、自分の力だけでは完全雇用を達成することができず、放任されれば失業やインフレに悩まされる経済、政府の積極的な総需要管理政策を俟ってはじめて完全雇用の達成維持が可能となるような経済である。新古典派総合の立場は、そのような経済であっても政府の政策で完全雇用さえ実現されれば、あとは新古典派の価格理論が有効性をとり戻すというが、まさにその点が問題視されるべきである。そのような経済では、完全雇用が実現されるにせよそれは自力ではなく他力、政府の政策の力を借りてそうなったのであるから、そこに内在するメカニズムそのものは、自力で完全雇用を実現できる経済のそれとはおのずから相異なっているはずで、完全雇用が実現したからといって従来の価格理論をそのままあてはめることはできないのではないか。

これがアローの提起している問題点であって、俗流的な底の浅い新古典派的総合批判に比べれば流石《さすが》に急所を突いた傾聴すべき評言と言わなければならないであろう。この見解を容れるならば、外から政策の力を借りなければ完全雇用を実現しえないような経済の価格理論は、自力で自動的に完全雇用を実現する調整機能を具えたワルラス流の価格理論とはどこか違った特性を持つ価格理論でなければならないことになり、事実、現在の経済学の状況の中では、ニュー・ケインジアンと呼ばれる新世代の経済学者たちがこの点をまともにとり上げて、どのようなメカニズムを持つ価格理論を構成したら当該の要請に叶うかをいろいろと思案する流れが進みつつある。名目的、実質的いずれの意味においても価格や賃金、利子率などがなぜ伸縮的でなく硬直的となるのか、あるいはまた市場の持つ情報がどういう点で不完全で完全雇用実現の妨げとなるのか、さらにはまた市場がどういう理由でコオーディネーションに失敗するのか等々といったような諸問題を追求するのが、この流れを代表するリサーチ・プログラムを成しており、現在のところまだこれといった統一的な相は見えてこないが、有意義な理論展開の一動向を示すと言ってよかろう。

ただここで一つだけ付言しておくとすれば、それは上記のような経済がたとえ外力によって完全雇用を達成しえたにすぎないとしても、完全雇用均衡の状態にある以上はそこでは企業家も労働者もともにそれ以上よりよい状態には移りえないという意味ではパレート最適の状態にあり、そしてパレート最適の状態はかならずワルラス流の競争均衡として実現可能であるという一事である。それは現代の経済学では厚生経済学の第二基本定理として知られている主張であり、この主張そのものの正しさは何人《なにびと》も否定することができない。

したがって、そのような意味においては、完全雇用の均衡状態では新古典派理論が「みずからの本領をとり戻す」というのは真実であるほかはなく、そのことと、自力で完全雇用を達成しえない経済のメカニズムは新古典派理論が前提とする経済のメカニズムと相異なっているということとのあいだには、何らの矛盾もありえない。われわれはこれら相異なる二つの命題を識別する論理的能力を持っているのでなくてはならず、成立した均衡そのものの属性に関する記述とその均衡を成立せしめる生成メカニズムの記述とをとり違えることがあってはならない。サ教授の新古典派的総合をめぐる議論においては、まずこの点に留意して臨むことが必要とされよう。

一〇

サミュエルソン教授の学問の基本的立場として、さらにもう一つここで触れておきたいのは、その科学方法論にかかわる側面で、教授が科学哲学に関しては広い意味での実証主義(positivism)、もう少し限定して言えばいわゆる反証主義（falsificationism）の立場を一貫してとってきたという点である。

ここで実証主義というのは、もともと論理実証主義として二十世紀初頭ウィーンの哲学者のあいだで提唱された科学哲学上の一つの立場であって、科学であるためにはその中に含まれてくる主張や命題はすべて経験的な事実によって検証され、そのテストに合格しなければならないといった、はなはだ明快な考え方を指すものである。しかし初期の論理実証主義は、その後いろいろの批判に曝されて、元来の立場を守り通すことができなくなった。その最大の難関は帰納法にまつわる問題点で、早い話が今たとえば「カラスという鳥はみな黒い鳥である」という一般的命題についてこれをテストしてみようとしても、実際に観察できるカラスの数は所詮有限であるほかないから、今までに調べたカラスが全部黒い鳥であったとしても、つぎに現われるカラスが黒い鳥であると保証することはできない。これが古くから指摘されつづけてきた帰納法の論理的矛盾にほかならない。

そこでこんどは見方を変えて、当該の命題が正しいかどうかではなく、間違っていないかどうかを検証することにしてみる。すなわち一羽でも白いカラスが観察されれば「カラスはみな黒い鳥である」という一般命題は誤りであることが事実から確証されたことになるので、それは科学的な命題としては棄却されねばならないとするのである。このように一般的な命題を否定的な形で検証する、換言すれば反証（falsify）する、というのが反証主義の立場である。帰納法の持つ論理的な矛盾を免れて、しかも経験的な事実に科学の命題を結びつけたいと目指すのであれば、この反証主義の立場に頼るよりほか途はないというわけで、ちょうど写真のポジとネガの関係のように狭い意味での論理実証主義を批判し、それに代えて反証主義を唱えた有名な科学哲学者がカール・ポパーであった。

サミュエルソン教授もまた、ポパーとは独立に、本質的には同様のこの反証主義の立場をとっているわけである。教授が「有意味な定理」は「経験的データに関して棄却可能な性格を持つ仮説」でなければならないと言うとき、棄却可能（refutable）というのはまさしくポパーの反証可能（falsifiable）と同じことを意味しているのである。

ポパーとの関係については教授自身に尋ねてみたことがあったが、ポパーの本はずっとあとになってから読んだのであって、主著の下書き原稿を書いているころにはまったく知らなかった、というのがそのときの答であった。教授自身は物理学者ブリッジマンの一九二七年の著書『近代物理学の論理』を読むことから強い影響を受け、その操作主義（operationalism）の哲学をつうじて主著の立場に導かれたのであった。

教授の『経済分析の基礎』が出たのは前述したように一九四七年であるが、この主著の実質的内容はすでに六年ほど前にでき上がっていて、教授は一九四一年にそれをもってハーヴァード大学のウェルズ賞に応募し、めでたく同賞を獲得することができた。そのとき提出された論文の題名が「経済理論の操作的意義」というものであって、これがのちに主著で謳われた「操作的に有意味な定理」（“operationally meaningful theorem”）という言葉に連なり、この書を一貫するモットーとなったのである。

ブリッジマンのいう操作主義とは、たとえば物の量や長さを測ってみるとかある種の実験を行ってみるとか、何らかの操作、オペレーションをつうじて、当の理論的仮説の妥当性をテストすることを指し、その結果によって反証されうる可能性を理論自体が持っているのでなくてはならないとしている。そうした性格を具有する理論のみが有意味であるというのが「操作的に有意味な定理」ということの意味するところなのである。

それゆえ主著の考え方を理解するためには、ここで意味があるとかないとか言われていることの含意に十分注意を払い、それを誤解しないことが肝要である。重ねて言えば、それはカルナップ哲学の場合と同じく、事実と照合して偽である可能性が確かめられうるような構造を具えた命題は意味があるが、他方事実がどうであれ先験的《アプリオリ》につねに正しいとかつねに誤りであるとかいう命題は意味がない、とされているのである。

主著『経済分析の基礎』はニューヨーク大学の佐藤隆三教授によって邦訳されているが、この訳書では“operationally meaningful theorem”は「実践的に有意義な定理」と訳出されている。訳者自身がどう理解しているかは別としても、読者がこの日本語訳に接する場合には、それは政策として実用された場合に大いに役に立つ定理というような意味に読まれてしまうのではなかろうか。

ところでポパーの反証主義哲学は、その後分析哲学の世界においていろいろと批判を受け、波瀾を巻き起こしてきた。サ教授の操作主義哲学もポパー流の考えと軌を一にするものであるからには、当然それらの物言いの標的たりうると考えねばなるまい。そこで以下本節では、なされてきた批判のうち主要なもの二つにのみ限定してその主張を検討し、教授のためいささか弁じておくことにしたいと思う。その一つはわが国でもひところしきりに持てはやされた『科学革命の構造』の著者トーマス・クーンに代表されるものであり、もう一つは『発見の諸類型』（邦訳では『科学理論はいかにして生まれるか』）を書いたハンソンに由来するものである。

ポパーやサミュエルソン教授のような観点からすれば、科学の進展とは次々に新しい仮説が提唱されると、それがただちに事実と照合されて、当てはまらないものは間引きされ、反証されなかったものだけが生き残って、従来から存続してきたもののストックにつけ加えられる、というプロセスから成ると考えられる。したがってそう見る場合には、当該科学分野の生き残りストックが共通地盤として時代とともに逐次ゆたかになっていくわけで、それが科学の進歩だということになる。ところが、クーンのような見方によれば、現実の科学の歴史はそういった姿をとっていないと言う。つまり彼の見解では、科学史のプロセスはその時その時に君臨してその時代を支配する理論が入れ替わり立ち替わり現れる交代劇なのであって、古いパラダイムは事実に反証されることで葬り去られるのではなく、新しく出現するパラダイムとの競争に負けて、とって代わられるのである。つまり時代をつうじて生き残った理論が積み重ねられていくというのではなくて、一つの時代にはモノ・パラダイムすなわち一つのパラダイムのみが幅をきかせており、それが退くのは、より有力な新パラダイムが現れて先行者を廃物化するからだといった具合になる。たとえて言えば、新しい王は前王を殺すことによってのみ支配の座に即くことができるというわけである。

　大胆に要約してしまえば、このようなクーンの見方は一種の醒めた目で過去現在をつうじての実際の科学者集団の動きを眺め、それをありのまま社会学的に記述したものと言うことができるであろう。もしわれわれがもっぱら社会学の眼鏡のみをつうじて相異なる学派間の対立抗争の姿を観察するならば、なるほどクーンのようなヴィジョンも学界の挙動について一脈のリアリズムを伝える面を持っているかもしれない。が、そうした意味での現実描写に一面の真理が含まれているからといって、ではポパーやサミュエルソン教授のような見方がなくてもいいかと言えば、かならずしもそうとは言い切れないふしがあるように思われる。やはり科学というものが科学たりうるためには、則《のっと》るべき規範、それを科学でないものから区別する基準が必要なのであって、教授たちの反証主義はいわば科学者が遵守すべきそうした拠り所を示したものにほかならない。そのような基準が科学の営みにとって持つ意味を否定するならば、結局はファイアアーベントなどが言っているように何でもありということになって、そもそも科学というもの自体が成り立つ可能性がなくなってしまう。そうした意味では、クーンが描くような学者集団の行動の一面を認めるにしても、なお反証主義の考え方を棄て去ってしまっていいということにはならない。クーンは同一パラダイム内での切瑳琢磨とパラダイム自体の革命とを峻別しているが、その差は所詮相対的なもので、いずれにせよ学説の淘汰は科学であるかぎり事実との照合による以外に途はないのである。

ここでもう一つの反証主義批判の考察に移ることにしよう。それは前述したように『発見の諸類型』の著者ハンソンなどの見解に由来するもので、この書物の訳者である村上陽一郎氏や、また佐和隆光氏などによっても支持されている考え方である。

このハンソン流の言い分によれば、ポパーやサミュエルソン教授のように理論ないしは仮説を事実によって反証するといっても、そうした事実そのものが元来それを見る人の色眼鏡をつうじて見られているのであって、それからまったく独立な万人共通の事実などといったものは世の中に存在しえない。だから事実を用いて理論の客観的妥当性をテストするといったような目論見自体が意味をなさないのだ、というのである。

たしかに事実を観察するということ自体が、すでにそれを観察する人の物事の見方を背負った活動なのだということは、否定し難い事実であろう。「われわれは知っているだけのものを見る」とゲーテは言ったが、そのとおり誰もが自分の眼鏡を通してのみ事実を見ることができるにすぎない。その意味では、われわれのすべてがある程度まで自分の文化的経験や先入観の虜《とりこ》であるほかはない。

だが若干弁じさせてほしい。上記の意味で事実の理論負荷性を認めるとしても、では所与の状況の中に誰にも正しい現実とみなされねばならない要素がまったくないと断定するのは、いささか行きすぎではなかろうか。いまボトルにウィスキーがちょうど半分だけ残っているときに、「まだ半分も残っている」と受けとる人が楽観主義者の定義、「もう半分しか残っていない」と受けとる人が悲観主義者の定義であるという話をどこかで読んだ覚えがある。ことほど左様に楽観主義者と悲観主義者では「事実」の受けとり方が違うとは言うことができよう。しかしブリッジマン流に測ってみれば正確に分かるように、壜の中にはちょうど半分のウィスキーが残っているのであって、三分の二でもなければ四分の一でもないということ自体は、やはり誰にとっても客観的な事実であると言うほかはないのではなかろうか。ゲーテのような詩人の言葉に頼ってハンソン流の見方を言い繕うのは、いささか詭弁めいたトリックではないかとさえ思われてならない。

佐和隆光氏によれば、先に述べた新古典派的総合というような考え方の盛衰、あるいは近時のマクロ経済学におけるケインズ経済学と反ケインズ経済学の勢力の消長のような現象も、ポパー＝サミュエルソン流の反証主義の基準にもとづいて生じたことではなく、「時代の文脈」の変遷なのだという。しかし、そのような時代の文脈の変遷自体がどれだけ経験ないしは事実による反証から独立たりうるかについては、大きな疑問が残らざるをえない。

一九七〇年代に一時期ケインズ経済学の権威が低下してマネタリストたちの考え方が勢いを得たのは、何よりも石油ショックというサプライ・ショックが失業とインフレのトレード・オフ関係を消滅させて、フィリップス曲線を上方にシフトさせるという事実があったればこそではなかったろうか。私としては、この七〇年代がむしろ反証主義に恰好のテストの場を与えたとするブローグの見解のほうに断然軍配をあげたい気持を持っている。サ教授のためにも「反証の積み重ねによる理論の進歩というのは、願っても叶わぬ絵空ごと」などと軽々しく放言して欲しくないと思うのである。

二

第四節で言及した『科学的論文集』全五巻は、教授が論文を発表し始めた一九三七年から一九八六年あたりまでの論文を集録したものであるから、一九八七年以降の業績はそこには収められていない。しかしわれわれが目を見張らざるをえないのは、八〇年代の後半から二〇〇〇年代の初期にかけて、すなわち教授が七十歳を越えて九十歳に垂《なんな》んとするいわゆる後期高齢者の年代になっても、その研究活動は依然として何ら衰えることがなく、何十編にも達する論文が矢継早に発表されつづけてきたことである。以下残された紙幅ではこの時期における教授の研究を概略鳥瞰することによって、これまで述べてきたところへの補足にしたいと思う。

当該の期間に発表された諸論文を通覧してみた場合、教授が晩年にとりわけ興味を集中した主題には、大きく言って三つのものがあったように思われる。その一つはイギリス、ケンブリッジの経済学者ピエロ・スラッファの経済学について所見を述べた少なからぬ論文群であり、もう一つは国際貿易ないしは世界経済のグローバリゼーションに関する論文群、さらにもう一つはファイナンスの経済学なかんずく投機的な価格の変動の数学的分析を企図した論文群である。

教授のスラッファ経済学に関する関心は、かつて一九六〇年代の初頭にイギリス・ケンブリッジ派の経済学者たちと交《まじ》えたいわゆるケンブリッジ対ケンブリッジ論争と根を同じくするものと思われるが、とくに一九八七年以降について見ても、『ニュー・パルグレーブ経済学事典』寄稿の力篇「スラッフィアン経済学」を始め、「スラッファのもう一本の脚」(『エコノミック・ジャーナル』一九九一年)、「スラッファから私が学んだ特別なもの」(モンジオーヴィ゠ペトリ編『価値、分配および資本：ガレニャーニ記念論文集』一九九九年)、「修正主義者のスラッファ所見」および「スラッファの得点と失点」(ともにクルツ編『ピエロ・スラッファの経済学的遺産に関する批判的論文集』二〇〇〇年)、また「投入財・最終財取引からの所得を比較するリカードウ゠スラッファ・パラダイム」(『ジャーナル・オブ・エコノミック・リトラチャー』二〇〇一年)等々、依頼原稿を含むとはいえ、かなりの数にのぼる論文が一貫して執筆されている。

問題のスラッファの著書『商品による商品の生産』が刊行されたのは一九六〇年であるが、それに先立ち、一九五八年にギリシャのコルフで開かれた資本理論コンファレンスの席上、サ教授はスラッファ自身から「漸くリカードウ全集の編集も片付いたので、こんどは資本理論の本を一冊書くつもりだ」と聞いて、びっくりしたという。スラッファといえばかねが ね寡作の学者として知られ、論文でさえほんの僅かしか書かれてこなかったから、事の意外さに驚いたのであろう。教授はよくセミナーの折の話でも、稀少価値で評価するならスラッファ(とカーン)の論文に最高値がつくだろうなどと語っていたものである。

このスラッファの風変わりな書物、レオンティエフやフォン・ノイマンなど先行者の所業からもまったく隔絶したイギリス版線形経済学の書に、サ教授はなぜあれほどの紙数を割いてとり組まねばならなかったのか。以下私なりに推察するところを若干記しておくことにする。

事は資本理論の問題にかかわるが、元来新古典派の資本理論では、利子率の下落が生産方法を「迂回化」し、それをより資本集約的ならしめると同時に、その成果としてやがて達成される一人当たりの均衡消費水準をも高めると見るのが通念であった。もっともベーム－バヴェルクに対するアーヴィング・フィッシャーの批判以来、新古典派の陣営の中にあっても、「迂回生産」、「資本の深化」、「メカナイゼーション」、「資本集約度」、「資本・産出量比率」等々と呼ばれる資本蓄積の度合いを一義的にスカラの測度であらわすのが困難であることは、広く承知されてきた。しかし、利子率の下落が究極には一人当たり均衡消費水準を高めるという命題に限っていえば、一九六〇年ごろまではそれを真っ向から否定する向きは見られなかったのである。

ところがスラッファの著書出版とほぼ同時期に始まった前記ケンブリッジ対ケンブリッジ論争を機として、イギリス・ケンブリッジ側からはたとえばジョーン・ロビンソンの「コーエンの逆説」に代表されるように、利子率が下落しても生産方法が一方的に資本集約度を高める方向に移っていくとはかぎらず、かえって労働集約的なものに復帰する可能性もありうることが指摘され、またスラッファの著書でも同様に利子率をその最大値からゼロに向かって動かしていくときに、ふたたびもとの生産方法へのリスイッチングの起こりうることが主張されるにいたった。このようなロビンソン＝スラッファの主張に対し、それを受けて立ったＭＩＴ派のレバーリのノン・リスイッチング擁護の論文（『クオータリー・ジャーナル・オブ・エコノミックス』一九六五年二月号）

は誤っていたから、この「リスイッチング論争」に関するかぎりは、論戦はロビンソン＝スラッファ側の勝利、レバーリ側の黒星という形で終結した。

パジネッティその他によるレバーリの定理の refutation、そしてついにレバーリ＝サミュエルソン教授の降伏声明、サ教授自身による事態の要約といった一連の経過は、ブルーノ＝バーマイスター＝シェシンスキー、ガレニャーニ、森嶋などの論文とともに、「資本理論のパラドックス」をめぐるシンポジウムとして、すべて『クオータリー・ジャーナル・オブ・エコノミックス』一九六六年十一月号に収められるところとなり、これをもって生産方法に関する「リスイッチング論争」は一応落着を見たと言ってよい。上記ブルーノたちの論文から明らかなように、各生産方法の資本が完全に同質的であればリスイッチングは起きないから、この現象の真因は資本財のヘテロ性に内在すると考えられる。事実各生産方法がそれぞれ複数種類のヘテロな資本財を含むことにすれば、リスイッチングの生じる事例を容易に作成してみることができるであろう。

が、注意すべきは、この段階で資本理論に関するケンブリッジ対ケンブリッジ論争に全面的な決着がついたわけではないということである。前にも記したように資本理論には、利子率の下落が生産方法を資本集約的ならしめるかどうかという問題のほかに、一人当たり均衡消費水準を上昇させるかどうかという問題もが含まれている。上に見たように、もし利子率の下落に伴い労働集約的な生産方法に復帰する可能性も排除できないとすれば、利率の下落が均衡消費水準を高めるという新古典派的命題も普遍性を失うことは言うまでもないが、留意しなくてはならないのは、生産方法にそのようなリスィッチングが起こらない場合でさえ、なお利率の下落が均衡消費水準を高めることなく、かえってそれを低めるというパラドックスが生じうるということである。換言すれば、生産方法のリスィッチングは均衡消費水準のリスィッチングの十分条件ではあっても必要条件ではありえないのである。この点をめぐってはケンブリッジ対ケンブリッジ論争はその後も尾を引き、一九七五年の『クオータリー・ジャーナル・オブ・エコノミックス』誌上をつうじて、ジョーン・ロビンソンとサミュエルソン、ソローとのあいだに議論の交換が行われた。

利子率の下落が一人当たり均衡消費水準を高めるという新古典派的命題がそのように一般性を持ちえないという主張は、上記の経緯をつうじてサミュエルソン教授もまた承認するにいたったところであり、前掲の教授のスラッファ論で題名の中に「スラッファから私が学んだ特別なもの」とか「スラッファの得点」とか言われているのは、まさにこの主張が生産方法のリスィッチングいかんにかかわりなく成り立つということを教授がスラッファの著書から一九六〇年に学んだという事実を指しているのである。教授は、そのシカゴおよびハーヴァードでの恩師であったヴァイナーやシュンペーターの午前の講義に出ていれば、このことをあるいはもっと早く悟りえたかもしれないが、その時間帯はテニスをして講義をサボったのが不覚であった、一九六〇年になってスラッファの本を読むことで初めてそのことが分かったのだ、という述懐を、のちに「スラッファの得点と失点」という論文の中で洩らしている。

ではその点が教授から見たスラッファの得点(hit、当たり)であるのだとすれば、一方失点(miss、外れ）のほうは奈辺にあるとされるのか。この設問に対する教授の答は、上記のところをスラッファから学んだからといって、彼が限界主義経済学すなわち新古典派経済学の批判に用いたその他の議論はすべて的外れであるということに尽きる。Basics と Non-basics、Standard Commodity、スムーズなクラーク＝ソロー型の生産関数に対するに離散的有限個の生産方法から成るフォン・ノイマン型生産構造、といったような道具立てでリカーディアン経済学を擁護し新古典派経済学を棄却しようとするスラッファの目論見はことごとく承認し難いもので、それとリスィッチングに関する前述の正しい指摘とはまったく無縁であるというのが教授の主張であり、上掲の諸論文の多くのページはあげてこの点の委細を尽くした論証に当てられているのである。ここでその詳細に立ち入ることはできないが、たとえば固定的生産係数とスムーズな生産関数という仮定の相違が経済学のパラダイムそのものを差別する根拠たりえないことは、教授の指摘を俟つまでもなく、ワルラスの主著『純粋経済学要論』の第二版と第三版を想起してみればただちに明らかなところであろう。

同じ「得点と失点」論文の中で教授はこう言っている。

「スミス、リカードウならびにJ・S・ミルの用いた論理的パラダイムが、ワルラスやアロー、ドブリューの用いたそれと本質的にまったく同じものであることを、私は証拠にもとづいて固く信ずる者である。」

思うに教授があれほど多くのページをスラッファへの反駁に割いたのも、後者の限界主義経済学批判が上記の信念を何ら揺がすものではありえないことを広く世にアピールしたいためではなかったか。重ねて引用すれば「スラッファの失われた保管文書の中から新しい説得的な新古典派批判が見出されるのでないかぎり、また現役のスラッフィアンたちがいまだ存在していない理に叶った批判論文を生み出すのでないかぎり、上掲の文章は一字たりとも改める必要がない」というのがサミュエルソン教授の言い分なのである。まことに新古典派的総合の巨匠たるにふさわしいマニフェストと言うべきか。

二

つぎに国際貿易理論ないしは国際経済学の領域は、サミュエルソン教授が初期から晩年にいたるまで一貫して好んでとり組んできた研究分野である。そこでの業績としてとりわけ教授の名を高からしめたのは「保護貿易と実質賃金」（『レビュー・オブ・エコノミック・スタディズ』一九四一年十一月号）および「国際貿易と要素価格均等化」（『エコノミック・ジャーナル』一九四八年六月号）の二論文で、前者で提唱されたストルパー＝サミュエルソンの定理すなわち貿易自由化が相対的に豊富な生産要素に利益をもたらし、相対的に稀少な生産要素に不利益をもたらすという命題と、後者の要素価格均等化の定理すなわち生産要素は国際間で移動できなくても、それらの生産物さえ自由に取引されれば、要素価格は均等化するという命題は、当該分野のクラシックとして研究者のあいだにあまねく知られるところとなっている。

一九八〇年代初頭までのこの分野での教授の貢献を知る上では、門弟ロナルド・ジョーンズによるサーベイ（ブラウン＝ソロー編『ポール・サミュエルソンと現代経済理論』一九八三年所収）を読むにしくはないが、それ以降も教授の研究は切れ目なしに続けられ、「結合生産ならびに非結合生産における貿易による要素価格均等化」（『レビュー・オブ・インターナショナル・エコノミックス』一九九二年）、「国際貿易理論の過去と将来」（レヴィンソン＝ディアドルフ＝スターン編『貿易理論の新動向』一九九五年）、「産業組織およびグローバリゼーションの純粋理論的側面」（『日本と世界経済』二〇〇三年）、「グローバリゼーション支持の主流派経済学者の議論のどこをリカードウとミルは反駁し、どこを承認するか」（『ジャーナル・オブ・エコノミック・パースペクティブ』二〇〇四年）等々、注目すべき論文が陸続と発表されてきた。

年代はやや戻るがこの分野での新貢献としてここでもう一つだけ関説しておきたいのは、教授がより若い二人の同僚ドーンブッシュ、スタンレー・フィッシャーとともに書いた「財を連続体として持つリカーディアン・モデルでの比較優位、貿易ならびに収支」（『アメリカン・エコノミック・レビュー』一九七七年十二月号）という論文である。前記一九四〇年代の著名論文では二財二要素、要素は労働と資本の二種類、技術は各国間で同一というヘクシャー＝オリーン的枠組みが想定されたのと対照的に、この共同論文ではリカーディアン・モデルという題名どおり要素はただ一種類労働のみ、そして技術は自国と他国とで相異なる比較優位を持つという顕著に異なったモデルが構想されている。そして際立ってユニークなのは、財が［0,1］区間上の連続体という斬新な工夫が導入されていることである。

参考までにモデルの概要のみを摘記しておけば、第z財一単位当たりの生産に必要な労働量を自国では$a(z)$、他国では$a^*(z)$とするとき、比較優位は$a^*(z)/a(z)$であらわされるが、ここでzを$z=1,2,\cdots\cdots,n$と考えるのではなく、連続体すなわち実数閉区間［0,1］に含まれる点として考えるのである。簡単化のため

$$A(z)\equiv\frac{a^*(z)}{a(z)}$$

と記し、自国にとって比較優位のもっとも大きい財から小さい財へと順次左から右に財を並べるとすれば、縦軸に比較優位、横軸に財を測ることによって、第2図の$A(z)$のような右下がりの曲線が描かれることになる。いま両国の賃金をw、w^*とし、その比率を$\omega\equiv w^*/w$とすれば、どの財も$\omega\leqq A(z)$すなわち$0\leqq z\leqq A^{-1}(\omega)$なら自国において生産され、$A^{-1}(\omega)\leqq z\leqq 1$なら他国において生産される。$A^{-1}(\omega)\equiv\tilde{z}$と書けば、その$\tilde{z}$が比較優位の境界線の値となるわけである。

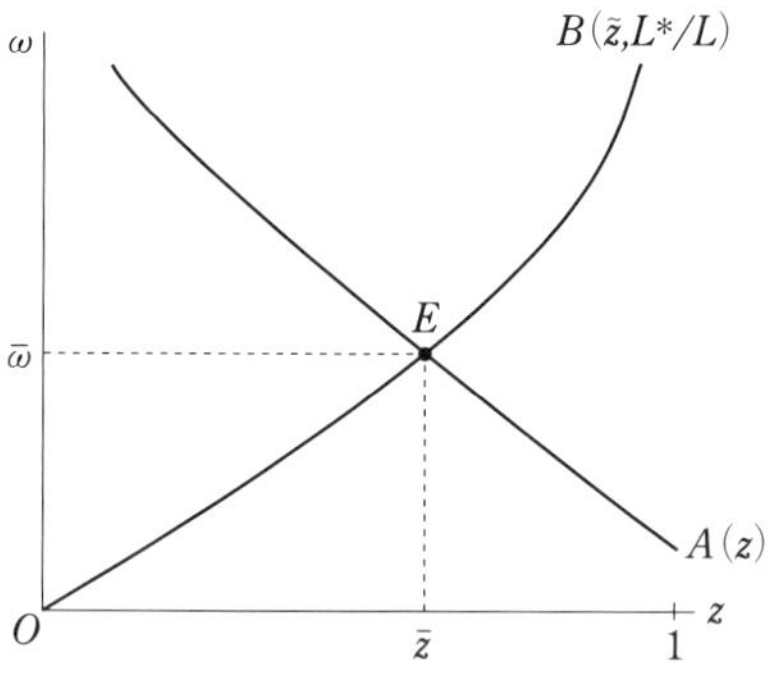

第２図

さてつぎに需要側を考え、簡単化のため各財への支出額を所得の一定割合 b と仮定すれば、

$$b(z) = \frac{p(z)C(z)}{Y}, \int_0^1 b(z)\,dz = 1$$

であり、ここで $p(z)$ は第 z 財の価格、$C(z)$ はその需要量、Y は所得を指している。よって自国が比較優位を持つ財への支出が所得に占める割合は

$$\int_0^{\tilde{z}} b(z)\,dz \equiv \vartheta(\tilde{z})$$

で示され、他国で生産される財への支出が所得に占める割合は

$$\int_{\tilde{z}}^1 b(z)\,dz \equiv 1 - \vartheta(\tilde{z})$$

で示される。

需給の均衡条件すなわち輸出・輸入のバランス条件としては

$$wL \equiv \vartheta(\tilde{z})(wL + w^*L^*)$$

という式が成立し、ここで L と L^* は自国および他国の所与の労働賦存量を示す。この式を書き換えれば、さらに

$$\omega = \frac{\vartheta(\tilde{z})}{1-\vartheta(\tilde{z})} \times \frac{L^*}{L} \equiv B(\tilde{z}, \frac{L^*}{L})$$

ということになり、$\vartheta(\tilde{z})$は$\tilde{z}$の増加関数となるから、ωと$\tilde{z}$との関係が第2図の$B(\tilde{z}, L^*/L)$曲線のように右上がりの曲線として描かれることになる。

このように需給両面の条件が相俟って、両曲線の交点として相対賃金比の均衡値$\bar{\omega}$が定まり、同時に自国が生産して輸出する財（$0 \leqq z \leqq \bar{z}$）と他国が生産して輸出（自国が輸入）する財（$\bar{z} \leqq z \leqq 1$）とのあいだの比較優位境界線の均衡値$\bar{z}$が定まる、というのがこの新モデルの骨組なのである。以上に概説したところからも、財を連続体としてとり扱うというアイディアがきわめて有効に適用されていることが窺われよう。

このDFSモデルは当初はあまり反響を呼ばなかったが、最近にいたって俄かに脚光を浴び、コープラント＝テーラー（一九九四年）、フィーンストラ＝ハンソン（一九九六年）、クラーイ＝ヴェントラ（二〇〇二年）等々、世界経済のグローバリゼーションに関する数多くの応用研究にその分析的基礎として援用されるにいたった。

以上あれこれと述べてきたが、その他にも、教授の国際経済学に関する功績はトランスファー問題、バラッサ＝サミュエルソン効果等々さまざまなものを含めて、はるかにより広範な領域にわたっており、しかもそのいずれもが“seminal”とか“breathtaking”とか形容されるにふさわしい先駆的貢献となっている。これら諸般の事情を考えるならば、すでに教授の名は国際経済学の分野に限ってさえ、その万神殿《パンテオン》内にリカードウ、ヘクシャー、オリーンなどと並ぶ地位を占めると言ってもよいであろう。

一三

教授の近年の貢献中、最後に重視すべきはファイナンスの経済学、より特定化して言えば効率市場仮説、ポートフォリオ選択、リスク分析、オプションならびにワラント価格モデル、長期投資論などに関する一連の論文群である。この方面での教授の研究は一九五七年の「通時的価格均衡――投機理論へのプロローグ」（『ヴェルトヴィルトシャフトリッヒェス・アルフィーフ』第七十九巻）あたりから始まったように思われるが、一九七一年十月に来塾されたさいスペシャリスト・セミナーで報告されたペーパーも「投機価格の数理」という題名の下に投機的な価格変動の確率論的分析を企図したものであった。このペーパーは来日直前にウィスコンシン大学で開かれた経済システムの数理分析シンポジウムでもフォン・ノイマン記念講演として報告されたもので、その後デイ＝S・M・ロビンソン編『経済理論ならびにコンピューテーションに関する数学的諸問題』（一九七二年）にも収録されるところとなっている。私は上記の三田での教授の話から、この種の分析にはフランスの数学者ルイ・バシュリエの学位論文「投機の理論」が多大の有用性を持つことを初めて学んだ。ほとんど顧みられることのなかったバシュリエの研究の価値を見抜き、それをファイナンス経済学の世界に持ち込んだことも、サミュエルソン教授の無視しえぬ功績の一つなのである。

ファイナンス経済学の分野ならびにその周辺について教授が書いてきた論文の数も瞠目すべき多数にのぼるが、ロバート・マートンによれば、一九八二年のある日、中でもとりわけ会心の作はと教授に尋ねたところ、つぎの六点がそれだという答が返ってきたという。

「確率、効用、および独立性公理」(『エコノメトリカ』一九五二年)

「危険分散化が引き合うことの一般的証明」(『ジャーナル・オブ・ファイナンシャル・エンド・クオンティタティブ・アナリシス』一九六七年)

「平均値、分散、および高次モメントによるポートフォリオ分析の基本近似定理」(『レビュー・オブ・エコノミック・スタディズ』一九七〇年)

「ストカスティックな投機価格」(『プロシーディングス・オブ・ザ・ナショナル・アカデミー・オブ・サイエンス・U.S.A.』一九七一年)

「正しく予想された価格がランダムに変動することの証明」(『インダストリアル・マネジメント・レビュー』一九六五年)

「ワラント・プライスィングの合理的理論」(右に同じ、一九六五年)

これらはみな前記『科学的論文集』に収録されているが、そこにはない一九八七年以降の関連論文もこれまた十編を越え、

「合理的ポートフォリオ管理への経済科学からする所見」(『ジャーナル・オブ・ポートフォリ

オ・マネジメント』一九八九年)
「√N法則と繰返しリスク・テーキング行動」(アンダーソン編『確率論、統計学、および数学カーリン記念論文集』一九八九年)
「一つのライフ・タイム内の現代ファイナンス理論」(ゲマン＝マダン＝プリスカ＝フォルスト編『数理ファイナンス・バシュリエ会議二〇〇〇年』二〇〇二年)
などの重要論文を含んでいる。
上掲九編の論文のうち私がもっとも好むのは、同じ雑誌の同じ号に載った五番目と六番目の論文であるが、前者の題名にある「正しく予想された価格」というのは「情報が行き渡っており(well-informed)かつ競争的(competitive)な投機市場で決定される価格」ということで、そのようにしかるべく機能する市場で決定される価格でさえその変動は時間をつうじてランダムであり、系列的な依存関係を持たないというのがその題名に謳われている命題である。GDPにしても失業率にしても大抵の経済変数は循環的ないしは系列的な依存関係を持ち、株式、債券、先物などの価格はそれらの変数に依存すると考えられるから、上記の命題は一見不整合的にも思われるが、教授はこの上なく明解な証明をつうじてそのような直観が正しくないことを示しえたのである。
教授のこの分野での研究は、たんにアカデミズムの世界でファイナンス理論に長足の進歩をもたらしたばかりでなく、また金融の現場においてもファイナンスの実践的手法を刷新する上で顕著な成果を伴った。教授のアイディアはその学生であり同僚でありかつまた共同執筆者でもあったロバート・マートンに継承され、後者の業績はやがてマイロン・ショールズのそれとペアでノーベル経済学賞を授与されるところとなったが、一方彼らの開発した「金融工学」の新手法が実際上の金融システムのイノベーションにも深くかかわってきたことは、周知のとおりである。

不幸にしてこの「金融工学」の創造物の一部は、いわゆるサブプライム・ローンと結びつくことによって、今般の金融大破綻を引き起こす原因ともなった。サ教授は『朝日新聞』のインタビュー（二〇〇八年十月二十五日）において、そのような新手法の濫用を「金融工学のモンスター」と呼び、これを厳に戒めている。察するに教授の胸中には、かのアインシュタインの原子爆弾に対する心情にも似た思いが去来したのではあるまいか。

一四

二〇〇五年の五月十五日にはサミュエルソン教授の九十歳の誕生日を寿《ことほ》ぐパーティーがボストンのフェアモント・ホテルで開かれ、数百人に及ぶ学者が配偶者同伴で出席して、賑やかに教授の長寿を祝福した。そして翌二〇〇六年にはその副産物として、教授の業績を讃《たた》え、その現代的意義を評価する記念論文集『サミュエルソニアン経済学と二十一世紀』がオックスフォード大学出版局から出版される運びとなった。序文を執筆したのはケネス・アローであるが、それはつぎの言葉で結ばれている。

Modern economics is inconceivable without his accomplishments.

ここにそれを再掲させてもらうことで、本稿もまた結ぶことにしたいと思う。

追想　サミュエルソン教授の来塾

旧蠟《きゅうろう》（二〇〇九年十二月）十三日に師ポール・A・サミュエルソン教授が逝去された。享年九十四。そういうお年であったから、いつの日かその日の来ることは覚悟していたが、やはりその時となると、言いようのない悲しみ、淋しさ、懐かしさが押し寄せてくる。

私が教授のセミナーで親しく指導を受けたのはいまから約半世紀前、一九五三年から五五年にかけての二年間で、当時教授はまだ三十七歳から三十九歳にかけての若さであった。が、それでいてすでに教授はアメリカ随一の経済理論家という令名を馳せていた。

その二カ年夏休みを除けば常時週二回はお会いしていたので、それこそ数限りない思い出が蘇るが、もう一つ私の心に忘れ難く刻まれているのは、帰国後十数年経って、こんどは教授みずからが来塾されたときの印象である。

一九七一年が明けたころだったと思うが、誰かノーベル賞クラスの経済学者を慶應義塾に招聘して名誉学位を授与するとともに記念講演を塾生諸君に聴かせたいという企画が立案され、アメリカで最初に同賞をかち得た学者であることと、そのベストセラー教科書『経済学』が当時塾生諸君のあいだにも広く読まれていたことから、ただちにサミュエルソン教授に白羽の矢が立った。そこで塾監局からのご依頼で私から教授に意向を打診したところ、Dear Masao, The answer is Yes. I am tempted. 云々という有難いご返事がすぐ届き、その来塾ご快諾の第一報を時の佐藤朔塾長にお伝えできたのが同年五月中旬ごろだった。以降あれこれの準備がつつがなく進行し、教授ご夫妻が羽田空港（当時はまだ成田空港は存在しなかった）に到着されたのが十月十七日午後四時五十分であった。

ご滞在中の行事その他の模様については同年十二月号の『三田評論』所載「サミュエルソン教授との五日間」という記事に記してあるので、詳しくはそちらをご覧いただきたいが、翌十八日を日程の打合わせに当て、十九日に三田山上で名誉学位の授与と記念講演、ついで二十日の日経新聞社での一般公開講演を挟み、二十一日がふたたび三田キャンパスでのスペシャリスト・セミナーというのが事の次第であった。

演説館で行われた学位授与のときの挨拶では、ニューイングランドのタウン・ホールを模したとうかがっているこの記念すべき建物の中にいると、マサチューセッツから何千マイルも離れたところにいま自分がいるとはとても思えないが、かりにこの場所が神道の社《やしろ》であったにせよ私の気持は皆さんの気持とまったく一体のものである、なぜなら政治の世界は国によって違うかもしれないが、学問の世界はただ一つであって何の境界もないからだ、と述べられたのがとりわけ記

来塾記念講演「アメリカ経済学の動向」

憶に残っている。

一方、西校舎の大教室で行われた記念講演「アメリカ経済学の動向」では、教授は年来の新古典派的総合の立場から、それとは異なるさまざまな流派を順次にとり上げ、それらに対する自分の見解を披瀝されたが、論旨の明快、機智の縦横はまさに教授の独壇場で、会場は超満員、隣りにテレビ中継の教室をもう一つ用意しなければならないほどの盛況ぶりであった。これほど多数の塾生諸君が海外の学者の講演に殺到したのは、ほかにはサルトルご夫妻が来塾されたときくらいではなかったろうか。

以上思い出すままを記しているうちに紙数が限界に近づいたが、いまこうして筆を執っているあいだも在りし日の事どもが次々と走馬燈のごとくに心に浮んでは過ぎてゆく。これで私には先生とお呼びできる方がもはやこの世には一人もおられなくなってしまった。願わくは天国でもわれわれを導かれんことを。

めぐり会い

一　ドブリュー教授の巻

筆者が初めてドブリュー教授にお会いしたのは、一九五四年の夏のことである。

当時私はロックフェラー財団のフェローシップをもらって、ハーヴァード大学に在籍していた。ところが夏休みは、先生方がみな出払ってもぬけの殻《から》になってしまうので、河岸《かし》を変えてシカゴ大学に居場所を移し、三カ月ほどコウルズ研究所の客員研究員にしてもらうことにした。ロ財団の待遇はまことに寛大なもので、そうした場合、申請目的さえ認められれば、別途に十分な旅費と滞在費を支給してくれたのである。コウルズ研究所は翌年からコウルズの母校、イエール大学に移り、コウルズ・ファンデーションと改称されたが、この年はまだシカゴにあって、コウルズ・コミッションの名で呼ばれていた。着いて早々私は研究所長のクープマンス教授のところに挨拶にいき、たまたま出向先のオスロ大学、フリッシュ教授のもとから帰朝報告をしに来ていたマーコヴィッチともども、クープマンス教授から誘われて昼食を御馳走になった。そして早くも午後には相部屋の研究室をあてがわれ、相棒はラドナーとマクガイアであった。当時はまだ研究員であったドブリュー教授と対面したのは、その翌日であった。

ド教授はそのころ「資源利用の係数」というデビュー論文をすでに『エコノメトリカ』誌に発表しており、また「定符号、半定符号の二次形式」、「非負の正方行列」といった二つの数学の論文（後者はハースタインとの共同執筆）を書いたばかりのところであった。初めて会うド教授は、腕まくりのワイシャツに筋目も定かでないカーキ色のズボンというはなはだ無造作ないでたちで、後年カリフォルニア大学のバークレー校で教授に接した丸山徹教授が伝えてきたベスト・ドレッサーといった印象とは大分かけ離れていた。当時の教授はまだ渡米して間もないころで、シカゴの研究所ではあまり話相手がおらず手持ちぶさたであったせいか、出会った早々から毎日のように部屋に誘われて、いろいろと話をすることができた。

そのときの話題は、書き上げたばかりの前記「非負の正方行列」がタネになることが多く、やがて『エコノメトリカ』に出た形のものではカットしたというある定理の証明を几帳面に逐一板書して教えてくれたのが一番記憶に残っている。きっと聴いてくれる人が欲しかったのであろう。

興味ある読者のため、そのときにうかがった定理の大意を摘記しておくとつぎのようになる。まずよく知られているとおり、非負で分解不可能な正方行列は絶対値が最大な固有根として実根を持ち、それにはすべて正の成分から成る固有ベクトルが対応するが、いま $n \times n$ の行列のそのような最大根と、行・列を一つずつ増やした $(n+1)\times(n+1)$ の行列のそのような最大根とを比べると、後者のほうがより大きい。ここまではよく知られた結果で、『エコノメトリカ』の論文にもちゃんと証明が載っている。ところが $(n+1)\times(n+1)$ の行列のその最大根のつぎに絶対値が大きい固有根（それは実根であるとはかぎらない）と、$n\times n$ の行列の最大根（実根）そのものとは絶対値においていずれがより大きいであろうか。それらの大小関係がきちんと証明できるというのが、ド教授がその日に私に教えてくれた定理なのである。そのときのノートは、今でも私の書斎のどこかに保存してあるはずであるが、ここでは推理小説の定石に倣って、正解は明かさないでおくことにしよう。我こそはという読者はチャレンジされよ。

実のところこの定理は、いろいろと考えても応用例が見つからないので、掲載時には割愛した、と教授はそのときに私に語った。私もまた、折角教えてもらったのだからと、その後脳漿を絞ってみたが、やはり今日にいたるまで役に立つ経済的事例を見出しえていない。この点についても読者はチャレンジしていただければ幸いである。

ともあれこのシカゴでの出会い以来、あっという間に半世紀にも余る歳月が過ぎ去ってしまった。その間《かん》、教授は競争均衡点の存在証明や正則経済の分析、あるいはコアの極限定理など、数々の業績をあげられて、映えあるノーベル経済学賞を授与された。

三年ほど前（一九九七年）、教授は慶應義塾大学からの招きによって初めて来日され、名誉学位を受けられるとともに特別招聘教授として記念講演のほか大学院での講義も担当された。そのときまでの五十年間、私は教授に再会する機会を一度も持たなかった。東京で川又邦雄、丸山徹両教授とともにフランス料理の席を囲んださい、久しぶりにお目にかかった教授は、かねてから丸山教授の言うとおり、まことに瀟洒なスーツを着こなした、りゅうとした紳士であった。

二　ハーヴィッチ教授の巻

前記ドブリュー教授の巻で記したように、私は一九五四年の夏二カ月半ばかりをハーヴァード大学から「出向」して、この年はまだシカゴ大学にあったコウルズ研究所で過ごした。

そのころ私の理論的関心の一つは、サミュエルソン教授からの示唆もあって、いわゆるグレディエン・メソッド、すなわちプログラミング問題の最適解を勾配方程式と呼ばれる微分方程式の解の収束先として求める試みにあり、これをコウルズ研究所に行っても追求し続けたいと思っていた。ところが所長のクープマンス教授に相談してみると、自分やドブリューは最適化モデルの静学分析には興味があるが、時間的経路を扱う動学アプローチにはあまり気が向かないとのこと。君が今やっているような問題はレオことミネソタ大学のレオニード・ハーヴィッチ教授のところに行くのが一番だというアドバイスで、その場ですぐハーヴィッチ教授に電話をかけて下さった。そんないきさつで、九月のはじめ予定の客員研究員の任期が切れるやいなや、私は期待に胸をふくらませてミネソタ大学に向かい、キャンパス内のコンティニュエーション・センターというPost Doctoral の若い学者が泊まる宿舎に滞在して、ハ教授の指導を仰ぐことになったのである。

ハーヴィッチ教授は前の年の学会でアローと何やら熱心にしゃべっているところを、あれがハーヴィッチ教授だと友人に教えてもらったので、顔は見知っていたが、身近に親しく接したのは、このときが初体験だった。当時の教授は四十歳を越えるか越えないかの年齢で、活力の権化であり、また日本人の研究者は初めてだったせいか、それこそ手とり足とり万般にわたって親切に面倒を見て下さった。

それにしても教授のエネルギッシュな指導ぶりはすさまじいものだった。着いた翌朝まだ私がベッドでうとうとしているうちに、外では高らかに車のホーンが鳴らされ、早く出てこいという合図である。あとは近くのカフェテリアで一緒に朝食をとることになるのだが、食べながら早速グレディエント・イクエーションの話になる。そうしたことが滞在中二週間ほどずっと繰り返され、十歳以上若いはずの私も教授のエネルギーについていくのはやっとこさのていであった。これでいよいよお別れという最後の日も、教授はご親切に駅のプラットホームまで見送りにきて下さったが、列車が動き出すという最後の最後までタラップに足をかけてのグレディエント・メソッドの議論が続けられたのであった。

その間《かん》、研究室や教室で面談を重ねたおりの印象の一端だが、二人だけの話の場合は黒板はほとんど使われず、大抵は机上に白紙を一枚置いてそれに式や演算を書きながらの話という形になる。ところが教授はそうしたスタイルで数理を操りながら、一方（おそらくは）無意識のうちにその紙の左はしから花びらか波のような模様を次々に描いていき、講釈が進むうちにそれがどんどん面積を増して、ついには紙の三分の一を占めるほどになるのである。あとでハーヴァードに戻ってから、その種のくせには、○○マニアだか××フォビアだかという専門用語がある由（残念ながらその原語は忘れてしまった）を友人から聞き知ったが、現に教授から勾配方程式の説明をうかがっている最中《さいちゅう》は、同時に花模様が着々と拡大していく有様を見ていて、何か才能の非凡さとでもいったような畏怖の念にかられたものである。

ともあれそのような大へん密度の高い熱のこもったご指導のお蔭で、私は勾配法に関するそれまでの理解を飛躍的に前進させることができた。とりわけ教授が私に熟読させたアローとの共同論文「鞍点と制約つき最大値を求めるための勾配法」（これは一九五一年のランド研究所のメモランダムとして書かれたもので、その後アロー＝ハーヴィッチ＝宇沢編『線形ならびに非線形プログラミングの研究』一九五八年に第六論文として収められた）からはあとあとまで絶大な影響を受け、それはしばらくして私の書いた「投入産出モデルと市場機構」という論文（『季刊理論経済学』一九五五年一月号、のちに還暦記念論文集『均衡理論の研究』一九八五年に収録）の中に、もっとも顕著な痕跡を残している。

このような次第で、一九五四年の夏は私にとってこの上なく実りゆたかな夏休みとなった。ハ教授と別れたのち、私は旧知のマーティン・ブロンフェンブレンナー教授のマディソンのお宅に寄って久闊を叙し、ついでハーヴァードでの親友モーリス・ペイヨットとアドリアン・テリオーという二人のフレンチ・カネディアンとともにモントリオール近郊にあるサン・マルガリーテ湖畔のペイヨット家の山荘で楽しい一週間を送ったのち、すっかり「充電」して、ハーヴァードの秋学期に舞い戻ったのであった。

三　チップマン教授の巻

私がハーヴァード大学に在籍した一九五三―五五年の二カ年間、同大学院で数理経済学を担当していたのは、ジョン・チップマンであった。ちょうど私が着いたころ彼はこのコースを前任者のグッドウィンから引き継いだばかりで、さらにグッドウィンの前の担当者（まだシュンペーターが存命していたころ）はジョルジェスク＝ロエージェン、また私が帰国しチップマンがミネソタ大学に移ったのちはドーフマンがその後を継いだ。

グッドウィンはそのころ吹き荒れていた赤狩りマッカーシー旋風に嫌気がさして、イギリスのケンブリッジに移ってしまったのだが、彼とは奇妙な因縁がある。私は到着早々から、学期変わりに大学院のドーミトリーが空くまでの半年間ほどを、大学のすぐそばのある家に間借りをして、そこから通学した。ご主人はボストンの楽譜出版商、奥さんはウィーン出身の画家という大へん教養のある家庭だったが、たまたま私が借りたその部屋が、あとで家人から聞いたところでは、グッドウィンがイギリスに発つまで住んでいた部屋だということであった。また私は到着後まもなくハーヴァード・スクエアのフィリップスという本屋でハロッドの *The Trade Cycle* という本――この本は一九三六年に出たなかなか手に入れにくい本なのである――を見つけて、これ幸いと買い込んだが、それが引っ越し前にグッドウィンが売っていった本なのであった。見開きにRicherd M. Goodwin. Oxford 1936 と達筆でサインしてあるのはいいが、ページをめくっていくと、所々に nonsense! とか He seems to be unware of Myrdal. とかいったたぐいの書き込みがしてある。私にはことのほか興味があり有益であるが、反面本を売るときには気をつけないといけないなという感も抱かされた。

閑話休題、話をチップマンに戻すが、彼は当時、ジョンズ・ホプキンス時代にマハループ教授の下で仕上げた博士論文を『多部門間マネー・フローと所得形成の理論』という著書として出版した直後で、この業績によってハーヴァード大学に助教授として迎え入れられたのであった。この本のもっとも革新的な部分は一九五〇年の『エコノメトリカ』に載った「多部門乗数」という論文にもとづいており、たまたま同年にグッドウィンもまた『エコノミック・ジャーナル』に「行列乗数」という論文を載せている。つまりこの二人は、ほぼ時期を同じくして双方まったく独立に多部門の行列乗数というコンセプトを考察したのである。ちなみにこれらの論文は、前年に開かれたエコノメトリック・ソサイエティー大会の同じセッションで報告されたものである。

このような発想は、そのころ数理経済学者のあいだで拡がりつつあったフロベニウス非負行列の定理の流行に触発されたもので、産業関連モデルや多数財市場の粗代替性モデルなどとも同じ数理構造を共有している。したがって私がチップマンと出会ってからの歓談も、事《こと》経済学に関しては当然このトピックが中心となり、彼が『エコノミック・ジャーナル』誌上でグッドウィンと交えた論争などをめぐってあれこれ論じることが多かった。

が、あれこれ論じるといっても、彼の場合は口角泡を飛ばして論じ立てるといったタイプではなく、むしろ内気で物静かな訥弁《とつべん》で、会議などでも It seems to me …… と、俯き加減にボソボソッと切り出す風情であった。それでいて通すべき筋は終わりまできちんと通し、経済学以外の美術や音楽の議論にしても軽々しくは譲らない一家言を持っていた。

当時は彼も我も三十歳にほど近い二十歳代で、彼も助教授、私も助教授、彼も独身、私も独身であったから、文字通り気ままに時間を共に過ごすことが多く、そのさいは行列乗数のほか共通の趣味としての音楽がつね日ごろの話題となった。着任以来彼はチャールズ川沿いに立ち並ぶアンダーグラジュエートのドーミトリーの一つ、ローウェル・ハウスの舎監をしており、私はその部屋にレコードを聴かせてもらいに、足繁く通った。彼の音楽の好みはマーラーやブルックナーの長々しい交響曲で、それぞれ九曲あるそれらの作品のLPを完備していた。もちろんそのころはまだCDなどといった便利なものは存在せず、レコードにしても戦後まもなくの日本ではそれらの交響曲を全部聴くなどということは到底考えられない時代であった。そういうことで、ローウェル・ハウス通いは私にとってまことに有難く、また彼としても一人で聴いて共感する相手がいないのは張り合いがないとのことで、しょっちゅう私を誘惑した。外交官で在インドの彼の父君が送ってくるお煎餅を囓《かじ》りながら心地よくソファに寝そべって、これらの長い長い交響曲を二曲ほど聴くと、リチャード・ホールの自室に帰りつくのはいつも午前様になるのであった。今は懐旧の情しか戻ってこないわが青春の一齣である。

四　シュマイドラー教授の巻

もうかなり前のことになるが、一九六〇年代の終わりごろ、数カ年にわたってエコノメトリック・ソサイエティーのファー・イースタン・ミーティングが東京で開かれた時期があった。これにはアジアからばかりでなく、欧米その他からも何人かの学者が参加したが、そのある年（たしか六七年か八年）のレセプションの折に、私ははじめてシュマイドラー教授と出会う機会を持った。

当時彼は五分刈りの頭に初々しさを残したまだ新婚ホヤホヤの青年で、その名を知る人も少なく、立食の席でも多くの人はモジリアーニとかミードとか大家のまわりに集まってしまうので、一人ポツネンと、いかにも手持無沙汰で淋しそうにみえた。そこでたまたま視線が合ったのを切っかけに近寄って名乗りをあげ、パーティーの終了後も彼の宿泊先である半蔵門のフェアモント・ホテルまで同道して、夜おそくまで話し込む結果となった。そして翌日は葉山の拙宅に誘って、慶應の同僚にも来てもらい、食事の集いを持つことにした。当日の朝もフェアモント・ホテルまで迎えに行ったが、それから横須賀線で逗子駅に着くまで小一時間のあいだ、出たばかりのカール・ヴィントのコアの論文（『レビュー・オブ・エコノミック・スタディーズ』、一九六五年一月号）のことをずっと論じつづけていったのを、いまでも鮮明に憶えている。ちなみにこのとき葉山の家で同席したのは、神谷傳造、川又邦雄、市石達郎、それに若くして亡くなった故渡部隆一の諸氏であったと思う。

その折のことが余程嬉しかったのか、彼からは帰国後私の手元に勤務先のテル・アビブ大学のワーキング・ペーパーが続々と送りつづけられることになった。オーマンやペレッグ、ヤーリなどの論文を逸早く読むことができたのも、すべて彼のそうした配慮のお蔭である。

初来日のときはこのように、それと言ってさほど目立つ存在ではなかったシュマイドラーも、その後は程なくしてめきめきと頭角をあらわし、知る人ぞ知るすぐれた論文が『エコノメトリカ』その他の専門誌に華々しく登場するようになった。初めて会ったときのことを考えると、まことに感慨に堪えない。

私自身の専門からすれば、それらの研究成果の中でもひときわ興味を引くのは、「非ワルラス的ナッシュ均衡の近似的効率性」（ポッスルウェートと共同執筆、『エコノメトリカ』一九七八年一月号）とか、あるいは「戦略的結果関数によるワルラス的分析」（『エコノメトリカ』一九八〇年十一月号）とかいったたぐいの論文となる。とりわけ後者はある結果関数を持つゲームのナッシュ均衡がワルラス均衡に合致することを示したもので、当時から私が興味を寄せてきた研究課題の一つとも重なるので、毎週行っていた「土曜研究会」でも取り上げ、集中的に議論したことがある。

ゲーム理論の立場からワルラス均衡を特徴づける試みとしては、さらにもう少し前にオーマンの名論文「連続体の取引主体から成る市場の値《ヴァリュー》」（『エコノメトリカ』一九七五年七月号）があり、それに私の注意を向けたのも、元をただせばシュマイドラーの示唆である。オーマンはこの論文で、ノン・アトミックな交換経済での取引を市場ゲームと考えた場合に、それぞれの結託がもたらす総効用への各参加プレーヤーの貢献の期待値であるシャプレー値にひとしい効用を各プレーヤーに与える配分をシャプレー値配分と呼び、それがワルラス均衡配分に一致すること、しかもそのような経済ではシャプレー値配分と、社会全体の総効用への各プレーヤーの貢献どおりの効用を各自に与える配分すなわち彼のいう限界貢献度配分とがほとんどひとしくなること、を見事に証明した。

ところがこの方向では、いっそう最近になってまた興味津々たるもう一つの進展が見られ、一見オーマンのシャプレー値配分の議論とは縁もゆかりもないように見えるウィックスティードの古典『分配法則の統合』（一八九四年）に述べられた限界生産力説のオイラーの定理すなわち完全分配命題を満たす配分がワルラス均衡配分に合致するという瞠目すべき主張がオストロイ＝マコウスキーによって示されるにいたった。いまウィックスティードを拡張解釈して、各個人が取引に参加することにより社会的総効用に付加する貢献分を広義の限界生産力と解し、それに応じた効用の分け前を各人に与える配分をオイラーの定理による配分とみれば、ノン・アトミックな経済ではそのような配分とワルラス均衡配分とが等値になるというのである。そうであれば、彼らは結局オーマンと、アプローチはまったく異なるものの、本質的には同じ定理の別証を与えたことになる。

私はこのスリリングな「発見」に胸を躍らせたが、いまにして思えば、これもまたシュマイドラーとの友誼がもたらしたご利益の一つなのである。

五　グランモン教授の巻

ここまで記してきた諸教授との出会いにくらべると、グランモン教授とのそれは比較的新しい。初会見は一九九三年の夏、慶應義塾の経済学会と東京工業大学との共催で、第一回目の数理経済国際会議が三田で開かれたときのことであった。

もちろん教授の著作には、そのときより二十年ほど前からすでに接する機会があった。グランモンの名が日本の経済学界にはじめて知られるようになったのはおそらく一九七〇年代の初めごろからで、ジャック・ドレーズ編の論文集『不確実性、均衡および最適性』（一九七四年）所収の一時的均衡の存在に関する論文「貨幣経済における短期均衡について」がその機縁になったのではないかと思う。とにかく私にとってはそれが初めて知る教授の論文で、そこでは予想価格が確率変数の形で定式化されているから、その数理を理解するのにヌブーとかパルタサラジーとかビリングスリーとか確率論に関する標準書を慌《あわ》てふためいて読んだのをよく憶えている。

それからまた十年ほどして、こんどは主著の『貨幣と価値』（一九八三年）がケンブリッジ・ユニバーシティ・プレスの叢書の一冊として出版され、ちょうどそのころ私も『貨幣と均衡』という本を執筆中であったので、それこそ貪《むさぼ》るように身を入れて熟読した。いかにもフランス人らしく教授の推論の運びは明晰そのもので、そのときに感じた目の覚めるような思いをいまだに忘れることができない。

そんなことで、教授とは是非一度お会いして議論を交《かわ》したいものと思っていたが、その念願が叶ったのが冒頭に述べたコンファレンスの折であった。初めて会う教授は大へん気さくな人で、ちょっと話しただけですっかり意気投合してしまった。そのときの話では、すでにそれより大分前、まだ二十五歳くらいのときに友人と連れ立って初めて日本を訪れ、大の日本びいきになったとのことで、『貨幣と価値』の私のコピーにも漢字で「高山」と署名してくれた。この本を是非翻訳してくれまいかという依頼を受けたのも、その折のことであった。

フランスのすぐれた経済学者は、デュピュイの先例に見られるように理工系出身であることが多いが、教授もまたご多分に漏れず大学時代は土木専攻で、現在でもエコール・ポリテクニークの経済学部教授であると同時に、CPU（土木公団）技官長の要職を兼務している。しかし一方では早くから経済学に深い関心を持ち、カリフォルニア大学のバークレー校で研鑽を積んで、七一年にはそこで経済学Ph・Dの学位を得た。そのときの学位請求論文のテーマがやはり一時的均衡であるが、先日久しぶりに三田山上で再会した折うかがったところによると、初めて感銘を受けた経済書がヒックスの『価値と資本』であった由で、上記のテーマが最初に選ばれたのもなるほどと合点がいったのであった。

以降教授はアレー＝サミュエルソンの重複世代モデルからも大きな影響を受け、その枠組みの

グランモン教授（右）と筆者

中に一時的均衡の理論を組み入れることで貨幣の問題を分析するというアプローチを確立するにいたった。こうした考え方は主著においてはもちろん、「内生的景気循環」をとり扱った著名な論文（一九八五年）などでもそのバックボーンとなっている。

教授の見解で折あるごとに強調されるのは、新古典派流の実質残高効果それのみでは貨幣経済の均衡を成立せしめるのに十分ではなく、さらに通時的代替効果によって補強されるのでなくてはならないが、そのためには各主体の将来価格や将来利子率に関する予想がある程度不感応的でなくてはならないという認識である。おそらく主著における教授のもっとも重要な貢献の一つは、そのような予想の不感応性に関する条件を貨幣的経済均衡存在のためのエッセンシャルな条件として明確に位置づけ、その下でいくつかの存在定理の証明を成就しえている点、反面それと同時に、それらの予想条件がインフレ時やデフレ時には満たされ難いところから、実際には貨幣的経済均衡の存在が保証されない事態が多々生じうることを明示した点、に見出されよう。

今回送られてきた主著日本語版への序文の中でも、教授はそうした予想の形成過程から不均衡発生の可能性を説明することの要を説き、また各個人の予想の異質性を説明の中にとり込むことの重要性をも説いている。近来マクロ経済学の進展コースの中に見られる代表的家計による効用最大化アプローチは、そのような予想の異質性をまったく排除してしまっている点できわめて不満足なものであり、その「見境ない濫用」は厳に戒められねばならないというのが、教授の年来の意見である。

予想要因の分析については、以降教授はいくつかの論文を発表しているが、それらがいつの日か近い将来に集大成されることを心から願って筆を擱きたい。

同学交歓

親愛《ディア》なるデーヴィッド

君自身の労作とヤカール・カナイのペーパーの二篇有難く拝受、早速例のサークルの研究会で輪読しています。

とりわけいまヤカールの論文で談論風発していますが、ご存知のとおりドブリュー＝スカーフ流のアプローチをすると、選好に関する凸性の仮定を欠かすことができない。ところが君の先生のオーマンは、交換当事者の数を無限の連続体と考えることによって、見事に凸性の仮定をとりはずしてしまった。そこで最初は、ヤカールのやっているように、オーマンのモデルをドブリュー＝スカーフのそれの極限として捉えるとすると、凸性の仮定はいったいどこで消えてしまったのだろうか、といった疑問が起こってきたわけだ。しかし、よく考えてみると、問題の仮定はもともと有限市場についてコアの存在を証明するときに必要とされたわけで、ヤカールの論文はその存在を前提として議論を進めているわけだから、それが登場してこないのも当然ということが分かった。ともかく有限の交換当事者のケースを連続体のモデルの中で表現しようという発想法はたしかに面白いもので、そういう考え方を啓発してくれた君の報告とヤカールの論文には大いに感謝する。

この夏のトウキョウ・ミーティングは、君という学友をもたらしてくれたことによって、僕としては本当に大収穫だった。帰りのアンコール・ワットの旅も快適だったそうで、嬉しく思います。

最近外電の伝えるところによると、アラブとの関係がふたたび険悪化したとか。非常の体制だろうと推察しますが、君の研究が時代の波浪を越えて進み、ひいてはその波浪を静める智慧として寄与することを切に祈る。

家内からもくれぐれもよろしくとのことです。

十月三日

福岡　正夫拝

イェルサレム

ヘブライ大学

デーヴィッド・シュマイドラー兄

親愛《ディア》なるマサオ

お手紙拝見。重ねて滞日中の友情に対して感謝します。

ヤカールのペーパーについて指摘の点、たしかにそこをもっとはっきり書いておいたほうがよかったと思う。一両日中には彼に会うから、伝えておきます。

今日はそれより、前にお宅に往く途中、横須賀線の中で議論したことについて記しておきたい。例の『レビュー・オブ・エコノミック・スタディズ』のカール・ヴィントの論文、君が言ったとおりで、僕も「分離定理」といったようなものを使わないでどうして証明が成功しているのか解せないので、実は昨日オーマンにたずねてみた。ところが先生のご託宣によれば、ヴィントのは、あれで正しいのだそうだ。何でも四八頁の定理一があればいいので、それが「分離定理」の代わりになっているということだ。まだ少し腑に落ちないが、それ以上きかないで自分で考えてみることにした。機会があれば君の意見もきかせてもらって、二人でもう少し考えてみようじゃないか。

それから情報を一束。ドブリューはこの一年間ワーナー・ヒルデンブラントと一緒にカリフォルニアのバークレーからベルギーのルヴァンに来ている。そこでジャック・ドレーズたちと「コアと競争均衡」の共同研究をやるわけで、すでにペーパーもいくつか出ている。ドレーズも最近同じ主題のペーパーを書いた。このラインの仕事は続々現れるだろうから、もしそれらがほしければ連絡しておくといい。宛名は de Croylaan 54, Heverlee, Belgium。また別便でペレグとヤーリの「可付番の多数商品市場」というペーパーを送ったので、どうか受け取ってくれ給え。

日本を離れてますます Japano-phile（日本びいき）といった気持が強まってくるみたいだ。初めてたずねた外国というのは、こうも忘れ難いものだろうか。是非また日本で、そしてそれができなかったらイスラエルかアメリカで会える機会を待ちます。

十月十七日

デーヴィッド・シュマイドラー拝

慶應義塾大学
福岡　正夫兄

（ともに原文は英語）

交遊抄・留学時代の友人

友人とは真に何かといえば、定義次第でその数は多くもなれば少なくもなるのであろう。小、中学校や大学時代、さらには軍隊時代の親友であるとか、職場での同僚、趣味の上での同好の士といった具合で、私の付き合いも結構にぎやかである。しかし今日《きょう》はちょっと趣を変えて、留学した当時の、その意味ではやや限定された〝ある〟交友関係を記録しておきたい。

昭和二十八年一月はじめてハーヴァード大学の土を踏んだとき、真っ先に握手したのが、何と今をときめくキッシンジャーであったが、そのときの彼は外国人留学生の係りをしていたのであるから、これに不思議はない。その彼の親切なとりはからいで、私はその日のうちにレオンティエフ教授とガルブレイス教授のお二人に会い、つぎの日からレオンティエフ、ハーバラー両教授のジョイント・セミナーに出ることになった。ハーヴァード時代の友人はその多くがこのセミナーで隣り合わせた仲であり、ロゾフスキー、ディック・クオントなどみなそれである。

ロゾは当時からでっぷりした体格で悠然とパイプをくゆらし、大家の風貌があった。このセミナーには二人の師を慕ってヨーロッパから集まってくる留学生が多く、先生を含めて正真正銘の英語の聴かれることは稀であったが、ハンガリー生まれのクオントがあっちを向いてはフランス語をペラペラ、こっちを向いてはドイツ語をペラペラとやるのには羨望を禁じえなかった。音楽狂の彼とは、ベートーヴェンのカルテット全曲を銘々に違うレコードで買って、ディヴィニティの彼の部屋とリチャーズ・ホールの私の部屋とを行ったり来たりというような毎日が続いた。

また彼と一緒に、日本で愛読されている『現代経済学』を書いたジム・ヘンダーソンは、当時は石炭産業のリニア・プログラミングとデートで大わらわであった。

マサチューセッツ工科大学のサミュエルソン教授のところでは、ロン・ジョーンズとボブ・マンデルという、今日国際経済学界で名をなしている二人を知ったが、なかでもマンデルとは無二の親友となった。どういうわけか、私は独占的競争論のチェンバリン教授のおん覚えがめでたかったので、教授の令嬢のモニカ嬢（彼女の名はモノポリスティック・コンペティションから採ったものだという説があった）とボブ・マンデルのデートの取り持ちなどしたのだが、どうやら私というキューピッドは矢を射まちがえてしまったらしい。

Ⅳ　折に触れて

一通の推薦状――小泉信三先生没後四十年

ちょうど四十年前のその年の春、私は慶應義塾大学の派遣留学生かつまたケンブリッジ大学の訪問研究員として、イギリスに旅立つことになっていた。その出発直前、ご報告とお暇乞いのご挨拶を兼ねて麻布広尾のご自宅に参上したところ、小泉先生は時の駐英大使と、エリザベス女王の戴冠式にご列席以来のご懇意の間柄であるとのことで、何かの折に役立つであろうと、私のため大へんご懇切な大使宛てご紹介状をしたためて下さった。それを有難く拝受して彼《か》の地に向かったのが、まだ肌寒い三月下旬のこと。ところが到着後、研究生活を始めてまだ僅か一カ月半が経つか経たないかの矢先に、突如として先生のご訃報に接したのであった。まさに青天の霹靂とはこのことをいうのか、しばし茫然としてなすすべも知らず、そのとき心にあいた空隙は、四十年を閲《けみ》した今になってもなお埋められるところがない。

振り返ってみると、先生にかかわる思い出はあれこれと枚挙に暇がなく、その一端はかつて「小泉先生と私」という追想文（『経済学と私』創文社）にも記したことがあるので、ここでは繰り返さない。以下では右に触れたご紹介状に類するいま一つの事例で、やはり先生に書いていただいた、あるご推薦状をめぐって、心に思い出すままのことを記しておきたい。

私は上述したイギリス・ケンブリッジ留学の十二、三年前にも、アメリカのハーヴァード大学で二カ年ほど修業を積む機会に恵まれた。これはロックフェラー財団のフェローシップによるものであるが、つぎのような事情を経て与えられることになったのである。

まず事の発端は一九五〇年代の始めから五カ年にわたって、やはりロ財団の援助の下で行われたいわゆる「アメリカ研究セミナー」なるものにあり、これは毎夏東京大学を会場として、歴史、文学、哲学、経済学、法学等々の各分野別にアメリカの著名な学者を招いて開催された。そのそれぞれに十数名ずつの若い研究者を日本の各大学から募り、二週間ほどセミナーを行うことで、終戦直後の彼我の学問的落差をなるべく速やかに縮めようというのが、その趣旨であった。そしてそれには、全参加者のなかからさらに毎年二名の者を選んでアメリカの所望の大学に留学させ、その成果を日本に持ち帰らせるという景品がついていた。

私もこのセミナーに二回ほど参加したところ、たまたま一九五二年度は、その二名の留学候補者のうち一名はすでにアメリカ文学専攻の東大の齋藤光氏に決定されているが、あと一名は勢い文学関係以外の、かつ東大以外の研究者の中から選抜するという状況になっており、どうやらこの年に経済学部門の指導に当たったスタンフォード大学のターシス教授が同部門からは私を推してくれたらしい模様であった。しかし分野を経済学にするかどうかはまだ確然としておらず、成り行きはなおあやふやであったので、私はいろいろ考えあぐねた結果思いあまってありのままの事情を小泉先生に申し上げたのであった。すると先生は即座に、君が行くのがよい、ハーヴァードは慶應とも関係が深い大学だから、自分が詮衡委員会宛てに推薦状を書いてあげようとおっしゃって下さった。そうした経緯で、結局私が首尾よく金的を射止めえたのは、ひとえに先生の貴重なご援助のお蔭なのである。

今回はこの一事を記録するだけで紙数が尽きてしまったが、一事が万事、先生は何事につけても、一方では、あくまで本物ととり組め、実力で勝負せよと、つね日ごろ戒められる反面、もう一方ご自分が必要かつ正しい選択と判断されるかぎりでは、どこまでも後進のために一肌脱いで下さる侠気《おとこぎ》をお持ちの、あたかも慈父のような面倒見を惜しまれないお方であった。今日ある私といったようなものを決定的にそのご恩に負うている者にとっては、まことに文字どおり恩師と呼ばせていただくのにふさわしいお方であった。

ＭＲＫ創立五十年を祝す

ＭＲＫ（三田レコード鑑賞会）が創立されて五十年。言うまでもないことですが、五十年と言えばちょうど一世紀の半分にあたります。それほどの長い歳月にわたって時代の波浪にも堪え、歴史と伝統を今日に伝えたことは、何ともすばらしく、また誇らしいことではありませんか。これもひとえに村田武雄先生をはじめ、ＭＲＫを現在まで育成してこられた先輩の皆様方のご指導とご努力の賜物と、この機会を借りて、あつくお礼を申し述べさせていただきたいと存じます。

先日も『三田評論』の「三人閑談」の中で述べたことですが（同誌通巻八二五号、一九八四年）、私がベートーヴェンやシューベルトといったような音楽をレコードで聴き始めたのはたしか中学二年生のころからで、ちょうどＲＣＡビクターからトスカニーニ＝ＮＢＣのベートーヴェン「第五」が発売され、センセーションをまき起こしていたころでした。勘定してみますと、たまたまそれはＭＲＫが誕生して二、三年経ったころに当たるのではないでしょうか。当時はまだ手巻きの蓄音機といわゆる電蓄なるものが併用されていた時代で、針も金属針のほか竹針が使われておりました。レコードはもう両面にはなっていましたが、もちろんSP、七十八回転のもので、長い音楽たとえば「ハンマークラフィア」ソナタのアダージオの楽章などの場合は、ちょっと音が鳴ったかと思うと、すぐ終わってしまって、裏を引っ繰り返さなくてはならなくなる、そんな有様でした。今日流行のマーラーやブルックナーなどの曲になりますと、あのころ全曲があったのは、マーラーの場合はワルター指揮ウィーン・フィルの「大地の歌」、それもトルボルクとクルマンが歌ったものと、オーマンディ指揮ミネアポリス交響楽団の「第二」＝「復活」、またブルックナーの場合は当時まだ無名のカール・ベーム指揮、たしかドレスデン歌劇場のオーケストラによる「第四」＝「ロマンティック」だけで、それらをアルバムごと持つと、ずっしりと重く、厚さにしても数センチはありました。

それからもう一つ思い出しますのは、戦争中になると、原料シェラックの輸入が思うにまかせず、レコードの質が急に悪化してきたことです。新譜のレコードは針をのせるとザァーッと音がするので、どうしても質のいい戦前のレコードが欲しくなり、足繁く古レコードあさりをやるようになりました。当時は神田の神保町に古レコード屋さんが随分とありまして、私も中学が市立一中、今の九段高校でしたから、学校の帰りにしょっちゅう神保町通いをして、セコ・ハンのレコードを買いあさりました。今でもカサルス・トリオの「大公」やカペエの「ラズモフスキー一番」などを手に入れたときの嬉しさはよく憶えています。そうして苦心して集めたささやかなレコード・コレクションも、空襲で家が焼けたときに全部失ってしまいましたが、ただ現在から振り返ってみますと、あのようにまだ若い、感受性の豊かな年ごろに数々の名曲に接しえたことが、非常に幸せなことだったのではないかと思っています。当時偉大な作品を聴いたときのあの興奮あの衝撃というものは、いま同じ曲、同じ演奏を聴いてみても、とてもふたたび甦らすことのできない感動です。

ついでLPなるものに私が初めて接したのは、戦争がすみ大学を卒業して、アメリカのハーヴァード大学に留学してからのことです。このときは、ニューヨークでトスカニーニやワルターの生演奏を聴くことができ、いままでレコードでのみ聴いていた巨匠の生きた姿を眼のあたりにして絶大な感激を味わいましたが、またマーラーやブルックナーの交響曲がそれぞれ一番から九番まで全部LPで聴けるのにもびっくりしました。彼らの長い曲がいちいちレコードを引っ繰り返さなくても聴けるということで、こんな便利なものが世の中にあるものかと思い、感嘆措く能わざるものがありました。

二カ年の滞米中だけについてみてもレコード界の動きは早く、やがて溝の部分が縁よりも低くなって、針が内側に落ちやすくなり、これもまた技術進歩だと思う間もなく、こんどはいよいよステレオが開発され市販されることになりました。ちょうど私が日本に戻った昭和三十年ごろが、モノラルの世界にステレオが侵入し始めた時期であり、同じ演奏がモノラル盤とステレオ盤の両方で発売されるという時期がしばらく続きましたが、日を追ってステレオ盤の占める比重が圧倒的に大きくなっていったのは当然の成行きだったでしょう。

以後のことは若い世代の皆さんもよくご存知のとおりですから触れませんが、デジタル録音、それから最近のコンパクト・ディスクと、録音再生技術の進歩にはまことに驚くべきものがあります。さらにそのさきCDにとって代わるどんな新機軸が現れてくるかということになると、何ぴとも予想することはできません。

しかし、最後に申し上げておきたい重要なことは、用いられる手段がどのようなものであれ、すぐれた音楽作品を何らかの形で再生し鑑賞するという私たちの欲求は、これまでもずっと続いてきたし、これからも変わることなくずっと続いていくであろうということです。ここで少々私のレコード半生記を振り返ってみましたのも、乏しい体験ながら、それがレコード鑑賞に含まれるこの二つの面、可変なものと不変なものという両面を明らかな事実としてよく示しているからです。

私は、伝統を誇るわがMRKが五十周年を一つの節目として、これからの新しい発展に絶えず即応し、つねに時代の先駆けを目ざして進むこと、しかし他方、音を楽しむという人間本来の欲求はこれをいつまでも尊重して、それとともに末長い生命を続けること、この二つのことをいずれながら心から念願し期待することによって、このお祝いのご挨拶を終えたいと思います。

ワグネル百年を祝す

新世紀の初頭に当たって、わがワグネル・ソサィエティーが創立百周年を迎えましたことは、まことに祝福すべき慶事であります。このたびは、その栄えある歴史を記録した百年史もいよいよ刊行の運びとなり、重ねて心からお慶びを申し上げます。

これはひとえに先輩の撓《たゆ》まざるご努力によって築き上げられてきた伝統にほかならず、私どもは今回の節目にさいしてその誇るべき遺産に対する敬意と感謝の気持を新たにするとともに、また来たるべきつぎの百年に向けていっそうの発展・飛躍への決意をも新たにするのでなくてはなりません。

詩人のT・S・エリオットに、伝統とはそっくりそのままを継承するわけにはいかないものだという言葉がありますが、これは伝統を継ぐ者には何か新しい努力を付加する義務があるということを教えるものであります。私もまた部長時代この教えの重みを痛切に感じ、せめて一、二の方向にせよ新発展への途を切り拓けないものかと念願いたしました。その一つは前例がなかった海外演奏旅行を発足させ、国際的にもワグネルの存在を認識評価してもらいたいということであり、またもう一つは今年のような祝祭年には本当の意味でオーケストラ、男声合唱団、女声合唱団の三パートが終始一体となって演奏できる曲目——たとえばマーラーの第八交響曲「千人の声」とかシェーンベルクの「グレの歌」、あるいはまたオルフの「カルミナ・ブラーナ」などのような——の演奏を実現いたしたいということでありました。幸い前者の夢は首尾よく叶えられましたが、後者への想いは非力にしていまだ果たしえぬまま現在にいたっております。

いま記念すべきこの機会に願うところは、いつの日か近い将来かならずやそのようなさらなる飛躍を達成していただきたいということであります。そうした期待をも含めて、当ソサィエティーのますますの向上発展を祈り、あわせてこの百年史編纂のお仕事に当たられました方々に深甚の謝意を表しまして、私のご挨拶とさせていただきます。

ワグネルの栄光の夕べ

有名な音楽祭で夏は込み合うザルツブルグであるが、冬のあいだはめっきり行事も減り、町全体がゆったりとした落ちつきを見せる。今回（一九八二年）私どもワグネル・ソサィエティーが同市を訪れたのは、そのような冬のある日、三月一日から三日にかけての三日間であった。

新市街からザルツァッハの川を渡って、由緒ある旧市街に入り、ゲトライデ通り《ガッセ》のモーツァルトの生家を望みつつ、ほんのちょっと進むと、馬のフレスコ画の壁と噴水のあるジークムント広場《プラッツ》に出る。その広場の向こうにどっしりと横長に建てられた建物がザルツブルグ音楽祭で世に名を知られた祝祭劇場《フエストシュピールハウス》であり、二四〇〇名を収容する大ホールと一三二〇名を収める小ホールの二つを内に擁している。とりわけ大ホールのほうは、一九六〇年に音楽祭開始四十周年を記念して建てられた新建築で、現代技術の粋を凝らし、背後のメンヒスベルクの岩をくり抜いて造られたものだけに、音響効果も抜群であるし、内装の芸術味も抜群である。きくところによると、この檜舞台を日本人で踏んだ音楽家は指揮者の小沢征爾氏くらいのもので、まして団体として日本の交響楽団が登場して演奏したことはまだ一度もないという。市民のための市長からの招待公演であるとはいえ、そのような晴れがましい舞台の上で、まったくアマチュアの現役学生団体であるワグネル・ソサィエティー・オーケストラが、日本から初めて訪れるオーケストラとして、しかもワーグナーとベートーヴェンを演奏するというのであるから、団員の誰にとっても夢のような素晴らしい話であると同時に、また責任を痛感せざるをえない挙であったことも確かである。事実、団長として行を共にした私にしても、日ごろの演奏の技量は知るものの、事が済むまでは気が気でない気持ちを感じなかったといえば嘘になるであろう。

しかし、そのような重い気持ちは、ザルツブルグに先立って行われたブレゲンツでの演奏会の結果によって七分通り氷解し、さらにザルツブルグでの本命の演奏会の結果によって完全に氷解した。両市の演奏会とも、会場は超満員の盛況で、もう切符は残っていないかという問い合わせがあとを断たなかったし、演奏そのものに対する聴衆の反応も予想を絶するウルトラ熱狂ぶりであった。最後の残響が消えた一瞬、怒濤のごとくに湧き起こり押し寄せてくる拍手、ブラボー、アンコールの声、地鳴りのような足踏みの響き——向こうの聴衆はホールを踏みならすことで熱狂を表す——を聞きつつ、私は成功を確信することができた。それはワグネル・ソサィエティーの歴史にとって、永久に記念すべき栄光の夕べであった。

ここで今回の演奏旅行について簡単に説明しておこう。明治三十四年すなわち一九〇一年の晩秋に創立されたワグネル・ソサィエティーは昨年で創立八十周年を迎え、今般の海外演奏会もその記念事業の一環として企画されたものである。すでに当ソサィエティーのオーケストラは、一九七八年にもスイスのルツェルン市の招聘によるヨーロッパ演奏旅行を行っており、おそらくそのさいの演奏が各地で好評を博したところから、今回オーストリアのザルツブルグ、ブレゲンツ両市から招待を受けることになった次第と思われる。ちょうどわれわれが八十周年に当面しており、このような記念すべき年をこの行事で締めくくるのはまことに素晴らしいことと思われたし、またザルツブルグのような音楽の本場で演奏を行い、音楽に造詣の深い市民の人々と交流の場を持つことはきわめて有意義なことと思われたので、喜んでこれらの招聘をお受けすることにし、先方との打ち合わせによって、二月二十七日にブレゲンツの祝祭劇場において、そして三月一日にザルツブルグの祝祭劇場において公演という日程が本決まりとなった。

曲目は、昨年十一月に東京で行われた記念演奏会と同じプログラムに、さらに当オーケストラが得意とするワーグナーの一曲を加えて、

ワーグナー　楽劇「ニュルンベルクの名歌手」前奏曲

ワーグナー　歌劇「リエンツィ」序曲

そして休憩ののち、

ベートーヴェン　交響曲第九番ニ短調「合唱」

という内容とし、指揮はいつもどおり常任指揮者の河地良智《よしのり》氏、そして四人の独唱者は現地にお

られる二期会の鮫島ゆみ子（ソプラノ）、秋山雪美（アルト）、種井静夫（テノール）、加賀清孝（バリトン）の諸氏にお願いすることにした。なお第九の演奏にはつきものの合唱であるが、当ソサィエティーの男声合唱団は夏に中国への演奏旅行を控えて負担過重であるため、四年の有志のみが参加し、さらに当ソサィエティーの女声合唱団、日本女子大学合唱団、慶應義塾大学混声合唱団楽友会、慶應義塾大学日本女子大学混声合唱団コールメロディオン、上智大学グリークラブ、コーロソーノ合唱団等の協力を得て、約一七〇名の合唱団を結成した。オーケストラは部員一七四名、それに引率者、副指揮者、医師、添乗員などを加えて、最終的には三四〇名を越す大世帯の約一〇日間にわたる規模の旅行となった。何分人数が多く、寒い季節なので、健康管理のことが心配であったが、幸いさしたる病人も出ず、全員が楽しく旅程を全うできたことは何よりの幸いであった。

出発は二月二十三日。大部隊なので英国航空とスイス航空の二班に分かれたが、英国航空組がロンドン、ヒースロー空港の濃霧のため約四時間半の遅延を余儀なくされたほかはすべて順調に事が運び、二十四日には全員無事ウィーンに到着、その晩からただちに練習が開始された。二十五日の晩は、折角の機会をということで、国立歌劇場《シュターツオパー》のヴェルディ「ドン・カルロ」（マルチネ指揮）、楽友協会ホール《ムジークフェラインザール》のウィーン交響楽団＝ブルックナー交響曲第五番（マタチッチ指揮）、コンツェルトハウスのドレスデン国立管弦楽団＝ハイドン交響曲第一〇二番、ブラームス　ヴァイオリン協奏曲、ストラヴィンスキー交響曲ハ調（ブロムシュテット指揮）と、思い思いに当地の演奏会を鑑賞して英気を養い、翌二十六日はウィーンからチューリッヒを経て第一の演奏目的地ブレゲンツ着、ここで独唱者の方々と合流した。

二十七日がいよいよ第一回目の本番の演奏会の当日である。ブレゲンツはオーストリア西端の州フォアアールベルクの州都で、スイス、オーストリア、西ドイツが相会するボーデン湖《ゼー》に臨んだ眺望の美しい都、そこここに中世の古い面影を残すが、現在は国際的なリゾートとして、また毎夏催される音楽祭とくに湖上舞台のオペラの上演で有名である。演奏会場の祝祭劇場は湖に近く建てられた白亜のモダーンな建物で、近付いてみると、その入口正面の上の壁に、名門ウィーン・フィルハーモニーの演奏会掲示と並べてケイオー・ワグネル・ゲゼルシャフト・オーケストラの掲示がなされており、何とも嬉しい次第である。このホールは一五〇〇名の聴衆を収容するが、午前のリハーサル中、指揮者の河地さんに頼まれて一階二階のさまざまな場所の席で試聴してみたところ、どの席でも音のバランスは大へんいい。リハーサルが一仕切りした午前十一時半からは、ホールのロビーで、市長のフリッツ・マイアー氏による心暖まる歓迎レセプションが催され、挨拶ならびに贈り物の交換ののちに、合唱およびホルンの小曲の演奏を行って、もてなしへの答礼とした。

この日のリハーサルの出だしはさすが旅の疲れが目立ち、一時どうなることかと思ったが、午後のリハーサルでは急ピッチによくなってきて、本番はきわめて良好な演奏となり、本番に強いワグネルの真価を発揮した。ワーグナーの作品が二つすんだ休憩時間にはロビーに出て、聴衆の反応を窺ったが、夏とは違って地元市民の聴衆が多く、大へん感激して私のところに讃辞を述べにくる人も何人か見られた。なおこの日は地元新聞のインタビューがあり、河地さんと私、それから学生代表の金川文彦君とで応対、今回の演奏旅行の意義、第九を日本人が演奏する場合の難しさ、クラシック音楽の日本での普及の状況などをめぐっての質疑応答が行われた。

翌二十八日は早朝バスでブレゲンツを発ち、ほどなく南ドイツに入って、ワーグナーと関係の深いバイエルン国王ルートヴィッヒ二世のノイシュヴァンシュタインの城を見学する。私が前にこの城を訪れたのは盛夏の季節であったが、いま荒涼たる冬景色の中で見る佇まいも、なかなか風情に富んだものである。一同三々五々雪の坂道を登って城内に入り、礼拝堂の金色まばゆい華麗さやワーグナーの諸作から取材した壁面の絵画などに感嘆の声を放つ。

この夜はミュンヘン泊であるが、中休みで一切練習はなく、当地名物のビア・ホールが大分賑わった模様である。

明けて三月一日。この日が、前にも記したように、ザルツブルグでの本命の演奏会当日である。到着後ただちに現場の大ホールに集合して猛練習、その後はホテルで一服し、早目の夕食をすませたのち、いよいよ本番の演奏に臨むことになる。舞台裏には、イースター音楽祭に上演予定のカラヤン＝ベルリン・フィル、ワーグナー「さまよえるオランダ人」の巨大な船の装置がすでに用意されている。このような巨匠、名門と同じ舞台を踏むわけであるから、おのずと身が引きしまる思いを禁じえない。やがて時間が迫るにつれて、綺羅星のごとくに着飾った聴衆が続々と席を埋め、またウィーンからは山戸徹《あきら》大使ご夫妻もわざわざ駆けつけてこられて激励の言葉をかけて下さる。そのうち団員が一人一人楽器を携えてステージに現れる度ごとに拍手が起こり、ついに万雷の拍手に迎えられて河地さんが登場、固唾を飲むうちに最初の棒が振り下ろされて、「名歌手」の前奏曲が始まった。

演奏の首尾については冒頭に記したとおりであるから繰り返さないが、その反響はわれわれの予想を意外なほど上回るもので、一同すっかり感激気味であった。演奏後、舞台をそのまま使って行った打ち上げ会でも、興奮なお覚めやらず、また山戸大使も残って下さって、われわれのために暖かいねぎらいのご挨拶を賜った。その夜、大使ご夫妻は引きつづき引率者、指揮者、学生代表を含む七名のものを晩餐にご招待下さり、オーストリアの音楽、美術、食べ物のことなどをめぐって、大いに話がはずんだため、ホテルに戻ったのは午前様になったが、これで漸く肩の重荷も下り、大へん快い睡眠にひたることができた。

三月二日はザルツブルグ滞在最後の日であり、まず午前はモーツァルテウム音楽院の見学、そしてその後にミラベル宮殿の金色目をあざむくばかりの大理石の間で、ザルツブルグ市長ヨーゼフ・レッシェン氏による歓迎レセプションが開かれた。ブレゲンツの場合と同じく、挨拶ならびに贈り物の交換ののち、このモーツァルトの生まれた都市にふさわしく、「ディヴェルティメント」K・一三六ほか数曲を演奏して市のご好意に報いることとした。

今回の演奏旅行の意義をめぐっては、出かける前から、「学生のオーケストラが本場である外国で演奏することは、参加する個々人にとっては多大の精神的利益となる行事であっても、とくにそれが国際親善に寄与するという時代では、もはやないのではないか」といったご意見が、一部の先輩からは寄せられていた。とくにオーケストラと合唱から成るかくも大勢のアマチュア学生諸君が大挙ヨーロッパに出かけるなどということは、後にも先にも類例がなく、その先行きを危惧される向きもないではなかった。しかしあえて事を実現したのちの感想としては、やはり行ってよかったというのが嘘偽りない私の気持ちである。事前にクレメンス・ヴァイクス駐日オーストリア大使からもメッセージがあったように、この演奏旅行は「日本の青年たちが異国の文化に接する貴重な機会」であると同時に、「音楽という共通の言語をつうじて、異なった文化を持つ人々との友好を深める」またとない機会でもあったわけで、私としては、われわれの音楽に対する姿勢を知ってもらい、かつまたいささかでも日墺文化の交流に役立ちうるならばという当初の目的のいくばくかは、首尾よく成就できたのではないかと考えている。三月三日付のザルツブルガー・ナハリヒテン紙は第九最終楽章の歌詞を引いて「その夕べは〝すべての人々が同胞《はらから》になる〟という国民相互理解への貢献であった」と書いてくれた。またブレゲンツの演奏会場では、地元の年配の婦人が私のところに駆けよってきて、「あなた方は本当にいいことをしてくれた」と語ってくれた。これらの言葉を、私は永く忘れえないであろう。

繰り返して記すならば、今回の行事は慶應義塾ワグネル・ソサィエティーにとって、その歴史を飾るこの上なく貴重な一ページであると同時に、ひいては慶應義塾の歴史にも新しい可能性の一ページを加えたものと言うことができよう。最後になるが、先輩ＯＢをはじめ終始暖かいご支援を賜った関係者各位に深甚の謝意を表して、筆を擱く次第である。

ワグネルの旅――ウィーンとブダペスト

当ワグネル・ソサィエティー・オーケストラにとっては、一九七八年のスイス、ルツェルン市への演奏旅行、そして一九八二年のオーストリア、ザルツブルグおよびブレゲンツ両市への演奏旅行につづいて、今回（一九八五年）のウィーンとブダペストへの旅が三度目のヨーロッパ演奏旅行になる。すなわち結果論的に言えば、大体三、四年に一度くらいの頻度で音楽の本場での演奏会が持たれたことになり、この種の行事も軌道に乗った観があるが、これはもちろんこちら側からの一方的な希望で実現されるわけのものではない。それにはまず先方からのしかるべき招聘が先決条件となるのであって、今回の場合もウィーン楽友協会からのお招きがあったことがその不可欠の前提をなしているのである。

その意味において、前回ザルツブルグ祝祭劇場《フエストシュピールハウス》でのわれわれの演奏を楽友協会事務総長のアルベルト・モーザー氏に親しくお聴きいただき、かつそれを高く評価していただけたことは、われわれにとって何よりも幸運なことであったと言わねばならない。同氏ならびにウィーン市第十九区の区長アドルフ・ティラー氏などのご好意によって、ウィーン楽友協会が主催者となり、今年の二月二十八日に楽友協会のホールである、かのムジークフェラインン・ザールで私どもの演奏会を開催することが正式に決定されたのは、昨年の早春のことであった。そこでこの日取りを基準として、十日間そして二回の演奏会というスケジュールが立てられ、もう一つの開催地としてはこれまた私どもの演奏に興味を持って下さったハンガリー、ブダペスト市の招聘に応じて、ウィーンに先立つ二月二十五日に同市のコングレス・センターで第一回目の演奏会が開催される運びとなったのである。

曲目は、本年一月に行われた定期演奏会の直後のこととて新しいプログラムととり組む暇はなく、定期演奏会どおりの

ワーグナー　楽劇「トリスタンとイゾルデ」前奏曲と愛の死

マーラー　交響曲第六番イ短調「悲劇的」

がそのまま踏襲されることになった。指揮は、この一年間文化庁の海外派遣員としてミュンヘンのサヴァリッシュ氏の下で研鑽を積まれた河地良智氏である。旅行に参加した部員の数は一九三名、それに引率者、副指揮者、医師、添乗員などを加えて総勢二一〇名の大世帯であるが、この前は曲目がベートーヴェンの第九で合唱団を含め、三四〇名余であったので、それに比べればばいく分気楽であった。前回同様ほとんど病気になる者もなく、全員が楽しく旅程を全うできたことは、団長を務めた私にとってもはなはだ嬉しいことであった。

今回の演奏旅行についてとくに記しておきたいのは、上にも述べたようにそれが由緒あるウィーン楽友協会の招聘にもとづくものであり、しかも世界に冠たるウィーン・フィルハーモニーの本拠ムジークフェライン・ザールの使用を供与されたということである。由緒あると書いたが、楽友協会が創立されたのは一八一三年、それはまだベートーヴェンもシューベルトも存命していた時代であったと言えば、この招聘母体がいかに音楽の世界に誇るべき伝統を持ちつづけた団体であるかが、お分かりいただけることと思う。ちなみにウィーン・フィルがニコライの指揮の下で第一回目の演奏会を開いたのは一八四二年のことであり、そしてムジークフェライン・ザールがテオフィル・ハンセンの三カ年にわたる努力ののち現在の地に落成を見たのは一八六九年のことである。

いささか私事にわたるが、私が戦前音楽を聴き始めたころ、コロムビア・レコードのジャケットにはこのムジークフェラインの舞台にワインガルトナー率いるところのウィーン・フィルの団員が勢揃いしている写真がのっており、当時それを眺めながら、夢でもいいからこのホールの中でウィーン・フィルの生演奏を聴きたいものだと思ったことがある。その夢は漸く戦後になって満たされたが、それが今回はウィーン・フィルならぬわがワグネル・ソサィエティー・オーケストラが実際にその舞台の上で演奏するというのである。まったく夢のような話とは、こういった事柄を指すのであろう。もっとも楽友協会がこうした機会をアマチュアの学生音楽団体に与えるというのは前代未聞なことだそうで、その点では今回の演奏会は部員の誰にとってもこの上ない

ムジークフェライン・ザールでマーラーの「第六」演奏風景

栄誉であると同時に、また重責を痛感せざるをえない行事でもあった。しかし、こうして事前にあれこれと気をもんだ演奏会も、堂を埋めた聴衆から二つのアンコール曲が要求されるほどの熱狂的歓迎を受け、またモーザー、ティラー両氏からも重ね重ね讃辞を呈していただけたのは、まことに望外の幸せであった。そしてその夕べの感激も快い思い出として鎮静した今日では、あえて事を遂行してよかったという気持ちのみがしみじみと反芻されるのである。

ここで旅行中の日程や動静を日誌風に記録しておくことにしよう。出発は二月二十一日。何分大部隊なので、BAとJAL二機という三班に分かれたが、二十二日夕刻には全員が無事宿舎であるブダペスト・ヒルトンに到着し、その晩からただちにパート練習が開始される。私にとって東欧圏の国を訪れるのは初体験であるが、空港に到着時のチェックはかなり厳しく、部員の一人一人について持参した楽器の登録がすまないと、空港を離れることができない。二十三日は午前がブダペスト市内観光で、ゲレールトの丘、英雄広場、聖イシュトヴァン教会などを見てまわるが、この日訪れた場所としては、建国に功あった王や英雄の像が半円形に立ち並ぶ英雄広場の広大さと、ブダペスト最大のバジリカである聖イシュトヴァン教会内部の壮麗さが記憶に残る。総じて街全体の印象としては昔の栄光を偲ばせる美しい建造物には事欠かないものの、ウィーンなどと比べて一体に建物が煤けており、ところどころに弾丸の跡をまだ残すなど、復興未だしの感が深い。この日の晩は希望者のみオペラを観劇し、出し物は国立歌劇場のロッシーニ「セヴィラの理髪師」とエルケル劇場のグノー「ファウスト」であるが、私は娘とともに後者を聴いた。

翌二十四日午前のホテルでの練習、そして二十五日午後のコングレス・ホールでのリハーサルののち、いよいよ同日夕刻七時からが第一回目の本番の演奏会となる。それに先立って、会場の隣のホテルの一室で市議会の方々のレセプションがあり、これには和智一夫大使ご夫妻にもご列席いただいて、国際親善の花が咲いた。私からは挨拶とともに、慶應義塾からの贈り物である『福翁自伝』の英訳本、創立百二十五年記念アルバムなどを、また学生代表の森岡君や近野君からは塾のペナントなどを差し上げ、そのお返しにはハンガリーの誇る作曲家コダーイやバルトークのレコードなどをいただいた。

会場のコングレス・センターは、われわれの到着五日前に落成したばかりのモダーンな建物で、こけら落としのさいのハンガリー・フィルによるベートーヴェンの第九に引きつづき、われわれのマーラー第六が第二回目の演奏会になるよしである。すでに会場は超満員の盛況で、万雷の拍手のうちに河地さんが登場、「トリスタン」の前奏曲が始まった。演奏の進行につれて聴衆のムードはますます高まり、マーラーの第二楽章あたりからは楽章が終わるごとに拍手が送られる有様となったし、アンコールのブラームス、ハンガリー舞曲の第五番にいたっては、曲が始まるや否や嵐のごとき拍手が湧き起こった。前回の場合と同様、その反響はわれわれの予想をはるかに上回るもので、これで今回はじめて旅行に参加した諸君も肩の荷が下りたであろうと思われる。

明くる二十六日は朝食後ただちにバスでブダペストを発ち、ウィーンに向かう。ウィーンの宿舎は前回泊まった懐かしのトゥーロテル。ただし到着がおくれたので、とるものもとりあえず早々国立歌劇場の開幕に駆けつけ、どうにかヴェルディ「ファルスタッフ」の第一幕にすべり込みセーフとなる。

二十七日は午前中ウィーン市内観光。音楽を事とするわれわれのことゆえ、まずはベートーヴェンやシューベルトの霊が眠る中央墓地へ。そして墓前の記念撮影をすませたのちは、シェーンブルン、ベルヴェデーレの両宮殿を訪ね、正午に解散、その後私と森岡君とは日本大使館に宮沢泰大使を訪問する。大使は宮沢喜一氏のご令弟であり、明日のわれわれの演奏会にはご夫妻でお越しいただくことを快くご承諾下さった。その晩の国立オペラはやはりヴェルディの「シモン・ボッカネグラ」で、ブルソンがシモン、フレーニがアメリア、ギャウロフがフィエスコという豪華キャストであるが、とりわけフレーニに数多くの花束が投げられた。あとで聞くと、たまたまその日が彼女の誕生日であるとのことであった。

明けて二十八日。この日が前記のとおり、ムジークフェライン・ザールでの本命の演奏会当日である。その日は昼過ぎまで演奏会場をウィーン・フィルが使っており、マゼールの棒で一生懸命ベートーヴェンの第五の練習をやっている。漸く午後二時からわれわれのリハーサルのために舞台が使えることになり、ただちに猛練習が開始される。私がこのホールに入るのは今回が六回目だが、いつ見ても内部の金色燦然たる豪華さには圧倒される。このホールはつり天井でできているせいか、残響が長く残り、近代的なホールで聴く音とはまた違った、きわめてふくよかな音となる。ところでリハーサル中に楽友協会のモーザー氏が見え、壇上で部員一同に挨拶と激励の言葉を述べて下さった。同氏の話のなかで、現に諸君が坐っているこのステージのこの指揮台の上では、かつてブルックナーが指揮棒を振ったことがあるとか、あのバルコンにはブラームスが何度も坐ったことがあるとかいう件では、一同いたく感激し、いまさらながら光輝ある伝統のなかで演奏することの使命感を自覚した模様である。

そのせいか、七時半から始まった本番の「トリスタン」は、東京、ブダペストのいずれをもしのぐ好演で、私も聴衆の一人として大きな充実感を味わえた。そもそもウィーンに「トリスタン」の前奏曲が初めて鳴りひびいたのは一八六一年十月のことで、ワーグナー自身の指揮によるものだったが（そのとき彼は前奏曲、第二幕第一場、ブランゲーネの歌、それに「愛の死」の場面だけを演奏した）、これらは大へんな不評で、ついにこのオペラは一八六三年の春、何十回もの練習ののちに中止され、全曲がこの都で初演されたのは、それから二十年も経ったワーグナーの死後のことだったのである。ところが、爾来百二十有余年を閲《けみ》したいまのこの時点で、ワーグナーの名をもった東洋の学生アマチュア・オーケストラがこの地でその「トリスタン」を演奏し、それに当地の聴衆が熱心に耳を傾けつつある。私は音のうねりに身をまかせながら、いつしか時の大きな力というものを痛感せざるをえなかった。

つづくマーラーも、言うに及ばずウィーンにゆかりの深い作曲家であるのだが、聴衆の態度はさらに一段と真摯であった。私は宮沢大使ご夫妻のご相伴で、左側三つ目の桟敷《ロージュ》で聴いたが、そこからはフロアの聴衆の様子がよく見える。すぐ目の前では一人の白髪の老人が大きなスコアを膝の上に開き、指で音符を追いながら聴いている。こういう聴き方をされるのなら、ワグネルも演奏冥利につきるといってよいであろう。

この長大かつ深刻な交響曲の最後の音が消えたのち、一瞬をおいて怒濤のように押し寄せてくる拍手、渦巻くブラボー、アンコールの声をきき、ああこれでウィーンも無事済んだと、思わず安堵の胸を撫で下ろし、事前の重い気持ちも日の光に氷が解けるようにスーッと消えてなくなる思いであった。

その晩は、グリンツィンに繰り出しての打ち上げ会となり、一同ウィーン名物ハイリーゲで賑やかに食べ飲みかつ談じ、ホテルに戻ったのは午前様。しかし翌朝のモーニング・コールは午前四時半とのことで、眠ることも相成らず、お蔭様でウィーンからロンドンまでの空路は、はなはだ快い睡眠の旅を楽しむことができた。

　ところで今回の演奏旅行もこうして成功裡に無事終了することができたが、顧みてふたたび痛感されるのは、招聘母体といい演奏会場といい今回ほど好条件に恵まれたわれわれは本当に幸福であったということである。しかしこのことは、反面今後さらに輝かしい一ページをワグネルの歴史につけ加えようと思えば、道はいよいよ嶮しくなることをも意味している。新しい可能性の開拓に向けていっそうの努力を念願すると同時に、関係者各位の旧にまさるご支援ご鞭撻をもお願いして筆を擱く次第である。

TEMPUS FUGIT
ワグネルの海外演奏旅行

本年（一九九〇年）二月十八日から二十七日にかけての十日間、部長最後のご奉公として、ワグネル・ソサィエティー・オーケストラのベルリン、ウィーンへの演奏旅行に同行した。八二年のザルツブルグ、ブレゲンツへの演奏旅行、そして八五年のウィーン、ブダペストへの演奏旅行に続いて、今回が私にとっては三度目の同行となる。

もともとこの海外演奏旅行は、私が部長になって以来始められた行事で、当初はその演奏が果たして本場でどのように受け入れられるか、事が済むまでは気が気でなかったというのが偽らざる気持ちであった。しかし、幸いなことに、ザルツブルグ、ブレゲンツのときもウィーン、ブダペストのときも、われわれの演奏は堂を埋めた聴衆から予想外の熱狂的歓迎を受け、全員が自信をつけて帰国できたのは、何よりも嬉しいことであった。前二回の演奏旅行の実況については、それぞれ『三田評論』の八二年四月号と八五年六月号に記したので、それらをご参照願いたいが、結果論的に言えば、これで大体三、四年に一度の頻度で本場での演奏会を持ちうる見込みがつき、この種の行事もようやく軌道に乗ったという感触を得ることができた。

今回の演奏旅行についてとくに記しておきたいのは、二回にわたる演奏会が一つはベルリン・フィルの牙城であるフィルハーモニー・ホールにおいて、もう一つはウィーン・フィルの本拠ムジークフェライン・ザールにおいてというように、二つがともに世界に冠たる超一流の演奏会場の供与を受けえたということである。

とりわけ二月二十日に行われたベルリンでの演奏会には、ワグネルがその名を頂戴しているリヒャルト・ワーグナーのお孫さん、ヴォルフガング・ワーグナーさんがご夫妻でわざわざバイロイトからいらして下さり、演奏会後のレセプションにもお付き合いいただいて、心のこもったご挨拶をして下さった。たまたま今回のプログラムは、マーラーの交響曲第五番に加えて、ほかならぬワーグナーの歌劇「さまよえるオランダ人」序曲を冒頭に含み、さらにアンコールには同じく楽劇「ローエングリン」第三幕への前奏曲をもって聴衆の熱望に答えたのであったが、その大ワーグナーの没後百有余年を閲した現在、お孫さんのヴォルフガングさんが祖父の名を冠した東洋の学生オーケストラの演奏する祖父の作品に耳を傾けるという、その光景はまさしくTEMPUS　FUGIT「時は過ぎゆく」の言葉を実感させる歴史の一コマであったと言えるであろう。

他方、ウィーンのムジークフェライン・ザールでの演奏会のほうは二月二十五日に行われ、ワグネルにとっては二回目の経験であるが、ここでもリハーサル中に楽友協会総裁のハシェックさんがお見えになり、壇上で部員一同に挨拶と激励の言葉を述べて下さった。その中には、かつてマーラーやブルックナー自身がこの同じ壇上で指揮をしたりオルガンの演奏をしたりしたことがあるという、これまた「時は過ぎゆく」の感慨をひとしおもよおさせるお話があり、一同いたく感激して拝聴した次第であった。

感激と言えば、当日同じステージの上で、まったく思いがけないことに、小生の部長退任を記念する趣旨の部員からの花束贈呈があり、晴れがましくも「マイスタージンガー」のファンファーレとともにそれを受ける羽目になったが、これは小生にとって今回の演奏旅行中もっとも感動したハプニングの一幕でもあった。

顧みれば、ウィーンは公私を含め六度目の訪問で、この私を魅惑する花の都にはすっかりお馴染みである。それに引きかえ、ベルリン訪問はまったく初めての経験であったが、現在西ベルリンを訪れる東独の人は、週末には街ゆく人の半数を越すという。そうした街頭風景を見るにつけ、別の意味で「時は過ぎゆく」の感を深くしたが、それについてはまた別の機会に記すのが適当であろう。

ワグネル第七回ヨーロッパ演奏旅行を終えて

わがワグネル・ソサィエティー・オーケストラは、今回（二〇〇六年）を含めて、これまでに八回ほどヨーロッパ演奏旅行を行っている。が、一番初めの一九七八年のルツェルンは、いわば試験的な、以降の可能性を打診する意味合いを持つものであったから、ブルックナーが彼の交響曲に番号づけした流儀で言えば、第0回にあたり、本格的な第一回目は、ザルツブルグ祝祭劇場でベートーヴェンの第九を演奏した八二年のそれから始まると言ってよい。そのときに受けた熱い歓迎に励まされて、爾来この行事はほぼ四年ごとに順調に繰り返され、今回のブダペスト、ウィーン、バンベルク、プラハの演奏旅行が第七回目を数えることになるのである。

私が現役の部長そして団長として行を共にした最初の三回については、それぞれ本誌（『三田評論』）の八二年四月号、八五年六月号、および『塾』の九〇年六月号に紀行文を記したので、当初の模様についてはそれらをご参照いただければ幸いである。その後、定年退職に伴い部長を退いてからも、この演奏旅行にだけは毎回欠かさず随行した。ところが今回は、図らずも現役部長が止むを得ぬ所用で行くことができないとのことで、文字通り最後のご奉公のつもりで久しぶりに団長を引き受け、その責を果たすことになった。以下、初めの三回の場合に準じて、旅行の実況や印象を日誌風に綴ることから始めたい。

出発は二月二十七日、アムステルダム経由、フランクフルト経由の二班に分かれ、いずれも同日の夜には無事最初の演奏地であるブダペストに到着。翌日は時差調整、休養を兼ねて、終日自由行動のスケジュールである。たまたまロシアからはプーチン大統領が同市を訪問中とのことで、かなり物々しい警戒体制が敷かれていたが、各自適当に市内見物に出かけ、かなり多くの諸君はマーチャーシュ教会や漁夫の砦がある観光の目玉、王宮の丘におもむいて、ドナウ河をはさむこの都の美しい眺めを堪能した模様である。王宮内には歴代のハンガリーの画家ばかりを集めたナショナル・ギャラリーがあり、日本ではあまり知られていないが、この国の誇る十九世紀末のご三家シネイ=メルシェ・パル、パール・ラスロー、ムンカーチ・ミハーイの名作を蔵している。私はとりわけ木洩れ日のあたる小道の両側の木立を描いたパール・ラスローの数点が好きなので、ブダペストに来るごとにこの美術館に足を運ぶが、この日館内で出会ったワグネルの諸君にも、もし的を絞るのならこれらが必見とお薦めした。

翌三月一日は午後から演奏会場のコングレス・センター大ホールでリハーサル、今回の宿舎ノヴォテル・ブダペストはこのコングレス・センターと同じ建物の中で連結されているので、何かと大へん便利である。

二日はこの演奏会場でゲネ・プロののち、いよいよ夕刻七時三〇分から本番となる。今回のプログラムはA、Bの二通りから成り、ブダペストはプログラムA

メンデルスゾーン　序曲「フィンガルの洞窟」

エルガー　　　　　序曲「コケイン」

ワーグナー　　　　楽劇「ニーベルングの指輪」抜粋

の三曲で、指揮はヨーロッパ演奏旅行の初回からお世話になった河地良智さん。すでに会場は超満員の盛況で、どの曲もこの国独特の、揃った手拍子に移り変わる熱烈な拍手で迎えられ、用意したアンコール曲、芥川也寸志「交響管弦楽のための音楽」第二楽章と、ブラームス「ハンガリー舞曲」第一番とは二曲とも演奏する結果となった。昼にご挨拶にうかがった稲川大使ご夫妻にもお出でいただけたが、大使夫人は塾で経済学を学び、私とも旧知の間柄であるので、何とも懐しい次第であった。

明くる三日は英雄広場で記念撮影ののち、ただちにウィーンに向けて移動する。翌日は終日自由行動、ベートーヴェンやシューベルトの霊が眠る中央墓地詣でをする者、ルーベンス、ブリューゲルなど世界でも有数のコレクションを誇る美術史美術館やクリムト、シーレを収めるベルヴェデーレ上宮のオーストリア・ギャラリーに向かう者、シェーンブルン宮殿まで足を伸ばす者、まずはデーメルやホテル・ザッハーでケーキと決めこむ者、等々思い思いに折角の機会を有効に楽しむ。折しもアルベルティーナではシーレの大展覧会が催されており、私もまたこの上ない目の保養をすることができた。
五日午後のリハーサルを終え、明けて六日の午後七時半からが、金色まばゆいムジークフェラインン大ホールでの本命の演奏会である。ウィーンでは、プログラムはB
ヴェルディ　序曲「シチリア島の夕べの祈り」
芥川也寸志　交響三章
ブルックナー　交響曲第四番「ロマンティック」
の三曲であり、指揮は同じ曲目を日本の定演でも振っていただいた吉田裕史さんである。ブルックナーの長大な交響曲では、各楽章が終わるごとに拍手が送られ、いよいよ最終楽章の最後の音が消え去るや否や、嵐のような拍手、何人ものブラボーの声が湧き起こった。これに答えてのアンコール曲は、ワグネルのお家芸とも言えるワーグナーの「ニュルンベルクの名歌手」前奏曲であった。
われわれがウィーンのこの大ホールで演奏するのは六回目になるが、ここでの聴衆の中には前にも何度かワグネルの演奏会に来て下さったいわばワグネル・ファンとも言うべき人々が根づいており、私をも見覚えていて下さって、ヴンダーバル、ヴンダーバルとお褒めの言葉を述べに来て下さるのには大へん感激したし、またまことに嬉しいきわみであった。ただ今回淋しい思いがしたのは、前回まで顔を見せて下さり、壇上で部員一同に激励の言葉を述べて下さった楽友協会元総裁のハシェックさんが二年前にお亡くなりになったとのことで、もはやお会いする機会を持てなかった一事であった。四年前のときはロビーでコーヒーをご馳走になり、そのときのスナップ写真を帰国後お送りしたところ、丁重なご返事を下さったのが最後になってしまった。

何度訪れても魅力の尽きないこの都に別れを告げ、つぎの演奏地ドイツのバンベルクに向かったのが七日の朝、途中国境近くで昼食休憩をとり、さらにニュルンベルクで夕食休憩を含め三時間ほどの自由時間を持ったのちに、夜おそくバンベルクに到着。ニュルンベルクでは河地さんご夫妻とデューラーの家を見てから、その付近で名物ソーセージの夕食をご一緒したのが、何よりもいい思い出に残る。

つぎの日八日は午前コンサート・ホール内小ホールでリハーサル、午後は自由行動、また九日午前は有難いことにバンベルク交響楽団のリハーサル、ヤナーチェックの「死の家より」組曲とベートーヴェン交響曲第八番を聴かせてもらうことができた。この交響楽団の現在の指揮者はアメリカ出身のジョナサン・ノットである。

そして同じ場所で同日午後二時半からがわれわれのゲネ・プロ、七時半からが本番の演奏会、当地での曲目はふたたびプログラムAに戻って、河地さんの指揮である。われわれの演奏もますますすべりがよくなったが、とくに感激したのは、演奏が終わるや否や聴衆の皆さんが満場総立ちになって暖かい拍手をして下さったことである。第一回目のブレゲンツのときもそうであったが、こういう小規模の都市ではことのほかこのような心のこもった歓迎ぶりを示してくれるようである。そして戦禍を免れたバンベルクの街そのものも、人の心に劣らず大へん美しいたたずまいであった。

十日はいよいよ行事の最後の地チェコのプラハに向けて出発する日である。途中われわれは、まずわれわれが名前を頂戴している大ワーグナーの楽劇の聖地バイロイトに立ち寄り、名にし負う祝祭劇場の内部の座席とピットの両方を見学させてもらう。

そののちわれわれはふたたび二グループに分かれ、第一グループはピルゼン経由で、第二グループはドレスデン経由で、それぞれ経由地で若干の自由散策時間を持つことになる。私はドレスデンが初めてなので、後者を志望し、かねてからたたずまいを見たかったゼンパーのオペラハウスをじっくり見学したあとで、その前の広場を中心に、ツヴィンガー城、シュタールホフ、聖母教会など次々にお上りさん見物をする。

雪の国境を越えて深夜到着したプラハでは、翌十一日午前プラハ音楽大学でチェコ人による日本語弁論大会があり、かねて少人数編成の演奏を依頼されていたので、部員四名から成る弦楽四重奏で日本の歌をアレンジした四曲を演奏してさし上げた。その席で熊澤大使にもお会いしたが、チェコ日本人会の会長さんと副会長さんがいずれも塾の経済学部のご出身で、かつて私の講義をも聴いたことがあるというのはまったく思ってもみなかった奇遇であった。なおそのときの話では、最近のプラハは経済面では日本の企業と関係が深まり、日本人のビジネスマンの数もウィーンを抜いたとのことである。プラハも、私にとっては初めてのことだったので、右の弁論大会ののちはＪＴＢの古関和典さんに案内してもらって、観光客で賑わうカレル橋を渡り、モーツァルルトが「ドン・ジョバンニ」を初演したことで有名なスタヴォフスケー劇場を訪れる。この劇場は「ドン・ジョバンニ」で柿落《こけら》としをしたのが一七八七年十月二十九日、また音楽の好きな人にとってはさらに一八一三年から三年間ウェーバーが指揮棒を振っていたことでも知られ、映画「アマデウス」のオペラ・シーンもここで撮影された。

十二日は市民会館内の壮麗なスメタナ・ホールで、ゲネ・プロののち、いよいよ夕刻六時三十分から最後の本番演奏、ふたたびプログラムはB、指揮は吉田さんの番である。アンコール曲が終わってしばし鳴りやまぬ盛大な拍手、ブラボーの声をきき、これで今回の演奏旅行もどうやら無事に終了したと、漸く肩の荷の下りる思いがした。

さて上記のような次第でわれわれのヨーロッパ演奏旅行もめでたく幕を閉じることができたが、いま何回かそれを繰り返した時点で心に浮ぶ所感は、招聘母体といい演奏会場といいつねに過分な好条件に恵まれてきたわれわれは本当に幸福であったということと、同時にまたこれでわれわれの海外演奏旅行も漸く安定した軌道に乗ったということである。その意味では、この行事も長いワグネルの伝統に、新しい伝統の一部を加えることになったと言うことができよう。もはや三十年も前のことになるが、部長を引き受けたのち新機軸としてこの試みを出発させた私にとっては、当初の心配もお蔭様ですっかり晴れ、あえて実現に踏み切ってよかったという気持が嘘偽りのないところである。われわれが西欧の音楽に対してどのような姿勢を持っているかをあちらの人々に知ってもらうと同時に、わが方も若い部員諸君に西欧の文物を学ぶ貴重な機会を持ってもらうという当初の目的は、それなりに成就されているのではないかと考える次第である。とはいえ、詩人T・S・エリオットが言っているように、伝統とはそのままをいつまでも引き継いでいくことはできないものである。この演奏旅行もそれが新しい伝統の一部になった以上、マンネリズムに陥らないためにはこれからいろいろと新しい可能性を開拓していかなければなるまい。それに向けてのいっそうの努力を、あとを引き継ぐ人に念願すると同時に、関係者各位のますますのご支援ご鞭撻のほどをお願いして、稿を閉じたい。

V　ホビーあれこれ

書斎の外・蝶

季節のせいか、筆者が趣味としている蝶のことについて何か書け、というご注文である。

さて一口に蝶の趣味といっても、山野を駈けめぐり、野外でそれを観察することのみに打込むナチュラリスト型あり、あるいはあたかも切手蒐集のごとくに華麗蝶の標本を買いあつめるコレクター型ありで、まったく千差万別であるが、筆者の場合はただ観察するというのもただ蒐集するというのも、どうもそれだけではあまり興味を惹かれない。やはり、未知なるものの探究とでもいうか、蝶の世界に発現するもろもろの現象の謎解き、つまりそれらに見られる規則性を説明する仮説を立て、そして標本からそれを検定するという所業が伴うのでないと、知的興奮が湧いてこない。そこでホビーとはいい条、結局「書斎の外」とばかりは言いきれない状況に立ちいたってしまうのである。

例として最近の一進展を述べておくと、ゼフィルス（すなわち西風）の名で呼ばれるシジミチョウ科の一群に、キリシマミドリシジミという、雄は一面に光り輝く金緑色、雌は黒地に青紫色の斑紋を装う大へん美しい蝶がいる。日本でのこの種の分布は本州、四国、九州で、在来から屋久島産のものが後翅の尾状突起を欠く点と翅型が細長い点、そして雌の青紫斑の形が異なっている点で、また対馬産のものが雌の青紫斑がいちじるしく拡大する点で、いずれも本州・四国・九州本土の典型的な型のものとは区別されてきた。ところがその後、永らく本州の分布の東限と考えられてきた鈴鹿山系よりはるか東方の静岡県愛鷹《あしたか》山に本種の産することが発見され、また最近にいたってさらに分布の東限が東に飛んで、箱根一帯や奥湯河原にも同じく本種の多産することが発見された。この種の新産地がこうして意外にも神奈川県まで及んでいるのが分かったこと自体がすでにセンセーショナルな出来事であったが、より興味深いことには、これら愛鷹山や箱根で採集される個体は、その過半数があたかも屋久島産のそれのように尾状突起を欠くかあるいはそれがきわめて短い個体であり、しかも他の点ではそれらは本州の他地域のものと異なるところはないから、それらの組み合わせにおいてまったく独自な新しい型のものなのである。ところがこうした新発見の興奮がさめやらぬうちに、またまた一昨年（一九七二年）は一段と東寄りの西丹沢に、いまのところ数は多くはないが、やはり本種の産することが判明し、しかも丹沢産の個体群はたんにそのほとんどすべてが無尾型であるばかりでなく、雌がいちじるしく黒化して、その青紫斑が退化寸前のきわめて特異な型のものであることが明らかとなった。

おそらく蝶に興味のない人には退屈であるにちがいない、このような話をここにながながと記したのは、そうした new findings に伴う知的スリルがどのようなものであるかを例証したいためである。たとえば筆者が丹沢産の雌の個体が異常なものであることを知ったのは、たまたま友人のところで飼育された二頭の雌の標本を昨年初めて見たときのことであった。これは大へんと仰天したわけであるが、たった二個のサンプルからの結論の一般化はまだ危険である。そこで今年は同地産の本種を三〇頭ほど卵から飼育し（ちなみに本種の完全な標本を得るためには、その幼虫の食樹であるアカガシの頂芽から採卵して飼育するのがつねである）、その結果得た蛹からどのような雌が出るかを無限の興味と期待とをもって見守った。結局今月の六月に羽化した雌は、期待にたがわずその全部が黒化した型のものばかりであり、おそらくこれがこの地域の雌の一般的特徴であることはほぼ断言して間違いないであろう。ともかく大学から帰宅するのももどかしく、その日に羽化した個体を次々に検して、期待が適中していくのを確認していくスリル、そしてそのことが確かめられたのちにおいてなぜ丹沢産の個体のみがこのように黒化するのかをいろいろと思案してみる知的冒険、こうした要素なしに私にとっての蝶の趣味はありえないのであって、その面白さに心を高揚され、脳細胞を充電されて、また専門の経済学に立ち向かう気力が湧いてくるのである。

ところでこの経済理論の研究と蝶の研究とは、どう見てもまったく別個のこととしか思えないが、それにもかかわらず両者のあいだに接点がないわけではない。そのそれぞれの分野で仮説の検定に用いられる統計的手法が共通であることは言うまでもないが、そればかりでなく理論的なかかわり合いさえ生じてくるのだから妙である。たとえば蝶を含む一般の生物とその天敵との関係を定式化したものにヴォルテラの微分方程式なるものがある。それにしたがえば、あるxという生物が増えてくると、その天敵yもまた餌が豊富になるので数を増し、するとxは沢山食べられて減少するから、yもまた減って、ふたたびxが増える……という循環運動を繰り返す。これをイタリーの数学者ヴィトー・ヴォルテラは二変数の簡単な線形微分方程式システムで表現し、ここでその係数行列は対角元素がゼロで非対角元素が負であるから、二つの固有根はともに純虚根となって解は永久に振動をつづけると説いたのである。ところがこの生物循環のモデルを考え出したヴォルテラは、またローザンヌ大学の著名な経済学者ヴィルフレド・パレートの主著『経済学提要』の書評を書き、その中で効用関数の積分可能性に関するパレートの誤謬を指摘した学者にほかならなかった。

それからまたやや後代になって、上記のヴォルテラの流れを汲む数理生物学者A・J・ロトカの『物理生物学要論』は、のちにサミュエルソンによってその価値を高く評価され、一部が彼の主著『経済分析の基礎』の非線形安定理論の中で、マルサス流人口論との関連において利用されるにいたっている。

しかもそのマルサスと言えば、ダーウィンの進化論に霊感を与えた経済学者であったが、一方進化論に決定的な批判を加えたのも同じくフレミング・ジェンキンという英国の経済学者であった。この人はエジンバラ大学の教授で、需要曲線・供給曲線を初めて描いた経済学者として著名な人物であるが、一八五九年出版のダーウィンの『種の起源』について一八六七年に書評を書き、彼の所説にかならずしも正しくない箇所があることを指摘した。ダーウィンが主著第六版の中に、ラマルクの思想を蘇えらせる新しい一章を書き加えたのも、ほかならぬこのジェンキンの批判によるものとされている。こうして進化論に示唆を与えた人物も修正を促した人物もともに経済学者であったという意外な事実は、二つの学問分野、経済学と生物学との関係を考える上で大いに注目すべき事柄と言えるのではなかろうか。

私の専門と趣味、すなわち書斎の内と外も、してみると案外面白い縁《えにし》で繋がっているようである。

幼稚舎シンフォニー・蝶のすすめ

私はどういうわけか現在、経済学者という職業についてしまったが、幼少のころから生物が大好きで、鳥獣、魚貝、昆虫など、およそ生きとし生けるものには何にでも興味を持ち、一時は専門の生物学者になりたいとか、はては動物園の園長さんになりたいとか、真面目に思ったことがあるくらいであった。幸い父が寛大で、生物の図鑑のたぐいはかなり専門的なものまで言いなりに買ってくれたので、学校から帰れば昼夜を分たずそれに熱中し、種名を覚え込んでは得意になったり、日曜たんびに動物園、水族館などに出かけて、本物をじかに見る興奮に浮き浮きしたりした。

そんなことで、フィンチと総称される色彩の美しい小鳥のたぐいや、チョウチョウウオ、カクレクマノミなどの海水魚の飼育に凝った一時期もあったが、とりわけ昆虫類に絶大の興味を持つにいたった切っかけは、小学一年生のころ父に連れられていった平山博物館である。もはや現存しないこの博物館は当時井の頭公園の裏手にあったのであるが、そこで初めてみるニューギニアのトリバネアゲハ、南米のモルフォチョウなどの目をあざむくばかりの華麗さ、また今まで夢想だにできなかった外国産の巨大なオサムシやタマムシの宝石の輝きは、蝶や甲虫の世界に私をのめり込ませるに十分であった。

後年になって私は、ダーウィンとともに進化論に貢献したウォーレスが、一八五九年に初めてクロエサストリバネアゲハを発見採集したときの感激を本で読んだことがあるが、彼はこう記している。

「ネットからそれをとり出して、光り輝く翅を開いてみた途端、私の心臓は激しく鼓動し始め、頭には血が奔流した。そのときの失神しそうな気持は、以前死の危険を予感したときに体験したところをはるかに上回るものでさえあった。」

こうして彼は余りの興奮によって、その日一日頭痛に悩まされたと告白しているのであるが、体験の規模こそ違え、私にもこうした熱狂のいかなるものであるかはある程度分かる気がするのである。

けれども上記の文章が伝える彼の興奮は、たんに初めて見るクロエサスの壮麗な美、魁偉な形によるものだけではなく、その珍品が実際に飛ぶのを見、かつそれをみずからの手中に収めた感動にもよるものであろう。蝶の美しさを標本箱の中でしげしげ眺めて鑑賞するのもいいが、何といってもその天来の美しさがダイナミックに迫ってくるのは、自然のセットの中でのその飛翔に接したときで、著名な詩人キップリングが The Feet of the Young Men の中で、

Do you know the steaming stillness
of the orchid-scented grade,
When the blazoned bird-winged
butterflies flap through ?

と歌ったのも、熱帯林の樹上を飛ぶトリバネアゲハの金色《こんじき》の滑空を指したものである。現在では私は、こうした熱帯蝶のきらびやかさよりも、日本を含む旧北区の蝶の清楚な美のほうを好むが、それにしても何十年か前に、スミレの花に求蜜に来たギフチョウを初めて見たときの感激、そしてそれを初めてネット・インしたときの感激を終生忘れることができない。

　話がちょっと横道に逸れたが、始めに少々自伝めいたことを記したのは、どうも今の都会の子供の自然との触れ合いと、われわれの年代の者のそれとでは、大分違いがあるように思われるからである。もちろん、われわれの子供のころは、都心でも裏の八幡様とか靖国神社とかに行けば、結構コムラサキやヒオドシチョウなどの蝶がいたのに、今はほとんどその影を見ないなどといえば、それは高度成長に伴う環境破壊のため云々、といった月並みな話のおちになって、それはまたそれでまったくその通りなのであるが、しかし今でもちょっと足さえのばせば、蝶はいるし、そうした蝶のいるいないにかかわりなく、子供たちの生活形態そのものがどうも随分変わってしまったのではないかと思われるふしもある。

われわれのころは、放課後ともなれば、近所の子供と誘いあわせ、ランドセルをほっぽって、すぐ付近の公園や神社にトンボ採り、セミ採りにいってしまった。それに使うモチをモチ竿に、手に唾をつけてねりつける……といったような、思い浮べるだけでわれわれにははなはだ郷愁を誘う光景を、今はまったく見ることができない。これは採集技術が進歩して、昔の方法が廃れてしまったというわけでもなく、またたんに採集の対象と採集場所がなくなってしまったというばかりでもなく、要するに勉強や塾通いに追われる子供たちの側には、採集の時間も心のゆとりもないのである。これは何とも遺憾なことと言わねばならない。ここで自然の観照と情操教育といったような大テーマを論ずる所存はさらさらないが、私の心に妙に残っているささやかなエピソードのようなものを一つだけ述べさせていただきたい。

ある春の日、私はヒメギフチョウという蝶を採る目的で、山形県上《うえ》の台《だい》の山裾を歩いていたが、そこで一人の地元の少年が採ったばかりのヒメギフチョウを手のひらにのせて、しげしげと眺め入っているのに行きあたった。話しかけてみると、自分は生まれて初めてこの蝶を採ったのだが、この黄色に黒のだんだら、それに赤とブルーの紋をあしらったこんな美しい模様がなぜ自然に出来たのかまったく分からず、あまりの不思議さに、しばし仕舞う気にもなれないで、さっきからためつすがめつ眺めているのだという。私は、この子供は非常に心がゆたかな子供だと思った。美の感受と、その意匠の意味を問う知的探究心とは紙一重である。私は、どうか今の子供たちが、本に書かれた知識だけで標本箱の前を素通りする子供たちにはならず、自分で主体的に自然界の驚異を問い、その根源にチャレンジする子供たちになってほしいと願う。

これは子供だけに限ったことではない。かつてアメリカのルーズベルトが訪英したさい、愛鳥家のこの大統領はこれまた鳥好きの外相エドワード・グレーと二日間ばかりをまったく水入らずで、野鳥の観察に費したという。二人は森林、渓谷の中を歩きながら、四十種の鳥の姿を見、二十種の鳥の声を聴いた。そしてグレーは、ルーズベルトの鳥に関する知識のきわめて豊富であること、その鳴声を聞き分ける耳のよく訓練されていることに感心し、あの多忙の人がいつのまにこれほどの素養を蓄えたか想像できないと述べている。おそらく日本の政治家や宰相も、蝶や鳥にこれほどの知的情熱を持ち合わせていれば、ロッキード事件などは起きなかったであろう。

こころの玉手箱・ウンナンシボリアゲハ

若い時分、研究に没頭しすぎたせいか体調を崩し、医者に運動を勧められた。そこで趣味の蝶の採集を復活し、暇を見つけては各地の山を駆け回ることにした。

訪れる採集地としては日本ばかりではなく、中国や東南アジアなどにも足を伸ばした。

その方面でとりわけ私が関心を持っているのは、ギフチョウ属とそれに近縁なシボリアゲハ属に含まれる原始的なアゲハチョウの仲間である。

ギフチョウ属では従来からギフチョウ、ヒメギフチョウ、シナギフチョウの三種が知られてきたが、驚くべきことに、一九八一年になって中国の李伝隆氏による第四番目の新種オナガギフチョウ発見という発表があり、同好の士に一大センセーションを巻き起こした。この新種のギフチョウが初めて採集された場所は陝西省秦嶺山脈の太白山で、李氏は最初かなり早い時期一九四四年の春にこの蝶のメスを一頭採集したのであるが、この種の特徴である長い尾状突起が両方とも折れてなくなっていたので、新種とは思ったものの発表は見送り、一九八一年にいたってついに

ウンナンシボリアゲハのオス（上）とメス（下）
右が四川省産、左が雲南省産

完全品を採ることに成功して、発表に踏み切ったのである。同じ一九八一年の日本鱗翅学会で李氏を招いて話をしてもらった折、スライド写真で実物の標本が大きく写し出されると、会場には思わずウワーッという大きなどよめきがわき起こった。

つぎにもう一つのシボリアゲハ属にはシボリアゲハ、シナシボリアゲハ、ウンナンシボリアゲハ、ブータンシボリアゲハの四種が含まれるが、それらのうちウンナンシボリアゲハは長いあいだ戦前に雲南省で採集された大英博物館のメス二頭の標本でしか知られていなかった。ところが同じ一九八一年にわが北海道山岳連盟登山隊が四川省ミニヤコンカに登る途中、やはり驚くべきことに十数頭のオスとメスが両方とも採集され、マスコミでも大きく報道されるというまさに画期的な出来事が起こったのである。

　翌年にはどうやらわが家の標本箱の中にも二、三列の同地産標本を並べることができるようになったが、いざ四川省産（写真右）が手に入ると、是が非でも雲南省産もほしくなるというのがコレクターの心理というもので、そこで希代の有能な採集家、故北脇和光君に頼んで一九九一年に雲南省から採ってきてもらったのが写真左側の標本である。哈巴《ハーバ》雪山の北西山麓産である。素人目には同じにしかみえないかもしれないが、子細に見ると、四川省産は黒帯が太く全体としても黒っぽくみえるのに対して、雲南省産は黒帯が細くて明るくみえる。この雲南省産の一対はわが家の標本箱の中でもとりわけ宝物の位置を占めている。

　ところで同属四種のうちインド、ブータン、ビルマ、タイなど広い領域にまたがって分布しているシボリアゲハ、またウンナンシボリアゲハと同様、中国の雲南省と四川省に産するシナシボリアゲハの二種は沢山採れるので標本を揃えるのに事欠かないが、残る問題種はブータンのみに産するブータンシボリアゲハである。これまた大英博物館所管のオス・メス数頭の戦前の標本を除けば、その後はまったく記録されていない。三十年前のオナガギフチョウ、ウンナンシボリアゲハのような奇蹟が起こり、わが家の標本箱にもブータンシボリアゲハが並ぶのは、いつの日のことであろうか。

わが趣味を語る

一　蝶のこと

はじめに

わが趣味を語れとのことですが、私は一人ッ子で、一人でいる時間が多かったせいか、随分といろいろな事に首を突っ込んできました。文学書つまり内外の小説や戯曲などを読んだり映画を見たりすることも人一倍好きでしたし、美術鑑賞なども非常に好きで、今でも絵の展覧会は目ぼしいものは全部見る、また暇があれば自分でも描きたいという気持があります。しかしその程度のことですと、皆さん、多くの方がやっておられることで、ことさらここでわが趣味としてとくに申し上げるほどのことでもないんじゃないかと思います。とするとあとは、それこそ病《やまい》膏肓《こうこう》に入《い》るというのか、要するに本職の経済学とどっちが専門であるか分からないようなのめり込み方でやっているものだけに話が絞られてくるわけですが、そんなものとして以下ではクラシック音楽、推理小説、蝶の採集研究、この三つだけに限定して、申し上げてみることにいたします。とくに珍しい順番にということで、まずは最後の、蝶のことから始めるとしたらどうでしょう。

昆虫類一般から蝶類へ

私は、幼い時から生物一般がとても好きで、一時は鳥や魚などの飼育に凝ったり、あるいは温室まがいのものをつくって熱帯植物を栽培したり、いろんなことをやりました。

このうち、とくに蝶を含めて昆虫というものに興味を持ちだしたのは、小学生時代に父につれられて、井の頭の平山博物館という博物館を訪れ、その館長であった平山修次郎氏にお会いしたことが刺激になっているんじゃないかと思います。

平山博物館は今はもうありませんが、一階には哺乳類や鳥類などの剝製が展示してあり、二階に昆虫類一般の標本が多数保存してありました。この博物館で、私は生まれて初めてニューギニアのトリバネチョウや南米のモルフォチョウなど、熱帯の華麗蝶のきらびやかな美しさに魅せられ、また中国産のカブリモドキとか東南アジアのタマムシなどの甲虫類の形の魁偉さ、宝石のような輝きに心を奪われました。

平山さんは、当時小学生の私を大へん可愛がってくださって、そのころはまだ井の頭に多産した国蝶オオムラサキの採集法とか飼育法とかを懇切に指導してくれました。そんなことから蝶や甲虫の魅力にひき入れられ、一時は昆虫学者になりたいと思ったくらい夢中になって、標本を集めだした、それが切っかけとなったのです。

この当時の標本は、戦争中に東京の家が空襲で丸焼けになったのと同時に焼失してしまい、今は残っていませんが、そんなことで折角集めた標本を失った虚脱感もあり、私の昆虫趣味も大分長いあいだ中断時代がありました。

ところが塾（慶應義塾）の経済学部の教員として学校に残り、助教授時代にハーヴァード大学に経済学の武者修業に出かけて帰った直後、猛勉強がたたったせいかストレス病になりまして、その時に医者の奨めで山登りを始め、そこで夏山は蝶、冬山はスキーということになりました。それ以来また蝶の趣味が復活したわけで、したがって今、家にある標本は、このリバイバル以来の、つまり昭和三十年ころから現在にいたる約四、五十年間の採集品と言えるものです。

日本の蝶に興味を持つ

さて、それでは蝶をやるといっても一体何をやるのかということになりますが、まず現在の私の興味の対象となっているのは、もっぱら日本産の蝶が中心です。

昔は外国産の華麗な蝶に惹かれたこともありましたが、今ではそれよりも日本産の蝶のほうにずっと愛着心を持っています。これは一つには日本の蝶のほうが熱帯のものより清楚な美しさを持っているからですが、もう一つには外国産の蝶の研究となると、当然のことながらどうしてもその国の研究者には敵わないからです。その国に何十年も住むことができるとかすれば話は別ですが、チョッと出かけるくらいでは、やはり敵いません。この点、日本の蝶の場合だと、自分の国のことですから、腰を落ち着けてかなり専門的にとり組むことができ、有意義な成果をあげることができるのです。

ただ日本産の蝶に限るといっても、日本にいるのと同じ種類のものが、たとえば中国だとかインドネシアだとかにも産する場合には、あとで申しますが、地理的変異とか亜種とかといって、同種のものでも、色彩や斑紋などが違ってくるものです。そういう場合には、外国のものであっても日本のその種と同種のものなら興味を持って集めるというようなことをいたします。そのようなものとして、私はたとえばナガサキアゲハとかツマベニチョウ、またリュウキュウムラサキといったような種類に興味を持っていますが、これはその種の分布圏の中で、日本産のものの位置を確定する意味でも、重要なことだからです。

蝶マニアには三つのタイプ

それで日本の蝶を対象にして何をやるかということですが、大別してつぎの三つのどのタイプであるかによって、その目的も若干異なります。

第一のタイプは、ナチュラリスト型というか、自然愛好家というようなタイプであって、どんな蝶が、どういうふうに分布しており、どんな植物でその幼虫が育つかとか、どのような形で冬を越すかとか、要するに自然の中に分け入って、自然を観照する見地から蝶の生態を調べてみる、そういうタイプの人々です。このような人は標本を集めるというより、むしろ自然を愛し、自然の中で蝶がどうなっているかが興味の焦点となるわけです。

　第二のタイプは、それとはまったく対蹠的で、いわゆるコレクター型、つまり自分自身はあまり自然の中に入っていかなくても、ともかく蝶の標本を、お金を出して買ってでも沢山蒐集する。そういうタイプの人々です。世の中には、いろいろのものを収集するマニアがいますけれど、この場合は蝶を集めるというわけで、そういうマニアはなるべくきれいな蝶をどっさり集めて、そのコレクションを人に見せびらかす。そういう人が多いようです。

　第三のタイプは、サイエンティスト型というか、知的追求型というか。蝶の世界にも、いろいろの規則的なパターン、法則性がありますから、研究してみるとそれが次第に分かってくる。果たしてしからばそういうパターンがどのような原因で生じてくるのか、なぜそうなっているのか、というようなことを一応仮説を立てて説明してみようとする。このような探究、科学的研究の対象として蝶をやるというのが、この第三型の人々の狙いです。

　私などは専門は経済学で、もちろん蝶はホビーとしてやっているわけですから、いま言った三つの型の要素は大なり小なりどれもが混じっているのですが、しかし餅は餅屋というか、やはり経済学をやっていますと蝶のほうも蝶学で、どうしても第三の型のような学問的側面がないと面白味が湧いてきません。つまりただ集めているだけでは、知的な興奮が起こってこないのです。

蝶の地理的変異を探る

そこで一応そうした謎解きの見地から、今の私が一番どんなことに興味をもってやっているかというと、それは一口に言って日本の蝶の地理的変異ということです。あるいは地域変異とか地方変異とかいっても結構ですが、要するに同じ種類の蝶であっても北海道と本州とか、あるいは南西諸島の相異なる島々とか、産地が変わってくると、サイズや色彩、斑紋などがやはり違ってくるという現象があるのです。しかもそれにはある種の規則性が見られるので、どうしてそうなるのか、そこに非常な興味を持って調べてみるということになります。

このような同種の蝶に見られる地理的変異の中でも、その変異が不連続的で、あいだにギャップがある場合にはそれらは同種のなかの亜種といいます。またその相違にギャップがなく、たしかに最北端の産地のものと最南端の産地のものとを較べれば、かけ離れて違うが、そのあいだでは次第に連続的に変わってくるというような場合には、それはクラインといいます。この場合は、たしかに変異はあるのですが、そのあいだに切れ目がありませんから、その種をいくつかの亜種に分けることはできません。

種でいって、現在の日本には、土着して年々再生産を繰り返している蝶が二二八種ほどおり、それに迷蝶として台湾やフィリピンから翔んできて日本でかならず採れるけれども冬は越せないというものをも含めれば二七二種余りになります。この中には、北海道の大雪山の天辺《てっぺん》にしかいないものとか、小笠原や対馬に行かなければ採れないものとかがいますから、全種を漏れなく集めるにはかなり根気が要りますが、それでもその産地さえ歴訪すれば、全種を揃えることはさほど困難なことではありません。むしろもっと難しいのは同種の各地域型を全部揃えることで、色彩や斑紋が産地ごとに不安定に変わる種を、すべての産地にわたって網羅的に集めるのはなかなか大へんな仕事です。たとえば私はゴマシジミという、日本でももっとも地理的な変異の激しい種の一つに興味を持っていますが、この種は利尻島や礼文島をも含めて北海道の各地、青森・岩手、中部の長野・山梨・岐阜の三県、中国地方の一部、九州の阿蘇・九重高原などの多数の産地に散らばって分布しているので、八月のこの蝶のシーズンには毎年毎年これらの産地を順次に訪れるという、気の遠くなるような採集調査をこの十年ほど続けています。それでもまだまだすまないというところに、この蝶の汲めども尽きせぬ魅力が潜んでいます。

また現在、私の興味を惹いているもう一つの種に、カラスアゲハという、ご存知の方も多いアゲハチョウの一種があります。この種は本州で採ればどこで採っても同じ型で面白味がありませんが、ひとたび離島産のものになると島ごとに顕著な差異があって、そのためにトカラ諸島、奄美大島、沖縄本島、八重山群島等々すべてを渡り歩かなくてはなりません。これなども、蝶に興味のない方には、どうしてまたそんな困難をおかさなくてはならないのか、なかなかお分かりいただけないかもしれませんが、トカラ産の見事な白帯が前翅を縦に走っている標本と、奄美大島産の一見真黒に見える標本とを目前に並べて、なぜ相隣る島々でこれほど際立った相違が生じたのだろうという謎に挑戦し、これらの島の生成史に遠く想いを馳せる醍醐味は、やはり趣味ならではのものと言えましょう。奄美のカラスアゲハは他の島のものと目立って違っていますが、さらに沖縄本島のカラスアゲハはもっと違っているために、一時はオキナワカラスアゲハという別種に位置づけられたこともあります。しかし、これら二つの島のカラスアゲハは、一方が同種のなかの亜種にとどまるのに、他方はなぜ別種とされたのか。一体ある種を他の種と別種なりとして区別する規準は、どこにあるのか。そういった点に疑問を持たれる方も多いかと思いますので、つぎには種という問題について少々お話ししてみたいと思います。

種とは何か

二つの種が別種だという基準としては、よくつぎのようなことが言われてきました。分かりやすいようにけだものの例で言いますと、たとえばライオンと豹すなわちレオパードとの雑種が動物園などでつくられることがありますが、このレオポンなる雑種は生殖能力を持たず、したがって二代目以下の子どもをつくることはできません。そこで、もしそうであれば、レオポンをつくったもとのライオンと豹は別種であるというのです。つまりこの基準によるならば、かけ合せた子どもが一代かぎりで生殖能力を持たなければ両親は別種、何代も子孫を続かせることができれば両親は同種ということになるわけなのです。

ところが蝶の場合などではかならずしもそうではなく、この基準を満たさなくても別種と考えられている事例がいくらでも見出されます。たとえば早春四月に年一回だけ出てくる春の蝶に、ギフチョウとヒメギフチョウという二種の蝶がいて、これらは一応別種とされているのですが、それらの種を人工的に飼育して交配させれば、雑種の子がつくれるばかりでなく、またその子をかけ合わせて、何世代も雑種をつくることができるのです。それ故、さきほど言った基準を杓子定規に用いれば、ギフチョウとヒメギフチョウは同種ということになってしまい、別種とは言えなくなってしまいます。ところが、それにもかかわらず、これらの蝶が同種であるというのは、たとえ祖先が同じであるとしても、ちょっと抵抗があるのです。

それで現在、ギフチョウとヒメギフチョウとは立派に別種であるとされており、そのことの基準は、さきほどのライオンと豹の場合とは違った、もっと生態学的な見地で考えられています。

種のもう一つの定義

それはどういうことかといいますと、ギフチョウとヒメギフチョウは普通、分布している地域が重ならないで棲み分けているのですが、山形県と長野県の一部にはこの両種が同じ場所に一緒に棲んでいる混棲地があります。そういうところでは、自然の状態でも両種が互いに雑交することはありうるわけで、その場合には雑種が生まれることが可能です。ところが何年も何十年も観察してみても、これらの混棲地ではギフチョウとヒメギフチョウというものが採れるだけであって、ごく稀には雑種が採れる場合があるにせよ、雑種が割り込んでだんだんその比率が増えてくるといったような傾向はまったく見当らないのです。ですから、ギフチョウとヒメギフチョウは、人為的に交尾させれば何世代も子孫が続き、また自然の状態でも雑交の可能性はあるけれども、自然のままに放置した場合には雑種ははびこれないのです。つまり、純粋のA種とB種が永遠に世代を繰り返しているのであって、AとBを足して二で割ったような第三のものは増えてこない。これをもう少し難しい言葉でいえば、自然の生態系の中では、ギフチョウとヒメギフチョウとは生殖的に隔離されているわけであって、そうした条件が満たされている場合には、たとえ人工的には何世代もの雑種がつくれても、それらは別種だというふうに言うわけなのです。

序《ついで》ながら、なぜギフチョウとヒメギフチョウとが自然の状態で雑交していることが分かるかと言いますと、この属の蝶はオスとメスが交尾するとオスの分泌物でメスのおなかの先に受胎嚢という蓋のようなものができ、交尾の終わったメスはそれをつけたままで飛んでいます。ところがギフチョウのオスはおなかの先の毛が黒いので、メスにつく受胎嚢も黒色のものができますが、ヒメギフチョウの場合はその毛が薄茶色なので受胎嚢も薄茶色です。したがって、もし混棲地でたまたまギフチョウのメスで薄茶色の受胎嚢をつけて飛んでいるものが採れれば、それは明らかにヒメギフチョウのオスがギフチョウのメスと交尾した証拠なのです。事実そういうメスが採れた場合に、それから卵を採って飼育すれば、間違いなく雑種の成虫が出てきます。

このように、自然の状況でもギフチョウとヒメギフチョウとが雑交しているのは事実ですが、それにもかかわらず、雑種がはびこらず消えてしまうのは、卵の孵化率が非常に悪かったり、あるいは幼虫が孵化しても非常にひ弱で、自然の試練に堪えられなかったりするからです。そうした事実から、もはやギフチョウとヒメギフチョウとは十分に分化した別種であると考えられるのです。

逆の例

つぎに同様なことを逆から見た例を挙げておきたいと思います。塾（慶應義塾）の理工学部電気工学科の教授であった藤岡知夫氏は、専門はレーザー光線ですが、ひとも知る日本の蝶研究の権威で、アマチュア・ナンバーワンの人です。この藤岡教授があげた顕著な業績の一つに、アサマシジミと呼ばれるシジミチョウの研究があります。

この研究では、問題のアサマシジミと、それからそのアサマシジミによく似ているヤリガタケシジミ、イシダシジミという三種の従来は互いに別種であるとされていた蝶が実は同種なのだということを明らかにしたわけであります。これらのうちイシダシジミというのは北海道にしかいませんが、アサマシジミとヤリガタケシジミはいずれも本州中部の山地帯にいて、互いにかなり近い距離のところまでいる。たとえば白馬鑓から湯の入沢にかけてはヤリガタケシジミがいて、南俣にはアサマシジミがいる。この湯の入沢のヤリガタケシジミと南俣のアサマシジミとのあいだの距離はほんの僅かです。もしさらにその中間のどこかに両者が混棲していて、しかもそこでその中間型の個体がはびこっていれば、さきほどのギフチョウとヒメギフチョウの場合に使った理窟を逆に使って、それらは同種だということになるのですが、なかなかそのようなお誂え向きの混棲地が見つからなかった。だから、それらは別種だと言われてきたわけです。

ところが何年かの報われぬ努力ののちに、とうとうそのような場所が見つかったのです。それは大糸線の南小谷《みなみおたり》という駅から東に向かって峠を越えた真木《まき》という部落で、ここは自動車も入らぬ奥深い秘境です。この山合いのひっそりした部落の周辺に、アサマシジミ、ヤリガタケシジミの両種を両極端として、そのあいだにいずれともつかないありとあらゆる中間型がピンからキリまで同じ場所で発生していることが分かりました。これで両種が同種であるということの動かぬ証拠が確立され、年来の宿題が急転直下、一気に解決されることになったのです。

変異研究の面白さ

こんなことも、蝶マニアにとっては大へん興味深い進展ですが、ほかにもまだいろいろと面白いことが分かってきます。たとえばコヒオドシとかツマジロウラジャノメとかといったような、北海道にも本州にも、また大陸にもいるといった蝶は、北海道産のもののほうが本州産のものより大陸産の亜種に似ている度合が大きい。つまり本州産のもののほうが特化が進んでいるという傾向があり、このことからわれわれは、北海道が大陸から分離した年代が、本州が分離した年代よりずっと新しいことが分かるわけです。また沖縄本島のフタオチョウや石垣島、西表《いりおもて》島のアサヒナキマダラセセリなどは非常に特化した種ですが、そうした事実はこれらの島の生成がきわめて古いことを物語っています。とくに石垣、西表のアサヒナキマダラセセリは、有名なイリオモテヤマネコとともに生きた化石ともいうべき大へん貴重な生物で、この蝶は現在石垣島のオモト岳という山の頂上と西表島のゴザ岳周辺にしか見出されていませんが、元来が南方系の蝶ではなくて北方系の蝶であり、それに近い仲間はみんな本州や北海道の寒いところに棲んでいます。そのため八重山でも、年に何回か発生する南方系の種とは異なり、年に一回五月の中旬にしか発生せず、真夏に山の麓の低いところでは育つことができません。そんなことから、昔は八重山群島でも寒い時代があったといったようなことを推測することができるのです。こうした生物地理学的な推論も、蝶の変異の研究に伴っている楽しい知的謎解きの一つです。

採集苦心談

もちろんホビーはあくまでホビーですから、あまり理詰めに考えなくても、採集そのものにまた多くの楽しさ、面白さが含まれています。いろいろの種類がいろいろのところに棲んでいるわけですから、それこそ北は北海道知床半島の果てから南は沖縄八重山群島にいたるまで、普通の旅行者ならまずまず行きそうにないような場所でも一向に構わず歩きまわり、野趣に満ちた旅の妙味を満喫することができます。しかしその反面、つらいことやスリル、危険も随分とあり、下北半島などの不便なところでは駐在所の板敷の上でシュラーフで寝たこともありますし、また戸隠山の絶壁を途中の草場まで命がけで降りたこともあります。何といっても一番こわいのは、北海道の山とくに日高山脈の山を歩くときのひぐまと、奄美大島、沖縄本島のハブという毒蛇です。

そんな危険を冒してでもやはり採りにいくのは、言ってみれば「そこに蝶がいるから」で、その醍醐味には学問的な興味だけでは尽くせない一種いわれぬムードがあります。海抜二五〇〇メートル、北アルプス尾根のガレ場だけにいるタカネヒカゲという高山蝶をハイマツ地帯で追うときの明澄な気分、また南国の強烈な日差しの下で真紅のハイビスカスの花に群がるツマベニチョウに見参するときの心の高まり、これらはいずれも蝶をやる者にとっては詩でありロマンであり、精神の疲れをいやす自然の治療薬でもあります。そしてそんなときに、蝶は標本箱の中では見せない生き物としての美しさを見せるのです。

二　推理小説をめぐって

推理小説事始め

前回は蝶のことをあれこれ話題にしましたが、今回はいささか方面を変えて、わが趣味のもう一つ、推理小説のことを話すことにいたしましょう。

そこでお前はなぜ推理小説が好きなのかと聞かれれば、いろいろの理由がありますが、やはり専門との関連で言えば、経済理論での推論のプロセス、これと推理小説でのそれとのあいだに、一脈相通ずる理詰めの要素があるからだと言うことができるのではないでしょうか。理論経済学者の中に推理小説ファンが多いという事実からも、このような推測は当っているように思われます。私の知っている範囲で言っても、シュンペーターそしてサミュエルソンといったような学者はみな推理小説狂でしたし、わが国においても、安井琢磨先生や熊谷尚夫先生そして根岸隆さんのような理論経済学者はおしなべてかなり重症のマニアです。慶應義塾でも寺尾琢磨先生が大へんな愛好家で、まだ経済学部にいらしたころにはよくクロフツの作品などのことをお話ししたものです。また経済学ではなく心理学のほうの理論家ですが、後年アメリカに移られた印東太郎さんとも、横須賀線の逗子＝品川の道中、ずっと喋《しゃべ》り通しで、読みたて作品の品定めに花を咲かせたことが頻繁にありました。

私の場合、思い出してみますと、子供のころにコナン・ドイルの「シャーロック・ホームズ」もの、とくに「まだらの紐」であるとか「踊る人形」のような短篇、『バスカヴィルの犬』などは読んだ記憶があり、また江戸川乱歩の諸著作なども、親戚の家に古い全集版があって、次から次へと読んだことを覚えていますが、その程度のことで、本式に推理小説の魅力に惹かれてその虜になっていったのは、終戦後のことです。事の始まりは、昭和二十四、五年ごろ、そろそろアメリカの大学に留学したいという気持が募ってきて、助手をやりながらＧＨＱにアルバイトに行ったり、葉山界隈《かいわい》のアメリカ人の軍人と付き合ったり、にわかに英語の勉強づいた一時期がありました。そのときに数多くの小説を英語でなるべく早く読み通す訓練を始め、いったん読み始めたら途中で絶対止められないジャンルのものとして、これは推理小説にしくはないと狙いを定め、片っ端から読み始めたというのが切っかけです。

そのころ読んだ作品

当時は進駐軍の軍人のために、例のカンガルー印のポケット・ブックが出回っており、そんな形の本でまず読んだのがヴァン・ダインの『甲虫殺人事件』と『ケンネル殺人事件』、それから彼の作品は最初の四つの傑作『ベンスン』、『カナリア』、『グリーン家』、『僧正』と矢継早にとり組み、あわせてエラリー・クイーンの『X』、『Y』、『Z』の三悲劇、『ローマ帽の秘密』、『オランダ靴の秘密』、『エジプト十字架の秘密』などの各国名シリーズといったようなお定まりの作品をそれこそ息継ぐ暇もなく読みあさりました。これらの作品とか、アガサ・クリスティーの『アクロイド殺人事件』、『ABC殺人事件』とか、当時立てつづけに読んだものは、いまふり返ってみても傑作中の傑作ですから、面白かったのは当然のことだったと思います。

この推理小説熱は、その後アメリカに行ってからのちも上昇線の一途を辿り、ハーヴァード時代には、ボストンの古本屋街で随分と日本では買えない作品を買いあさったりなどもしました。こうして集めた愛蔵書を携えて帰国したのが昭和三十年で、当時医学部の林髞《たかし》先生＝推理小説のほうでのペン・ネームは木々高太郎氏が主宰しておられた塾の推理小説同好会に顔を出したり、その会員諸氏と喧喧ごうごう議論したりしたのも、そのころの懐しい思い出です。

アメリカに行く前、力作に次々とチャレンジしていった当時は、読む作品がことごとく面白く、これはいわばベートーヴェンの交響曲九つを生まれて初めて聴いたときの感激のようなものだったのでしょう。現在では、私はかなりの数の作品を読んでいると思いますが、とてもこの時代のような新鮮な面白さはもう感じることができません。その意味では推理小説の面白さというものは、トリックの数の有限性ということもあって、かなり収穫逓減するものであるのかもしれません。しかし、それなりに作品のこくというものは沢山読むと分かってくるもので、この前エラリイ・クイーンの片方の分身であるフレデリック・ダネイが訪日したとき、自分の作品の中でどれを選ぶかと問われて、『チャイナ・オレンジの秘密』、『災厄の町』そして『中途の家』の三つをあげたのは、ちょっと意外ではありましたが、同時に、流石《さすが》はプロの眼という感を深くするものでした。

不朽の探偵ヘンリー

ところで、いまも言いましたように、若干マンネリ化を感ずる最近の推理小説界ではありますが、その中で言えばＳＦの鬼才アイザック・アシモフが書いた『黒後家蜘蛛の会』なる短篇連作からは、絶大な知的刺激を触発されました。この作品では、黒後家蜘蛛、ブラック・ウィドワーズと呼ばれる一くせも二くせもある知識人の晩餐の集まりに当夜のゲストが謎を出し、その分析と討論を面々がひとしきりやったのちに、老給仕であるヘンリーがやおら進み出て謎解きをするという仕組みになっているのですが、訳者の池氏も言われているとおり、情報の分析評価と統合の二つの段階を、従来の名探偵たちがいずれながら一人でやってのけるのに対して、このアシモフの作品では分析はブラック・ウィドワーズ、統合はヘンリーと、はっきりした分業体制がとられていて、これはまことに斬新絶妙な、心憎いばかりの構想と言わなくてはなりません。ふたたび訳者の名言を借りれば、「知識階級の中でも上の部に属する黒後家蜘蛛の面々に対していささかも引けを取らない教養を備え、サンチョ・パンサの狡知と裸の王様の少年にも似た無垢な目を併せ持った慎しみ深い老人と言えば、これはかなり奇怪な人物に違いないのだが、アシモフはこれらの資質を一介の給仕という市井の人格に封じ込めて、肉体的にはむしろ目立たないにもかかわらず、極めて存在感の濃厚なヘンリーという傑物を創造した」というわけであります。おそらくこの人物は、ブラウン神父やエルキュール・ポワロとともに、もっとも個性的な探偵の一人として推理小説史上不朽の地位を獲得することでしょう。

推理小説と事実

前にも言いましたように、推理小説の面白さというのは、トリックの数に限りがあることもあり、また読者の側の目が肥えてくるといった事情もあって、一定の限度を越えると限界効用が減ってくる気味があります。私の場合も、だんだんと珠玉篇に遭遇する頻度が減ってきたせいか、新作に寄せる期待効用は次第に減じ、その代わりアガサ・クリスティーやディクソン・カーのような巨匠が世を去るごとに、その全作品をもう一度最初のものから読み返してみるといった読み方をすることも併せて行なうようになりました。それからまた、かなり前から実際に起こった犯罪にも興味を覚えるようになり、一時期はケネディ元大統領の暗殺事件などともとり組んで、ウオーレン・リポート全二十六巻をはじめ、相当な量の関連記事、記録（ザプルーダのとったフィルムなどをも含めて）、文献のたぐいに頭を突込んだこともありました。この不可解な事件についてはいろいろな推論が成り立ちますが、ウォーレン・リポートが結論としたオズワルド単独犯行説は不可能であるというのが、今でも私の持論です。

ところでこのように実際に起こった出来事に興味を持つ場合、推理小説にも歴史推理小説というジャンルがありまして、なかでも抜群の傑作と言われるものにジョセフィン・ティーの『時の娘』などがあります。このティー女史の作品はまことに型破りな推理小説で、病院に入院中の名探偵が、退屈しのぎに助手を使って文献を集め、それらを検討することによって、イギリス史上最大の悪王とされたリチャード三世が実は悪王ではなく、慈悲賢明の王であったということを、数日間にして実証してみせるという、類のない構想を持ったものです。よく知られているように、シェイクスピアはリチャード三世に「わしは慈悲も情けも恐れも知らぬ」、「わしは笑うぞ。笑いながら殺すのじゃ」と言わせていますが、このような悪逆非道さでロンドン塔に幽閉されていた二人の王子を惨殺した——と一般に信ぜられている——その史実を、ベッドに寝たままでの推理で見事に覆えすという着想自体がきわめて爽快である上に、しかもその推論が史学上の研究論文と言ってもいいほど綿密さをきわめ、知的な読者を十分に納得させるだけの周到さを持っているのは、流石《さすが》です。その意味では『時の娘』は純粋の学問とも相わたる小説であり、このように未知の謎を入手しうるかぎりでのデータによって解明していく面白さは、科学研究の場合も推理小説の場合も一脈相通ずるものがあると申せましょう。

ポンパドール夫人殺人事件

さて、そのような歴史上の出来事として見た場合、私が専門とする経済学の世界でも、ある経済学者がひょっとしたら殺人を犯したのではないかと考えられる興味深い話があります。以下の話は檜山良昭氏のはなはだ面白い論説「ポンパドール夫人殺人事件」の受け売りで、詳しくは昨年（一九七九年）の『中央公論』推理小説特集号に載った同氏の論説を参照していただきたいのですが、その経済学者というのは一七五八年に『経済表』を著わして経済学説史上不朽の名をとどめたフランソワ・ケネーその人です。

ケネーが『経済表』を書いた当時のフランスの統治者は言うまでもなくルイ十五世で、ポンパドール夫人はこの好色な王の寵愛を一身にあつめ内政を壟断《ろうだん》していました。ところがそのポンパドール夫人が一七六四年十月十六日突如として世を去ったのです。当時死因は前夜の晩餐会で食べた生牡蠣《かき》による食中毒とされましたが、そのとき宴に連なった者はルイ王を始め他の人々も大勢いたわけですから、彼女だけがそれによって中毒死したというのはおかしいことです。そこでミシュレという歴史家が、侍医のモレルの書いた夫人の症状のメモからまず疑いを抱いて、最初に毒殺説を主張いたしました。

当時のフランスでは毒殺に亜砒酸が用いられることが多く、亜砒酸は無味無臭の白色粉末で冷水よりも温水に溶けやすいので、毒が盛られたのは水やワインではなく、スープではなかったかと考えられ、すると投薬できるチャンスがあった者としては、晩餐会のときポンパドール夫人の左右どちらかに坐っていた人間がもっとも疑わしいことになります。残念なことに、この一七六四年十月十五日夜の晩餐会で彼女の両隣に誰が坐っていたかについては何の記録も残されていませんが、しかしつぎに述べるように、この点については王妃であるマリ・レチンスカと王太子夫妻の三人が彼女の殺害を謀り、ド・ブティリエという伯爵夫人に命じて投薬させたと推測される若干の手掛りがあるのです。

ケネーの復讐？

そこでいよいよケネーの出番となるのですが、そもそもケネーは経済学者であるとはいえ、その本来の職業は医者であり、若いときからセーヌ河畔のマント市に外科医院を開いていました。そのケネーが五十五歳のときに、当時二十八歳のポンパドール夫人が彼の患者として医院を訪れ、それが切っかけとなって、夫人は彼をヴェルサイユ宮殿に召して自分の主治医にしたのです。そしてさらに六年後には、彼は医師として最高の栄誉であるルイ王の首席侍医になりましたが、それについても、おそらく夫人の推挙によるところが大きかったであろうと推察されます。このような経緯から見まして、ケネーはポンパドール夫人にはきわめて多くを負うているわけであって、その恩に報いる気持を持っていたと考えるのも、あながち不自然なことではありません。また事件が起こった晩、ケネーはポンパドール夫人の居間からそう遠くない部屋におり、したがって夫人が倒れたという報らせを聞いてただちに駆けつけ、その病状を自分の眼で観察した結果、医師として死因に疑いを抱いたという筋書も十分考えうるところであります。

他方ケネーはマリ・レチンスカ王妃および王太子夫妻の侍医でもあったわけですが、ポンパドール夫人が死んだのち、まもなく王太子ルイ・オーギュストが三十六歳の若さで急死し、二年後には王太子妃マリア・ザクセンも長わずらいの末やはり三十六歳で病死する、さらにその一年後にこんどは王妃レチンスカが六十五歳で病死しています。これら三人の王族の死因はいずれもはっきりしておらず、王太子は急死、他の二人は数カ月病床にあって死んだとしか分かっていないのですが、ここで推理を働かせて、王太子の急死はやはり亜砒酸による急性中毒、王太子妃と王妃の死は極少量ずつの亜砒酸の投与による慢性中毒とは考えられないだろうか、ポンパドール夫人への恩に報いるためこの三人の殺害を謀ったのがほかならぬケネーではなかったろうか、というのが檜山氏の卓抜な仮説であります。

ケネーは死亡した三人の王族の侍医だったのですから、その地位を利用して三人に毒を盛る機会には十分恵まれていたはずです。またもう一つこの仮説に有力な根拠を与えるのは、元来貴婦人たちのどんな誘惑にものらなかった堅物のケネーが、ポンパドール夫人の死後、前に名を記したド・ブティリエ伯爵夫人と急に老いらくの恋に落ちたという奇妙な出来事です。この老嬢は王妃付の女官であったので、これはケネーがポンパドール夫人毒殺の下手人としてド・ブティリエ夫人を疑い、さらにその黒幕としての王妃レチンスカに近づくための方便ではなかったかと考えられるのです。そうでなければ、女性の誘惑には見向きもしなかったケネーが突如としてド・ブティリエ夫人と逢瀬を重ねるというのは、少なからず不自然な感じがするからです。むしろ恋愛という点からすれば、ケネーはポンパドール夫人その人にひそかに想いを寄せていたのかもしれず、それがケネーをして、彼女を殺害した人々に対して復讐の念を燃やさせた真の原因でありそうだ、というのが檜山氏の推測です。

殺された経済学者カンティヨン

以上、私は檜山氏によるポンパドール夫人殺人事件とケネーとの関連の話を披露しましたが、これが人の殺害を謀った経済学者の話であるとすれば、それに対してもう一つ人に殺害された経済学者の話もあることを付け加えておきたいと思います。

こんどの話は、やはりフランスの経済学者で『商業一般の本質論』の著者であるリシャール・カンティヨンが主人公ですが、ここではあまり立ち入る余裕がないので、詳しくは高橋誠一郎先生の『古版西洋経済書解題』の付録二をご覧になって下さい。

カンティヨンは一七三四年五月十三日、当時彼はイギリスのロンドンに住んでいたのですが、夜の十時にアルベマール街の邸宅に帰って、十一時ごろいつものように蠟燭と書物を携えて床に入りました。ところがその夜、午前三時半ごろに至って彼の邸が火災を起こしているのが発見され、火の勢いは大へん盛んで、ついに彼の邸は隣りのセント・ジョーンズ子爵邸とともに水が来ないうちに焼け落ちてしまいました。やがて焼跡が調べられるに及んで、彼の焼死体が発見され、しかもそれは彼が出火以前に惨殺されていたことを物語っておりました。取調べが進むに及んで、真犯人はカンティヨン邸に十一年間料理人として雇われ、犯罪の約十日前に解雇されたルバンこと本名ジョゼフ・ドニエというフランス人であると推定されました。彼はオランダに逐電するため、エセックスのハーウィッチ港に赴いたのですが、船の出航に間がありすぎたので計画を変更し、漁夫に八ギニーを与えてその漁船で逃亡したと伝えられております。ともあれドニエは行方をくらまし、真相は確認できないまま事件は迷宮入りということになったのでした。

どんでん返しの異説

ところが驚くべきことに、つい最近になって、これとはまったく違った、途轍もなく面白い異説が現れることになりました。それは経済学史家のマーフィーが近著『カンティヨン伝』で述べているところですが、彼によれば焼跡で見つかった死体は実はカンティヨンのものではなく、カンティヨン自身によって仕組まれた身代わりなのだというのです。まずその遺体は、二日後に発見されたときには頭部がなく、したがってそれを本当にカンティヨンのものと断定しうる証拠がないとされ、当のカンティヨン自身は、こうした巧妙な手段で姿をくらまし、ヨーロッパを脱出した、というのが著者マーフィーの主張なのです。

この主張を傍証するために、マーフィーは一つには火事の前日カンティヨンが一万ポンド余の大金を銀行から引き出しているという事実をあげ、またもう一つには事件後、半年ほど経った一七三五年の一月にカンティヨンらしき謎の人物が南米蘭領のスリナムに姿を現したという事実をあげています。すなわちこの筋書きからすれば、カンティヨンは事件当日どこからか手に入れた死体を自分の寝台に横たえて邸に火を放ち、前もって現金化しておいた財産を携えてヨーロッパから逃れ、半年後に南米のスリナムに現れたということになります。

では何のために彼はこんな手のこんだ大芝居をうったのかといえば、当時フランスではジョン・ローを元兇とするバブルが発生し、それとのかかわりでかなり阿漕な稼ぎ方をしたカンティヨンの身辺にはいくつかの訴訟事件がふりかかっていた、そこで、彼はそれから免れるために自分の死を演出し、国外に逃亡したのだというのが、マーフィーの推理にほかなりません。いまその真実性は確かめようがありませんが、銀行家としても商才にたけ、辣腕をふるったカンティヨンのことですから、そのくらいの芸当はあるいはできたのかもしれません。

いずれにせよ、もしそれが本当なら、他人の死体の首を切断または損傷してその死体を自分のものに見せかけるという、のちにエラリー・クイーンが『エジプト十字架の秘密』や『Xの悲劇』で採用したトリックを、カンティヨンは先駆的に地でいったことになります。

まことに事実は小説より奇なりと言うべきでありましょうか。

三　クラシック音楽と私

聴き始め

蝶のこと、推理小説のことと話しつづけてきましたが、ここでいよいよ音楽の話の番になりました。クラシック音楽は、私の趣味の中でもその歴史がとりわけ長く、また没入の度合も格別と言っていいものではないかと思います。

本格的にクラシック音楽に惹かれ始めたのは、中学の二年になったころからで、今でもよく憶えていますが、ちょうど日本ビクターからトスカニーニ＝NBCのベートーヴェン第五「運命」が出たころでした。これとワルター＝ウィーン・フィルのシューベルトの「未完成」、この二つの交響曲が一番最初に買ったレコードなのでした。つづいて、従兄とクライスラー、ハイフェッツのどっちが偉いかなどといった議論をしたのが切っかけで、ベートーヴェン、メンデルスゾーン、ブラームスのいわゆる三大ヴァイオリン協奏曲を順番に買い込んだのが記憶に残っています。

あとはもう一瀉千里で、中学から塾の経済学部へ進むころは、バッハ、ヘンデルからハイドン、モーツァルト、ベートーヴェン、シューベルト、そしてシューマン、ブラームスあたりの、当時名曲、名盤と目されていたレコードは、交響曲、協奏曲、室内楽曲のたぐいから歌曲にいたるまで一応何とかとり揃え、それらを鳴らさないことには夜も日も明けないといったような毎日が続きました。今から振り返ってみると、よくもまああれだけ熱心に聴いたものだと思いますが、一曲一曲を初体験《はつ》することから受ける感銘は絶大で、たとえようもない新鮮な驚きの連続でした。もちろんいい作品は、その後何十年聴いても何百回聴いてもそれなりに感動を覚えるものですが、何といっても若いとき初めて「エロイカ」とか「第七」とかを聴いたときの衝撃というのは格別に強烈で、世の中にこんな凄いものがあるのかといった思いでした。これはもう、今となっては二度と味わえない若さの特権みたいなものでしょう。

当時のレコード事情

現在からすれば考えられないことですが、当時の再生装置はいわゆる蓄音機で、ラッパつきの時代はもはや過ぎ去っていたものの、手捲きのものを主体として、それに電蓄と称する、あのころの基準からすればいささか贅沢な装置が普及し始めた時代でした。針も、鉄製の針を一回ごとに取り換えるか、あるいはレコードを大切にする人は竹針という竹製のものをカッターで一回ごとに切って使うといった時代でした。

レコードは片面から両面の時代に入っていましたが、もちろんSPの時代で、大体モーツァルトの「ジュピター」とかベートーヴェンの「第五」くらいの長さの曲が四枚組、同じくベートーヴェンのピアノ・ソナタ「ハンマークラフィア」あたりとなると六枚組で、この曲の緩徐楽章などは神韻ひょうびょうたる音が少し鳴ればすぐ片面が終わってしまう。裏をひっくり返さなくてはならないわけですから、とりわけ長い曲——当時すでにオルマンディ指揮のマーラーの第二交響曲「復活」であるとか、カール・ベーム指揮ブルックナーの第四交響曲「ロマンティック」であるとかが出ていましたが――、それらとなるとアルバムの厚さも五センチくらい、重さにしてもズッシリと相当なもので、これをひっくり返しひっくり返し聴くというのは一仕事でした。その点、今のように一つの曲なり一つの楽章なりを通しで聴けるというのは、私どものようなオールド・ファンにとっては何とも感無量に有難い技術進歩と言えるのです。

序《ついで》ながらマーラー、ブルックナーの交響曲などは、全曲通しの録音としては、そのころは右にあげたくらいのものしかなく、あとはマーラーの「第五」の例のアダージエットの楽章だけが録音されていたり、ややおくれてやっと「大地の歌」の全曲が出るといった按配で、今のように九つないしは十の交響曲がそれぞれ全部、しかも何種類もの演奏について聴きくらべができるなどというのは、これまた思いもよらないゆたかさというか、まことに隔世の感があります。今世紀の大指揮者と仰がれ、つい最近亡くなったカール・ベームなども、戦前は右のブルックナーのレコードで知られていたくらいで、いまだ知る人も少なく、カラヤンなどはもちろんまだ登場していませんでした。

ちょうど私がレコードを集めだして一、二年したころから、世相は次第に戦時色を強め、新しいレコードは原料難から目に見えて盤質が粗悪になっていきました。そこで、すでに出ているレコードでまだ持っていない名盤はどうしても針音のしない旧盤で欲しいと思い、かなり熱心に古レコード漁りを始めました。本と同じで、神田神保町の古本屋街に古レコードを取引する店が何軒かあり、当時私は九段の市立一中（いまの九段高校）に通っていましたから、放課後になると毎日のように神保町まで歩いて行って古レコードを物色する。こうしてトスカニーニ＝ニューヨーク・フィルのベートーヴェン「第七」やシュナーベルの「皇帝」、カサルス・トリオの「大公」、カペー・カルテットの「ラズモフスキー第一」などを手に入れた喜びは、今でもつい昨日のことのように鮮明に覚えています。

暗い谷間

レコードに没入すると同時に、生の音を聴くべくコンサート通いを始めるのは自然の成行きですが、当時の音楽会の中心は現在のN響の前身、ヨーゼフ・ローゼンシュトック氏の指揮する新響の定期公演で、指揮者ではそのほかマンフレッド・グルリッド、尾高尚忠、山田一雄、それにソリストではピアノがクロイツァー、レオ・シロタ、井上園子、原智恵子、草間（安川）加寿子、ヴァイオリンがウィリー・フライ、諏訪根自子、辻久子、巌本真理、声楽が中山悌一、木下保、千葉（川崎）静子、四家文子、そういったような演奏家の名前がプログラムに並ぶ時代でした。ところが時局が緊迫化するに及んで、やがてローゼンシュトック氏やクロイツァー氏は軽井沢に軟禁され、新響は日本交響楽団と改名されて、団員は国防色の国民服で演奏し、またバッハやベートーヴェンはいいけれどもショパンやベルリオーズ、ラヴェルなどは敵性音楽として演奏を禁ぜられるといった時代に突入したのでした。同時にわれわれ塾生も勤労動員から学徒出陣という局面を迎え、生死を分たぬ日々を送ることになりましたから、音楽との外面的な関連は断ち切れて、しばらくは空白時代が続きました。しかし、ケーベル先生とベートーヴェン後期のカルテットの著名な話を俟つまでもなく、軍隊時代にも心をよぎる作品一三一や一三二のパッセージが、内なる生活をどれだけゆたかにし、支えてくれたかは測り知られぬものがありました。おそらくそれは、私にとっての音楽の意義というものを、もっとも直截かつ赤裸々に感じさせてくれた貴重な体験であったと言えましょう。

ところで戦争は終わり、私はその年の九月始めに復員かつ復学しましたが、東京の家が空襲で焼けたのと同時に、あれだけ苦心して集めたレコードのコレクションも一夜にして灰燼に帰してしまいましたから、しばらくは虚脱感から脱しきれず、音楽にも手がつきませんでした。どうやらリバイバルの端緒が開けてきたのは、英語の練習のために聴きだした進駐軍のFEN放送で、アメリカのいくつかの交響楽団の演奏が定期的にプログラムに組まれていることを知って、それを貪るように聴き始めたこと、またたまたま親友になったアメリカ人の将校に連れていってもらって、これまた進駐軍の軍人のために定期的に開かれていたアーニーパイル劇場（東京宝塚劇場）でのN響の演奏（まだN響という名前ではなかったと思いますが）を聴き始めたこと、この二つが切っかけではなかったかと思います。そのうち世の中が次第に正常化するにつれて、ぼつぼつ外国の演奏家も日本を訪れるようになり、戦前のクライスラーやエルマンの来日を知らないわれわれの世代にとっては、これまた信じられないような出来事でした。戦時の日本の楽壇の最後の輝きがヴェルディの「レクイエム」やマーラーの第八「千人の声」の本邦初演であったとすれば、戦後の最初の曙光はメニューインやアルフレド・コルトーの来日演奏ではなかったでしょうか。

そして、私個人にとっての本格的なリバイバルは、昭和二十八年から二カ年にわたってのアメリカ留学時代に始まり、そのさいはトスカニーニやワルターの生演奏を聴くという、それこそ願ってもない最高の夢が叶えられたのでした。

アメリカ楽壇瞥見

昭和二十八年の一月から、私は二カ年にわたってアメリカのハーヴァード大学に留学し、経済学の修業を積むことになりました。当時は前にも述べましたように、日本の楽壇はまだまだ敗戦の痛手から立直っていない時期にありましたから、向こうで勉学の合間に垣間見ることのできたアメリカ楽壇の景観はまことに目を見張らせるものでありました。マサチューセッツ・ケンブリッジに着いた早々、まずはボストンのシンフォニー・ホールでハイフェッツのヴァイオリンのリサイタルがあり、すぐさまその切符を手配してもらったところ、それがなんと壇上の席で、それこそ咫尺《しせき》の間《かん》というか巨匠がすぐ目の前で演奏するのです。これにはまずもって大へん感激いたしました。当時ハイフェッツやルービンシュタインは全盛時代で、その後も彼らの演奏はかなりの頻度で聴くことができました。

それ以外にソリストの演奏会で強い印象を残しているのは、同じくボストンのシンフォニー・

ホールで聴いたギーゼキングのリサイタルと、ニューヨークで聴いたバックハウスのリサイタルです。ギーゼキングのときは、ふだん聴ける機会が少ないせいか、――もちろん演奏の卓越性にもよるものですが――ハーヴァードの学生たちが非常にエクサイトし、アンコールを要求する足踏みが鳴りやまないので、たしか八曲が追加されたことを憶えています。またバックハウスのオール・ベートーヴェン・リサイタルは「悲愴」、「告別」そして「作品一一一」というプログラムで、ライヴのレコードもつくられましたから、そこで聴く拍手の中には私の拍手も入っているはずなのです。

オーケストラのほうでの私の自慢話は、ワルターとトスカニーニという世紀の名指揮者の生演奏が聴けたことです。もっともワルターのほうは当時ミトロプーロスとともにニューヨーク・フィルを指揮していましたから、ニューヨークに行きさえすればいつでも聴くことができ、私もカーネギー・ホール（もちろん古い方の）で、何回かの演奏を眼のあたりにして聴きました。最初にワルターを聴いたときのプログラムは、ブラームスの「悲劇的序曲」に始まり、それからモーツァルトのオペラからのソプラノのアリアを二、三曲挿み、最後にブルックナーの「交響曲第九番」というものでした。また二年経って最後にワルターを聴きに行ったときの曲は、ブラームスの「ドイツ・レクィエム」でした。他方トスカニーニのほうは、もうラジオのための公開放送しかやっていなかったのですが、ハーヴァードでの私の親友の親父さんがＮＢＣのお偉方だったので、何とか入場券をもらうことができ、現場に入れてもらって聴いたのがあとにもさきにもただ一回、このときの曲目はワーグナーの「名歌手」前奏曲とブラームスの「交響曲第一番」、それにリヒャルト・シュトラウスの「ティル・オイレンシュピーゲルの愉快ないたずら」の三曲でした。その数日後に、彼は指揮中バトンを落したとかいうことでセンセーショナルな引退声明を発表しましたから、本当に際どいチャンスだったのです。

それからもう一つこれまた際どいところで、しかしこんどはチャンスを失してしまったのは、フルトヴェングラーで、その年（一九五四年）の秋に、彼はベルリン・フィルを率いて訪米することになっており、これはハイフェッツのリサイタルなどと十回つづきの連続チクルスの一環になっていたので、私は大枚を投じてそのチクルスの切符を買い、その日の来るのを今や遅しと待ちかまえていました。ところがフルトヴェングラーはその演奏旅行の寸前に病に臥したということで、そのまま世を去り、このベルリン・フィルの演奏会はついにお流れとなってしまったのです。これはまことに残念なことで、もしその挙が実現していたらと、今でも口惜しくてなりません。

ボストン・シンフォニーの思い出

ところでハーヴァードに学ぶものにとっては、ボストンはお膝元ですから、ボストン交響楽団の演奏は毎月二回くらいずつ、それこそ頻繁に聴けました。当時の常任指揮者は、その後日本にも馴染深くなったシャルル・ミュンシュで、そのほか年一回はサンフランシスコからやはり当時健在だったピエール・モントーがゲスト・コンダクターとして訪れるのが慣例でした。夏期を除いて（夏はタングルウッドでフェスティバルということになります）定期演奏会には精勤しましたが、広範なレパートリーの中で何といってもミュンシュの得意とするところはフランスの作品で、なかんずくベルリオーズ、ドビュッシー、ラヴェルのとり上げられることがもっとも多く、私のいた二カ年に限って言ってもベルリオーズは極め付きの「幻想交響曲」のほか「イタリアのハロルド」、「ファウストの劫罰」、「キリストの幼時」などをよく聴きましたし、またドビュッシーの「交響詩〈海〉」や「イベリア組曲」、ラヴェルの「道化師の朝の歌」、「ダフニスとクロエ第二組曲」などは今思い出してみても天下一品の名演だったと思っています。

ボストン・シンフォニーで特記しておきたいことは、定期演奏会以外にもそのリハーサルがハーヴァードやＭＩＴの学生のために公開されていることです。このオープン・リハーサルは料金が演奏会の四分の一程度で非常に廉い上に、席も自由、またミュンシュの気に入らない箇所は何度も何度も繰り返して練習し、しかも全曲をかならず通して演奏してくれますから、音楽マニアにとってはむしろ定期演奏会よりずっと魅力があり、私なども毎月根気よく通いつづけました。「ハーヴァード・スクエア」から地下鉄で「シンフォニー」という駅で降り、友人たちとホールが開くのを待ちかまえてセカンド・バルコニーの正面席に駆けつけた思い出は、今でも懐かしい留学生活の一コマです。もっともカンテルリがやってきて、ヴェルディの「レクィエム」を振ったときは大へんな前景気で、いつもなら人後に落ちなかった私もあえて第二列に甘んじなければなりませんでしたが……。

ハーヴァードでの留学生活でもう一つ大へん有難かったのは、大学自体が非常に豊富な音楽鑑賞の機会を与えてくれたことです。私が着いて間もなく、大学の肝入りでブダペスト弦楽四重奏団によるモーツァルトのハイドン・セット全六曲の演奏会が大学の講堂で二晩にわたって催されましたし、同じく大学当局がイエールからスカルラッティの権威カークパトリックを招聘してスカルラッティのチェンバロ・ソナタの連続演奏を催すというようなことも行われました。

他方、こうした専門家の演奏でなくても、学生の有志がバッハのブランデンブルグ協奏曲を演奏したりベートーヴェンのヴァイオリン・ソナタを演奏したりというような内輪の集まりがたびたび学生寮で催され、演奏は素人のものであるにせよ、古風なドーメトリーの客間で少人数でくつろいで室内楽を鑑賞するのは、棄てがたい雰囲気でした。経済学者の仲間にもなかなかの音楽マニアがおり、たとえば日本ではヘンダーソン＝クォントの入門書の著者として名が知られているリチャード・クォントことディックは私の親友ですが、彼とは寄宿舎が隣りどうしだったので、お互いにベートーヴェンの弦楽四重奏曲のセットを違うレコードで買ってから、相手の部屋に通って聴きくらべをしたり、また数理経済学を講じていたジム・チップマンとも親しかったので、彼の部屋に押しかけて、ブルックナーやマーラーの長々しい交響曲のレコード鑑賞に夜の更けるのも忘れたりということもしばしばでした。

ディスク・コレクション再出発

このアメリカ時代に私のレコード熱はふたたび急上昇し、ハーヴァード・スクェアのレコード屋に足繁く通って、目ぼしいレコードを買い漁り、帰国のさいは再生装置とともにかなりの量のレコードを持ち帰ることになりました。

生演奏から絶大な感激を味わったことはいろいろと触れましたが、レコードの面でも私は渡米して初めてLPなるものに接したわけで、長い曲がそれまでのようにいちいちひっくり返さなくても聴けるという便利さにまずはびっくりいたしました。しかもディスクの世界の進歩はきわめてスピーディーで、私が帰国するころにはもうステレオが開発されて、モノラル盤がステレオ盤にとって代わられるようになり、それ以降も矢継早にデジタル録音、そしてついにコンパクト・ディスクと、目を見張るような進展が続きました。

留学時代はかなりのレコードを買い漁ったといっても、何分貧乏書生の資力には限度がありますから、中心はやはり人並みにバロックからロマン派後期にかけてということで、作曲家でいえばバッハ、ヘンデル、ハイドン、モーツァルト、そしてベートーヴェン、シューベルト、シューマン、ブラームス、ブルックナー、マーラー、リヒャルト・シュトラウスなどといった顔ぶれに偏ることになりました。

しかし帰国後、CDになってからは手軽に買えるようになってきたので、接する音楽の範囲も飛躍的に前後の時代に拡大され、現在は古いほうではノートルダム・ミサやフランドル楽派とくにデュファイ、ジョスカン・デ・プレ、オケゲム、そしてモンテヴェルディあたりの音楽にも触手が伸び、また新しい方ではベリオやリゲッティ、そしてペルトのような現代作曲家の音楽も日夜楽しんで聴いているという状況にあります。

究極の音楽は？

よく現代音楽は聴かないのかというご質問を受けますが、そんなことはないわけでして、聴くということなら、シェーンベルクやヴェーベルン、ベルクらの新ウィーン楽派、あるいはオリヴィエ・メシアンの「トゥランガリーラ交響曲」や「世の終わりのための四重奏曲」などといった作品もよく聴きますし、またシェーンベルクが「浄夜」から無調そして十二音音楽へと、あの瞠目すべき転換を行った過程やその世紀末ウィーンの時代的背景などにも限りない興味を持っています。

ただ正直に言って、日夜愛聴するとなると、どうしても知性より感性に訴える音楽のほうにより多く手が出てしまうのが自然の成行きで、それがおのずから音楽のあり方というものに対する私自身の態度を規定していると言ってもいいでしょう。

別に音楽史の主流をバッハから始まりロマン派にいたる独墺系の音楽ばかりに限定する気持はさらさらありませんが、どうしても二、三の作品しか聴くことを許されないということになれば、やはりバッハの「マタイ受難曲」とかベートーヴェンの弦楽四重奏曲「作品一三一」あるいは最後のピアノ・ソナタ「作品一一一」、また歌で言えばシューベルトの「冬の旅」全曲あるいは「白鳥の歌」の中のハイネの詩によるもの、といったような音楽が究極の選択になってしまうのです。ですから私の場合、音楽を聴き続けているかぎりは、「さらばベートーヴェン」ということには決してなりえないでしょう。

ヘンデルとショパン

昨年（二〇〇九年）はヘンデル没後二五〇年、ハイドン没後二〇〇年、メンデルスゾーン生誕二〇〇年、リヒャルト・シュトラウス没後四〇年と、音楽史を飾る大作曲家がとりわけずらりと並んだ記念の年であった。それにちなんで彼らへの敬意を新たにすべく、これら四人の作品でご無沙汰していたものをなるべく沢山聴くように努めたが、なかでももっとも集中してとり組んだのはヘンデルの作品だっただろうか。

ヘンデルは、わが国ではバッハに比べて聴かれることが少なく、「メサイア」とか「水上の音楽」とか偏った聴き方しかなされていない観があるので、このさい公平を期して、彼の作品の主要部分を占めるオペラやオラトリオのたぐいを片端から系統立てて聴き直してみることにした。オペラでは「アグリッピーナ」、「リナルド」、「フロリダンテ」、「ジュリオ・チェーザレ」、「タメルラーナ」、「ロデリンダ」、「オルランド」、「アリオダンテ」、「アルチーナ」、「セルセ」等々、オラトリオでは「復活」、「エイシスとガラテア」、「サウル」、「エジプトのイスラエル人」、「サムソン」、「セメレ」、「ヘラクレス」、「ペルシャザル」「ユダス・マカベウス」、「ソロモン」、「テオドーラ」、「イェフタ」、「アレクザンダーの饗宴」等々が対象となったが、なかでも「ロデリンダ」の第三幕第八場で先王ベルタリドが歌うアリア「暴君よ、生きるのだ」とか、「ヘラクレス」第三幕第三場のヘラクレスの妻デーイアネイラのレチタティーヴォ・アコンパニャート「私はどこへ逃げようかしら」（ミンコフスキのCDではオッターが歌っている）などからは、絶大な感激を更新することができた。これらはヘンデルが生み出した音楽の中でもひときわ抜きん出ており、頂点に位置するものとさえ言えるのではあるまいか。

一方、今年（二〇一〇年）はショパンの生誕二〇〇年という年であるが、先日珍しい第一番をも含めて三つのピアノ・ソナタ全曲を収めたアンスネスのCDで第二番を聴いていたところ、かの有名な葬送行進曲の旋律を、去年のヘンデルのオラトリオの中でもどこかで聴いたような気がしてきた（音では既視感に当たる感じを何と言ったらいいのだろう）。そこで早速現物に当たってみたところ、オラトリオ「サウル」の第三幕の中に葬送行進曲（死の行進曲）があり、びっくりしたことには何とその旋律がショパンの葬送行進曲の旋律とそっくりではないか！

これはどうしたことだろうか。ショパンがこの葬送行進曲を書いたのは一八三七年であるが、それを書く前にヘンデルの「サウル」を聴いたことがあったのかどうか、私は知らない。しかし、最近出版された中川右介氏の『ショパン――天才の秘話』（静山社文庫、二〇一〇年）によると、ショパンが最初の外国旅行中（一八二八年）に、スポンティーニの「フェルテジナント・コルテッツ」、チマローザの「秘密の結婚」、ウェーバーの「魔弾の射手」、ヴィンターの「中断された犠牲祭」などのオペラとともにヘンデルのオラトリオ「聖セシリア」を聴いていることは確かであり、しかもこれらの中ではとりわけヘンデルの作品が「僕の音楽の理想にもっとも近い」と、家族への手紙に記しているとのことである（同書八二ページ参照）。この事実をもってすれば、彼がヘンデルの「サウル」をも聴く機会を持ちえたというのも、あながちありえないことではないであろう。

では彼の葬送行進曲の主題がヘンデルからの借用ということがありうるのであろうか。そうした指摘には、私はまだ接したことがないので、あえて一筆記して、識者の教示に俟つ次第である。

ショスタコーヴィチ――裏の顔をもつ音楽

音楽のことでこの欄（『三田評論』巻頭随筆欄）に執筆をとのご依頼である。そこで何かそのための手掛りをとも思い、この一年間のクラシック音楽シーンを振り返ってみた。まずは日本初演の超大作とあって、キーロフ・オペラのプロコフィエフ「戦争と平和」の公演が心に浮かぶ。ゲルギエフ統率下の演奏もよし、また第一部、舞踏会あたりの曲づくりもこの作曲家ならではの切れ味があって、存分楽しませてもらえたが、ただ後半戦勝の場になって、これでもかこれでもかとばかり国威を宣揚されるのには少々辟易した。スターリン治世下の旧ソ連にあって、こうしたプロコフィエフの見え見えの姿勢とは対照的に、はなはだ複雑なスタンスをとり続けた極め付きの作曲家はおそらくショスタコーヴィチであったろう。

いささか手前味噌めくが、筆者はこのところ年一回銀座の田崎真珠ホールで、「私の音楽ゼミナール」の名の下に一時間あまりの話を私がし、ついでその話の主人公となる大作曲家の作品を一、二曲生演奏してもらう会をやらされている。昨年は第十回目の節目にあたるので二十世紀を代表する作曲家をという要望があり、たまたまこのショスタコーヴィチがテーマとなった。私の話は「ショスタコーヴィチ――その暗号の森」という題で、そのあとワグネルのOBによる彼の弦楽四重奏曲第八番の演奏が行われた。

ショスタコーヴィチの生涯は、粛清の嵐渦巻く旧ソ連の全体主義体制の中でその恐怖政治を生き抜いてきた、きわめて興味深い、矛盾に満ちた生き様《ざま》を示している。一九三六年にオペラ「ムツェンスク郡のマクベス夫人」が槍玉に挙げられて以来、彼は再三にわたって当局による弾圧を受け、そのたびに外面は党に迎合するかに見えるものの、内実は辛辣きわまりないアイロニーを蔵した作品をつくってきた。そうした事情から、彼の作品は、必然的に表と裏のあるジーキルとハイドのような音楽にならざるをえなかった。

ここで詳論はできないが、たとえば最近人気のある第七番の交響曲「レニングラード」。この曲の第一楽章の中ほどに、小太鼓のリズムに乗った行進曲風の旋律が、ちょうどラヴェルの「ボレロ」のように何回も、最初は遠くからかすかに、そしてだんだんと音量を増し、最後には耳を聾せんばかりのフォルテシモとなって、繰り返される箇所がある。この部分は長いあいだ、ナチス・ドイツによるファシズムの侵略をあらわすと信じて疑われなかった。ところがタジク共和国出身の音楽学者ヴォルコフの『証言』が一九七九年秋にニューヨークで刊行されるや否や、従来からの理解を根本から覆すような衝撃的な発言が作曲家自身によってなされている事実を、世人は知らされたのである。曰く、そこに象徴されているファシズムとは、ヒットラーのそればかりでなく、自国の独裁者スターリンのそれをも含むものであり、この交響曲はそれら二つのファシズムによって抑圧され破壊されたレニングラードの墓標、鎮魂歌として書かれたのである、と。

それればかりではない。もっと最近の解読によれば、この箇所の旋律は、実は世紀末ウィーン、レハールのオペレッタ「メリー・ウィドウ」の第一幕からの引用で、公使をつとめるダニロなる人物が歌う台詞《せりふ》「それじゃ、私はキャバレー・マキシムに行こう。そこには可愛い女がどっさりいて、親愛なる祖国のことなんか忘れさせてくれるのさ」といういうくだりに由来するものだという。問題の旋律が、迫り来る軍隊の描写というにはどこか滑稽でエヘラエヘラした感じを与えるのも、おそらくこうした真実によるものであろう。それにしても、もし当時、党のお偉方がそのような正体を嗅ぎつけたとしたら、彼の運命はどうなっていたことか。まさに紙一重ギリギリの抵抗路線と言わねばなるまい。

右の例は氷山の一角であって、彼の作品にはまだほかにも数多くのトリックが仕掛けられている。謎解きの興味は尽きないが、ここで頂戴した紙数のほうが尽きてしまった。とりあえずこのたびはこの辺で。

初出一覧

Ⅰ　私の経済学遍歴

慶應義塾における理論経済学の伝統	『三田学会雑誌』一〇〇巻一号	二〇〇七年
経済学　わが道	福岡ゼミナール三田会　記念講演	二〇〇四年
わがアメリカ留学記	『数理経済学研究センター会報』第三二号–第三六号	二〇〇八–九年
海外通信・イギリスより	『三田評論』第六五六号	一九六七年
経済学の現在	『三田理財クラブ一二五』第一号–第五号	一九八三年
貨幣と市場	『かんぽ資金』第一四七号–第一五二号	一九九〇–九一年

Ⅱ　記念講演五題

経済学者　小泉信三	『三田評論』第一〇九三号	二〇〇六年
高橋誠一郎と経済学説史研究	『三田評論』第一一〇五号	二〇〇七年

ケインズと現代経済学　『立教経済研究』第六二巻第三号　二〇〇九年

経済学と今日の問題　『三田評論』第五九八号　一九六一年

日本経済の現状と課題　昭和十九年三田会 記念講演　二〇一〇年

Ⅲ　とつくにびと回想

追悼録 ポール・A・サミュエルソン教授　『三田学会雑誌』一〇三巻二号　二〇一〇年

追想 サミュエルソン教授の来塾　『三田評論』第一一三二号　二〇一〇年

めぐり会い　『数理経済学研究センター会報』第四号－第八号　二〇〇一－二年

同学交歓　『三田評論』第六七八号　一九六九年

交遊抄・留学時代の友人　『日本経済新聞』一一月六日朝刊　一九七三年

Ⅳ　折に触れて

一通の推薦状――小泉信三先生没後四十年　『三田評論』第一〇九〇号　二〇〇六年

MRK創立五十年を祝す　『三田レコード鑑賞会創立五十周年記念誌』　一九八六年

ワグネル百年を祝す　『慶應義塾ワグネル・ソサィエティー一〇〇年史』　二〇〇二年

ワグネルの栄光の夕べ　『三田評論』第八二四号　一九八二年

ワグネルの旅――ウィーンとブダペスト　『三田評論』第八六〇号　一九八五年

TEMPUS FUGIT
ワグネルの海外演奏旅行　『塾』第一六一号　一九九〇年
ワグネル第七回
ヨーロッパ演奏旅行を終えて　『三田評論』第一〇九一号　二〇〇六年

V　ホビーあれこれ

書斎の外・蝶　『三田評論』第七四〇号　一九七四年
幼稚舎シンフォニー・蝶のすすめ　『仔馬』通巻一七〇号　一九七七年
こころの玉手箱・ウンナンシボリアゲハ　『日本経済新聞』三月七日夕刊に加筆　二〇〇八年
わが趣味を語る　『塾友』第二八六号－第二九一号に加筆　一九八一年
ヘンデルとショパン　『福岡ゼミナール三田会ニュースレター』第一一号に加筆　二〇一〇年
ショスタコーヴィチ――裏の顔をもつ音楽　『三田評論』第一〇六九号　二〇〇四年

福岡正夫（ふくおか　まさお）
慶應義塾大学名誉教授
1924年東京生まれ。1947年慶應義塾大学経済学部卒業、同年同大学経済学部助手となる。1953～55年アメリカ、ハーヴァード大学に留学。1960年慶應義塾大学経済学部教授。以降経済学部長、慶應義塾常任理事等を歴任。1966～67年イギリス、ケンブリッジ大学で研究。1990年慶應義塾大学名誉教授。以降、創価大学経済学部教授、関東学園大学経済学部教授、那須大学都市経済学部教授を務める。経済学博士。1979年日経・図書文化賞受賞。1990年紫綬褒章、1996年勲二等瑞宝章受章。専門は理論経済学。
著書に『一般均衡理論』（1979年）、『均衡理論の研究』（1985年）、『貨幣と均衡』（1992年）、『歴史のなかの経済学』（1999年、以上創文社）、『ケインズ』（1997年、東洋経済新報社）、『均衡分析の諸相』（2007年、岩波書店）ほか多数。

経済学　わが道

2011年7月20日　初版第1刷発行

著　者――――福岡正夫
発行者――――坂上　弘
発行所――――慶應義塾大学出版会株式会社
〒108-8346　東京都港区三田2-19-30
TEL〔編集部〕03-3451-0931
〔営業部〕03-3451-3584〈ご注文〉
〔　〃　〕03-3451-6926
FAX〔営業部〕03-3451-3122
振替 00190-8-155497
http://www.keio-up.co.jp/
装　丁――――鈴木　衛
印刷・製本――株式会社加藤文明社
カバー印刷――株式会社太平印刷社

Printed in Japan ISBN978-4-7664-1861-3